我们的文字

国家记忆丛书

国家图书馆
中国记忆项目中心 编著

清华大学出版社
北京

图书在版编目(CIP)数据

我们的文字 / 国家图书馆中国记忆项目中心 编著. — 北京 ：清华大学出版社，2015(2019.6 重印)
(中国记忆丛书)

ISBN 978-7-302-38822-7

Ⅰ. ①我… Ⅱ. ①国… Ⅲ. ①汉字—汉语史—研究 Ⅳ. ①H12

中国版本图书馆 CIP 数据核字(2014)第 293661 号

责任编辑：张立红
封面设计：陆　云
版式设计：方加青
责任校对：管嫣红
责任印制：李红英

出版发行：清华大学出版社
　　　　　网　　　址：http://www.tup.com.cn，　http://www.wqbook.com
　　　　　地　　　址：北京清华大学学研大厦 A 座　　邮　　编：100084
　　　　　社 总 机：010-62770175　　　　　　　　邮　　购：010-62786544
　　　　　投稿与读者服务：010-62776969, c-service@tup.tsinghua.edu.cn
　　　　　质 量 反 馈：010-62772015, zhiliang@tup.tsinghua.edu.cn
印 装 者：北京彩虹伟业印刷有限公司
经　　销：全国新华书店
开　　本：180mm×250mm　　印　张：22.5　　字　数：328 千字
版　　次：2015 年 1 月第 1 版　　　　　　印　次：2019 年 6 月第 4 次印刷
定　　价：78.00 元

产品编号：062169 -03

编者序

　　小的时候刚学写字，没少挨老师骂。坐姿要正确，挺胸抬头，凝神静气，恭恭敬敬；握笔的姿势更是要精确，拇指怎么摆放，食指、无名指怎么夹笔，甚至是力道、分寸都有明确的要求，一毫一厘都不得逾矩。孩子们字还没开始写，光是练这个姿势，就已经累得、紧张得不行了。嘴上虽不敢说，心里却觉得这哪里是在写字，分明是在体罚。后来，看到外国人写字的样子，先不用说握笔和坐姿千奇百态，就连写字用左手还是右手都无所谓，只要能写出字来，没有人会批评你。当时看了，甚是羡慕，觉得外国人真自由，真随性。但日子长了，就觉得不对劲。先不说字体的美观，字迹的工整，单说写出来的东西，他们跟我们写出来的也不一样。

　　"文字"二字，本只适用于汉字，无准确的英文翻译。最接近的翻译是writing system，即"书写系统"。在西方的语言文字学家眼里，这个书写系统的全部意义即：记载语言。对于一个西方人来讲，文字就是记载语言的符号，只要能传达出语言，文字的功能就算完成了。而我们的文字不只此意。我们的文字里不只记载了我们的语言，更承载着我们的思维方式，我们的价值观念，我们的尊严，一笔一画，横平竖直，端端正正。中国人把对世界的观念、审美的趣味甚至是做人的道理，都融进了文字当中。

　　我们的文字是庄严的。从"天雨粟，鬼夜哭"的传说中，我们也许能看出个端倪：文字的产生是个惊天地泣鬼神的事情。文字是祖先的伟大成就，也是历代圣贤的精神所在，对文字的尊敬与崇拜可以说融入到了中国人的伦理和习俗当中。过去的大人们常教育小孩，写字的纸不能乱丢，印着字的书也不能乱涂乱画，所以有了字纸篓，有了惜字塔，有了爱字、敬书的传统，有了藏书楼和藏书家，才有了靠着文字书写与保存而得以绵延不绝的历史与血脉。所以，我们的字必须要郑重地写，

端正地写，记载着文字的书籍，也要爱惜地阅读，妥善地保存。这一切，都是因为我们对文字的敬畏。

我们的文字也是温暖的。只有在中国，才会有见字如面、字如人心这样美好的比喻，才会有把所写字的样貌和写字人的精神面貌联系起来的习惯，才会有字如其人的推断。因为文字所传达的不只是语言的内容，还有写字人的气质，写字人的状态，甚至是写字人的品质、胸怀。常常想，为什么中国没有像古代希腊、罗马那样有大量生动、逼真的人物雕塑？也许是因为有书法。不同的书法，就好像是不同的雕塑，有着凝固的时间和美，有着个体的表现与表达。有了文章，再有了书法，一个人的知识、思想就可以连同他的气质和境界一起跃出生命和时间的限制，流传后世。西方人用形象的方式记录下了人的身体，而我们用抽象的方法记录下了人的精神。读一个人的文章字迹，仿佛是和他的精神在对话，至于具体的五官长相，就留给读者想象好了。

一个民族怎样才能称得上伟大？是幅员辽阔、山川壮丽？是物产丰饶、人口众多？还是国富民强、繁荣昌盛？这些词汇只能描绘出一个强大的民族，而不是"伟大"的民族。一个"伟大"的民族，要有伟大的品格：善良、正直、宽容；一个"伟大"的民族，要有伟大的人民：勤劳、坚强、富有创造力；一个"伟大"的民族，更要有伟大的成就。只有当一个民族做出了超越群伦的、对人类文明的进程产生了巨大影响、被其他民族所公认且共同受益的杰出贡献的时候，才能被称为"伟大"。

中国的文字无疑是中华民族成为"伟大"民族的重要原因之一。我们拥有着世界上流传最久的、最富有生命力的文字系统——汉字。汉字，以及在汉字的书写与传播中所产生的各项发明，帮助并启迪了世界各民族的文明发展，直接影响了整个人类社会的文明进程。我们还拥有世界上最丰富、最多样的少数民族文字体系。中国的民族文字，不只是中华各民族间相互尊重、相互学习的缩影，更是世界各古老文明、各民族间的文化交汇与融合的结晶。

这本小书，不是一本文字学的书，而是一本普通的中国人表达对中国文字理解和情感的书。是一群有幸从事图书馆工作的人，对我国与文字相关的灿烂非物质文化遗产的学习和探索。为什么编写这本书？因为我们爱我们的文字，而爱是需要理由的。我们在努力地寻找着我们文字方方面面的可爱之处，并试图把它们记录下来。希望你和我们一样，通过我们浅显的罗列，能够找到我们的文字中打动你的地方，找到爱上她的理由。

多久没写字了？多久没有读到一封亲笔信了？多久没有将陈旧的笔记中的字迹拿出来把玩了？在键盘的敲击声中，在屏幕的闪烁之间，我们可能都要提笔忘字了。

文字是我们的。我们书写着怎样的文字，怎样的文字也在塑造着怎样的我们。

听图书馆里的老师们说，在过去，图书馆招人，是要考写字的。

读完这本书后，拿起笔来，像小时候一样，写几个字吧。

田苗

于国家图书馆学思楼

前　言

文字的有无及其发达程度，是衡量一个民族、一个国家文明程度的重要标志。不同的国家，不同的民族，都有自己通用的语言和文字。文字不仅在现实生活中不可或缺，更是一个国家和民族历史所系。国家与民族的认同感和凝聚力，与其所使用的语言和文字密切相关。正如罗常培先生所说："语言文字是一个民族文化的结晶。这个民族过去的文化靠着它来流传，未来的文化也仗着它来推进。"

世界上到底有多少种语言、多少种文字？至今学术界没有一种公认的说法。但是，可以肯定的是，汉字不仅是世界上使用人数最多的文字，也是使用寿命最长的文字。由汉字记录、沉淀而成的华夏文化，是中华传统文化的一块"活化石"。透过汉字，我们不仅可以看到中国历史文化、思想观念、意识形态与制度变迁的基本脉络，还可以了解我们的民族心理、文化取向与社会习俗等。此外，生活于中华大地上的各个少数民族，都是中华民族大家庭中不可或缺的成员，他们的语言和文字也都承载了深厚的历史记忆，并散发着独特的文化光芒。

什么是"文字"？东汉经学家、语言学家许慎在《说文解字·序》中说："仓颉之初作书，盖依类象形，故谓之文。其后形声相益，即谓之字。文者，物象之本也；字者，言孳乳而寖多也。"又说，"独体为文，合体为字。"这就是说，"文"是对事物外部形态的描写而创造的书写符号，"文"一般都是独体的；"字"则由独体的"文"按照不同的方式组合而成，所以"字"一般是合体结构。这当然是针对汉字而言。"汉字"的名称，也见之于《元史》。该书之《兵志·马政》与《刑法志·职志》中均提及"汉字"，为了与蒙古文、回文相区别。汉人一般只称文字，不说"汉字"。

文字总是带有一定的民族符号色彩，通过文字记录的民族文化自然也不例外。什么是"文化"？在中国传统典籍中，"文化"一词最早当源于《周易》。《周易·贲卦·象传》云："观乎天文以察时变，观乎人文以化成天下。"西汉末年刘向在《说苑·指武》中说："圣人之治天下也，先文德而后武力。凡武之兴为不服也，文化不改，然后加诛。"可见，"文化"一词本来是指以文德进行教化，具有一定的政治色彩。不过，不论是文字，还是通过文字记录的文化，都不是政治单纯的附庸，自有其独立的生命力。这也是历史上中华民族屡遭入侵而其文化绵延不绝的原因所在。

任继愈先生在《汉字为中华民族立了大功》一文中说："汉字是中华各民族各地区共同使用的交流工具。汉字对中华文化、对中华民族、对几千年的中国政治等多方面的功绩值得引起高度关注。"又说，"如果没有一种通行的文字，中央政令不能通行全国，中国将分成多个国家。……正是由于我国是多民族统一的大国，才能顶住外来各种侵略势力，打退入侵的日寇。我们这个综合国力来自多民族的统一大国，汉字是不可缺少的联系纽带。"以汉字为载体，政令得以颁行天下，文化得以广为传播，民族间的文化交流得以实现。汉字作为全体中华民族使用的最主要的文字，承载着世界上最多的文化典籍，构筑了中华民族集体记忆丰厚的宝藏，对世界文明做出了巨大的贡献。

在中国的55个少数民族当中，许多民族都拥有自己的文字。众多的少数民族文字，是中华民族文化多样性的有力见证，也是中国文字大家庭的重要组成部分。中华人民共和国建立前，满族、藏族、蒙古族、维吾尔族、哈萨克族、柯尔克孜族、朝鲜族、傣族、彝族、苗族、纳西族、水族、拉祜族、景颇族、锡伯族等，都有自己的文字。中华人民共和国建立后，壮族、布依族、侗族、哈尼族、傈僳族、佤族、黎族、白族、土族、瑶族等，也都创造了自己的文字。其中，有的民族还不止一种文字。如傣族在不同地区使用四种傣文，即傣泐文、傣那文、傣绷文和金平傣文。各个少数民族的文字，尽管诞生时间不一、形态多样，都对其民族文化的发展与传承起到了十分重要的作用。

历史是一条奔流不息的河。这条河流经之处，一些东西会被裹挟而去，一些溪流可能会干涸。在中国历史上，一些活跃一时的民族不见了，其语言、文字也随之消失了。维特根斯坦（Ludwig Wittgenstein）曾说："早期的文化将变成一堆瓦砾，最后变成一堆灰土，但精神将萦绕着灰土。"漫步于历史的断墙残垣中，不时捡起那些被遗弃的刻有文字的碎瓦，脑海中突然浮现古代民族战火纷飞、饱经风霜的历史长卷。是的，于阗文、突厥文、回鹘文、西夏文、八思巴文、察合台文等已经消失的文字，虽然不再有人使用，没有多少人能辨认，但是用这些文字记载下来的历

史文化，同样是中华民族宝贵的文化遗产，值得我们去珍视。

随着科学技术的飞速发展，现代通讯手段特别是互联网的普及，全球化浪潮席卷到世界的各个角落，世界上许多民族的语言、文字正在迅速地消失，世界文化的多样性正面临前所未有的危机。在中国，不仅许多少数民族文字有濒临消亡之虞，连汉字的传承也都面临空前的困难。数字化使人们不再依赖笔墨与纸张，阅读不再是捧读书本，文字的记录方式在许多情况下由书写变为敲击，文字书写折射出来的审美习惯和更深层次的文化内涵变得鲜为人知、无人问津，文字赖以生存的土壤变得越来越脆弱。

鉴于文字在民族文化发展与传承中无可取代的独特地位，以文字为载体的民族文化矿藏之富赡、深沉，有感于全球化时代中国文字所面临的生存与发展的巨大挑战，2014年初，文化部非物质文化遗产司与国家图书馆中国记忆项目中心共同启动了"我们的文字——非物质文化遗产中的文字书写与传播"专题资源库项目，对与我国各民族文字相关的非物质文化遗产进行影像史料和传承人口述史料建设，并于年底举办"我们的文字——非物质文化遗产中的文字传承"大型展览。我们以此为契机，在广泛阅读历史文献与田野考察、实地采访的基础上，编写了《我们的文字》一书。在此过程中，我们还得到了文化部非物质文化遗产司、各省文化管理部门，以及协助我们进行资源采访的非遗项目保护单位和三十多位代表性传承人的大力支持，获得了大量的第一手资料；清华大学出版社的工作团队和多位专家学者也为此书的编纂付出了辛勤的劳动并提出了宝贵的意见。在此，谨向他们表示衷心的感谢！

本书是一本旨在传播中华文字文化的普及读物。我们试图将我国博大精深的有关文字的历史文化知识进行汇总，结合我们所采访到的非遗资源，利用前人的研究成果进行分类梳理，并尽量通俗易懂地传递给读者。在此，我们特别要感谢以下几位学术前辈及他们的著作：周有光先生的《人类文字浅说》、《世界文字发展史》，何九盈等先生的《中国汉字文化大观》，中国社会科学院民族研究所魏忠先生的《中国的多种民族文字及文献》，崔光弼先生的《中国少数民族文字古籍源流》和国家民委文化司主编的《中国少数民族文字》等。正是他们的学术研究成果，使我们的编写有了详尽而可靠的学术依据。国家图书馆两位前辈，著名学者张秀民先生撰写的《中国印刷史》和钱存训先生撰写的《中国纸和印刷文化史》等，也为我们提供了丰富的学术滋养。感激之情，难以言表！

由于我们水平有限，错讹之处在所难免。恳请广大读者不吝赐教！南宋哲学家陆九渊曾说："闻善而慕，知过而惧。"这也是我们秉持的治学品格。

目　录

第四章　文字与传统文化·87

第五章　文字与文学艺术·127

我们的文字

第八章 与文字相关的国家级非遗代表性项目 及部分省级非遗代表性项目·265

第一章
文字：人类伟大的发明

文字是什么？

文字是如何产生的？

在人类文明的长河中，一共产生过多少种文字？

人类是超级喜欢发明创造的。从直立行走开始（这也是人类之所以是人类的一个重要标志），人类就不断进行着创造，在时间的长河中适应着、改造着自己的生存环境，一点一滴，从一把石刀、一根骨针、一张网，到气宇轩昂的木船、精美的瓷器，再到精密复杂的电灯、电话，乃至汽车、飞机、宇宙飞船……无法想象，明天，人类又会用什么样的发明来震撼这个世界！这种创造力，让人类拥有了截然不同于其他物种的生存方式，也成为人类自诩为地球最高级生命体的资本。在数不尽的发明创造中，有许多伟大的发明（如造纸、火药、印刷术、指南针）直接改变了人们的生活，影响源远流长，福荫万代子孙。文字，更是其中不能不提的伟大创举。

　　早在新石器时代，我们的祖先已能够种植农作物、驯养动物、磨制石器、手工制陶，生活内容大大丰富，原始的宗教信仰也是在这一时期形成的。生活事件的增多，光靠脑子记不过来了，非常需要有效便捷的记录方式。于是，最擅长发明的人类的祖先开始了各式各样的探索，结绳、编贝……人们发现，自己制定一些符号来表示要记录的事物，并把符号刻在容易长时间保留痕迹的地方，如陶器或木石上，或者按照事物的形貌特征把它们画在岩壁上，就能起到提示自己的作用了，而且形式多样的符号和图画可以分别表示不同的事物，比辨认绳结、数贝壳方便多了。这些符号和图画就是文字的萌芽——刻符和岩画，它们出现的时间大概在一万年前。所以说，文字并非从天而降，是因需要而被创造的。

　　我国著名的语言文字学家周有光先生，曾对文字的诞生、发展、变迁进行深入研究，其著作《世界文字发展史》将文字世界的前生今世娓娓道来。周先生认为文字的真正成熟是在5500年前，这时的两河流域和北非的埃及已经有了可以按照语词次序书写语言的文字——楔形文字（钉头字、丁头字）和圣书字（埃及象形文字）。也正因为文字的出现，人类有了可以记载的历史。随着时间的发展，世界各地逐渐出现了适合自身文化的文字，或为独创，或为借鉴，或为传承。目前，全世界到底有多少种文字还没有定论。不过，无可否认，文字的出现是一项伟大的奇迹。

　　纵观文字几千年的发展，大体可分为三个时期：原始文字时期、古典文字时期和字母文字时期。

一、原始文字

关于文字发展的三个时期的内容和观点，主要参考周有光先生的《世界文字发展史》和《人类文字浅说》。

从远古时代出现的刻符、岩画，到5500年前文字成熟的标志——两河流域的楔形文字、北非埃及的圣书字的出现，这段时期是文字的襁褓时期。

刻符、岩画

刻符和岩画是文字的种子形态，不能连贯成句，只是单个符号，一般不认为它们是文字。刻符，指刻画在陶器和木石上的符号，能够表达某种意义，具有指事的功能。但是，就像失去破解方法的密码一样，现在我们无法知道它们的读音和意义。岩画，看上去更像是画在岩洞、山崖、石壁上的速写或简笔画，比较直观、形象。中国岩画众多，发现的岩画已超过2万幅。

图1：山东省滨州市邹平县丁公村龙山文化遗址出土的刻字陶器残片

图2：规模宏大的祀神场面 广西宁明县花山岩画点崖壁画

文字画

文字画就是文字性的图画。这是最初的通信符号，一般是单幅，表形为主，表意为副，里面的图形不能拆分，整幅图就是一种意思的传递，并不拘于用哪一种语言表达出来，只要与看图的人达成默契就能够传递其中的"玄机"。

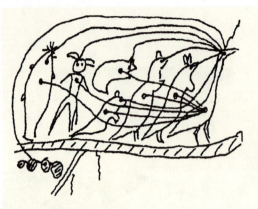

图画字

图画字就是图画性的文字，由文字画发展而来，有的是图画即文字，有的是图画上面再加图形文字，互相说明，如同连环画。图画字多为原始宗教的教义记录，有的图形符号已经可以反复使用了，代表着指定的事物或概念。不过图画字的表达仍不能分成句子或词语，它们共同表达一段话的内容或一个章节，多少都需要用语言进行补充。就像少儿读本，一页图画代表着一个情节，有的还会加入一点文字稍作说明，但大部分的内容传达还是靠专职人员讲解其中的含义。

图4：东巴文 字义：我们的文字 云南省东巴祭署仪式省级非物质文化遗产代表性传承人和世先书

图5：沙巴文《耳苏人母虎历书》

二、古典文字

世界上最古老的四大文字系统是楔形文字、圣书字、汉字和玛雅文字。

楔形文字

楔形文字也叫钉头字、丁头字，发源于美索不达米亚平原（也称两河流域，是现在伊拉克所在地，不过伊拉克的阿拉伯人不是使用楔形文字民族的后代）。公元前3000多年以前，居住在两河流域南部的苏美尔人创造出了楔形文字，在西亚地区使用了3000多年，传至阿卡德、巴比伦、亚述各时代，是人类文字中最早达到成熟水平的文字。

图6：楔形文字

楔形文字的书写工具和方式很奇特，以簪形小棒作笔（形状像筷子），以软泥板（形状像砖头）为纸，用压写的方式进行书写，即右手执"笔"斜压下去，形成左端粗右端细或上端粗下端细的痕迹，很像钉子。写好后将软泥板晒干或者烧硬，就将文字的痕迹长期保存下来了。不过，楔形文字并非一开始就是钉子的形状，它也是从象形图画简化而来，而且在传承中，在不同地区和民族中，楔形文字也发生了表音和表意的变化。

楔形文字在亚述帝国时期（公元前14—公元前7世纪）成为地中海东岸到波斯湾的国际通用文字，达到影响力的顶峰，但没有流传下来。在公元前3世纪至公元1世纪，楔形文字获得最后一次复兴，不久楔形文字退出了历史舞台。最后一片楔形文字泥板的年代是公元75年。

图7：圣书字 古埃及记功碑

圣书字

5500年前，生活在北非尼罗河流域的古埃及人创造了璀璨的文化和优美的圣书字

（埃及象形文字）。之所以有这样的名字，是因为古埃及人把文字看得很神圣，称为"圣书"。狭义的圣书字仅指主要用于写在祭礼器物，或者雕刻在神庙墙壁和坟墓石碑上的碑铭体，出现的时间最早。广义的圣书字包含了碑铭体外的另两种字体——僧侣体和人民体。有趣的是，碑铭体、僧侣体、人民体的叫法并非来自埃及本土，而是希腊人起的。

碑铭体是图形体，古代埃及人讲究书法艺术，所以出现在金字塔或者神庙遗迹上的碑铭体相当优美。它的书写顺序既可以从左往右，也可以从右往左，还可以自上而下，或者从两边向中间。不管书写顺序如何变化，只要碑铭体中出现的人物和动物的脸孔朝向哪边，文字就从哪边开始阅读和书写。碑铭体虽然精美，但不适于快速书写，所以埃及的碑铭体经过"草变"成为草书体，以便于在纸上书写商业信件、文学作品等，书写顺序以从右向左为标准，文字的象形性质完全消失。后来草书体多用于书写宗教作品，使用者又是僧侣，就被称为"僧侣体"。碑铭体则主要用于庄重严肃的场合，与僧侣体同时并用达3000年之久。

人民体的出现比碑铭体和僧侣体晚了大概2000年，它是僧侣体的简化，又称"书信体"或者"土俗体"，发源于下埃及，保留了僧侣体的书写顺序规范。只不过人民体虽然书写容易，却不易阅读和学习。人民体出现后，僧侣体就成为僧侣阶级的专用文字。值得注意的是，不管碑铭体的草变，还是僧侣体的简化，都没有改变埃及字的结构制度。也许由于圣书字的复杂性，书写工具（纸草，即纸莎草，产于尼罗河三角洲）的地域局限，埃及自身的政治、军事力量等因素，圣书字没有得到广泛传播，只在麦罗埃文（古埃及以南的麦罗埃王国文字）和柯普特文（记录最后阶段古埃及语的字母文字）中可依稀找到圣书字的些许痕迹。公元639年，阿拉伯人入侵埃及后统治了这一地区，圣书字消亡。

圣书字对文字发展的一项重大贡献是，它有一套具有音节性、只表辅音的声符，分75个双辅音和24个单辅音（后来增加到30个），这些辅音就是最早的字母萌芽。

汉字

汉字的成熟形态——甲骨文的出现比两河流域的钉头字晚了约

2000年，但是汉字却是古典文字中唯一流传并使用至今的文字。究其原因，当与汉字自身的特点有着重要关系，更与中国自古以来国家统一、民族融合的历史大环境、中庸尚和的文化精神、尊祖敬宗的文化风尚相关。因为，一个国家的文字表达和承载着一个国家、民族的文化，文字因文化的发展而传承，文化也因文字的传承而延续、发展。

汉字从甲骨文开始，发展至今已有3000多年，形体不断简化，伴随着中华历史的演进先后经历了甲骨文、金文、大篆、小篆、隶书、楷书的字形变化，成为我们今天使用的文字。在大陆地区通常使用的是规范的简化汉字，在香港、澳门和台湾地区通行的是繁体字。千年积淀孕育出的灿烂多彩的汉字文化，与中华大地上的各民族文字交融，影响并远播至日本、朝鲜、越南等国家和地区，形成包含30多种文字的汉字文化圈。

图8："文"字的甲骨文 金文 篆书 隶书 楷书

玛雅文字

玛雅文字是唯一发展到成熟水平的美洲自源文字。提到玛雅，每个人应该都不会陌生，2012世界末日的预言曾让世人心惊胆战。不过还好，终究是虚惊一场，虽然我们依然面临诸多自然气候的恶化，以及人类自己不计后果的行为带来的灾难，但相信生于地球、长于地球的人类一定会小心地守护这个至少在银河系中我们唯一的家园。

玛雅文字起源于中美洲，位置是现在的墨西哥、伯利兹和危地马拉，以尤卡坦半岛为中心。大概在公元前后，玛雅人创造了本土文字——玛雅文。玛雅人眼中的文字是神圣的，相传是由"日眼大神"所创造，只有巫师能够学习。玛雅文字书写的内容包括历法、礼仪、神话、预言、历史、叙事诗和剧本等。玛雅人用毛发（主要是人的头发）制笔，用树皮做纸，书写顺序从左至右，从上到下。玛雅文字不是笔画发达的文字，字形是象形文字和声音的联合体，保留着明显的图形性质，所以读起来像连环画一样。

玛雅文字大概在公元前不久形成。现存的玛雅石碑铭文显示的是公

元328年到16世纪的玛雅历史，说明玛雅文字至少有近1500年的使用历史。不过，美洲在前哥伦布时代是与世隔绝的封闭社会，玛雅文字没有传播到其他民族和地区。继玛雅人之后先后统治中美洲地区的萨波特克人、托尔特克人和阿兹特克人，对玛雅文化破坏多，继承少。在16世纪，西班牙人野蛮入侵中美洲（当时是阿兹特克人时代），直接导致了玛雅文字的覆灭，书籍遭到焚烧，掌握文字的巫师被屠杀，玛雅文字就这样湮没在了侵略者的铁蹄之下。现存的玛雅文字资料除石碑铭文外，还有3个写本，分别收藏在西班牙马德里、法国巴黎、德国德累斯顿，并以收藏地命名。

三、字母文字

在两河流域的楔形文字和北非埃及圣书字成熟后的2000年，在甲骨文出现前，生活在地中海东部古称"叙利亚·巴勒斯坦"（现黎巴嫩一带）的北方闪米特人创造出了一套"辅音字母"。它的诞生与东地中海的经济贸易有着重大关系。闪米特人是经商民族，当时该地区的官方文字是繁琐的楔形文字，商人们需要记录众多的商品信息和贸易往来情况，日常书写讲求简易、高效，所以在对外来文字的表音符号进行模仿、简化的过程中，逐渐形成了独创性的表音符号体系。由于北方闪米特人生活的地方位于两河流域的楔形文字文化区域之西南，北非埃及圣书字文化区域之东北，是两大文化的走廊地带，所以字母的诞生也深受两大文化影响，受圣书字和楔形文字中的音符启发而发展。

古代字母遗迹的发现都集中在地中海东部岛屿和东岸地区（包括西奈半岛）。刻于公元前1700年左右石碑上的文字，是目前发现的最早的字母文字，但语音还未完全解读。已经释读的最早的字母文字是公元前11世纪的阿希拉姆国王墓碑文字，以发现地点命名为"比拨罗字母"（古代腓尼基的比拨罗，在今黎巴嫩），碑文书写的是古代北方闪米特语，又称为"北方闪米特字母"。在这块碑发现以前，最早的传世字母碑铭是莫阿比碑（又名美沙王功勋碑），时间是公元前842年。经过对这些早期北方闪米特字母碑铭的对比，发现尽管历时几百年，但字母形体完全一致，也因此可以向前推测更早的北方闪米特字母的形体应该与发现的早期字母差别不大。

3000年来，北方闪米特字母广泛流传，受到世界各民族的热情欢迎。现在世上各国的字母，大都由北方闪米特人创造的字母传承演变而来。公元前1000年，在北方闪米特人的故土叙利亚·巴勒斯坦地区的南面，南方闪米特人成立的撒巴王国成为东方和地中海之间贸易交通的枢纽，国家富裕，影响扩大；西面的希腊文字文化也欣欣向荣。字母逐渐发展形成了4个主要系统，即：迦南字母系统、阿拉玛字母系统、南方闪米特字母系统（撒巴字母系统）和希腊字母系统，它们之间相互联系，可以追溯到一个共同的源头。

所以，我们在当今生活中会时常见到的希伯来字母、阿拉伯字母、希腊字母、斯拉夫字母、藏文字母、缅甸字母、泰文字母、维吾尔字母，等等，它们声形各异，各自承载着异彩纷呈的民族文化，但谁能想到它们千年之前竟是一家呢！

东汉许慎在《说文解字·序》里曾言："盖文字者，经艺之本，王政之始，前人所以垂后，后人所以识古。"文字的发明，打破了时间无限而生命有限的魔咒，让人类的生命有了另外一种延续的方式，它们虽然形态各异、音律不同，但都是祖先留给我们的弥足珍贵的礼物。文字记载着历史和记忆，历经沧海桑田，有的仍在流传，有的已发生变化，有的早已消失，更有新的适应时代发展的文字不断被创造出来。无论字的形态、读音、数量如何，它们总是因需要而被创造。不同民族的人们正是用各自祖先创造出来的文字追溯过去，书写现在，创造未来。

文字从古老的历史中走来，每一个字，都是故事，都是历史，都是回忆。

第二章
中国文字大视野（上）

作为世界上唯一还在使用的古典文字，汉字为什么能流传下来？

为什么汉字是人类历史上使用人数最多的文字？

为什么说汉字是中华民族的核心属性？

汉字有什么样的独特身世？

在中国，仓颉的墓地不止一处，陕西白水县，河南开封南乐县，山东寿光县、东阿县都有他的墓地。陕西渭南白水县史官镇北仓颉墓，与桥山黄帝陵遥遥相对，墓门上刻了一副对联："雨粟当年感天帝，同文永世配桥陵。"现在史官镇还有仓颉墓和仓颉庙，庙内有《仓圣鸟迹书碑》，是在一块黑色的石头上刻有28个古怪的符号，相传这就是仓颉当年所造形文字的原始形状。

约翰·亚当斯大楼是美国国会图书馆三座馆舍之一，在其主要出口处的铜门上，镶嵌着12个对世界文字有影响的各国传说人物，其中就有仓颉（TS'ANG CHIE）。国会图书馆将仓颉称为"中国文字的庇护神"（the Chinese patron of writing）。与仓颉雕像放在一起的还有透特（埃及神话中的月神）、纳布（美索不达米亚阿卡德人的神）、梵天（印度教三大神之一创造之神）、腓尼基王子卡德摩斯（希腊神话中能够"播种龙牙"的神）以及古代波斯人的英雄塔赫穆拉斯。

汉字是汉字文化圈广泛使用的一种文字，也是世界上仍被广泛使用的语素文字。汉字是迄今为止连续使用时间最长的主要文字，也是上古时期各大文字体系中唯一传承至今的文字。有学者认为汉字是维系中国长期处于统一状态的关键元素之一，亦有学者将汉字列为中国的第五大发明。

文字发明以前的口头知识不利于传播和积累，原始人类使用了结绳、刻契、图画的方法辅助记事。传说汉字起源于仓颉造字，仓颉是黄帝的史官，他根据日月形状和鸟兽足印创造了文字，使得"天雨粟，鬼夜哭"。从历史的角度看，汉字系统不可能是由一个人发明的，仓颉应该是在汉字的搜集、整理、统一上做出了突出贡献，所以被认为是汉字的创造者。有学者认为岩画中的各种图像是文字发明以前人类最早的文献，岩画中有鸟头、鸟面、圆点、星象、人面像和各种符号，有些岩画已与后来的文字十分接近。也有学者认为大汶口文化陶尊上的刻文就是文字，它们与商周时期的象形文字一脉相承。

一、汉字的演变

汉字产生以后，在历史发展的长河中，出现了许多不同的书写形态，从大约3000多年前的甲骨文至今日所用的楷书，字体的演变从未停息。

甲骨文

甲骨文，又称"契文""甲骨卜辞""龟甲兽骨文"，是清光绪二十五年（1899年）秋由国子监祭酒王懿荣偶然发现的。其出土的地点是殷墟，位于现在的河南安阳小屯村。迄今已发现大约10多万片甲骨，4000多个单字。

甲骨文是商朝后期（公元前14世纪—公元前11世纪）王室用于占卜记事而在龟甲或兽骨上契刻的文字。记载的内容不仅有政治、军事、文化、社会习俗，还有天文、历法、医药等。商代统治者非常迷信，凡事均要进行占卜，并将所问之事契刻于甲骨上。

在占卜的时候，先将龟甲或兽骨加热，使甲骨表面产生裂痕。这种裂痕就是"兆"。从事占卜的人，再根据"兆"字形状判断吉凶。

甲骨文中的"卜"字，就像"兆"字。

甲骨文已经是比较完整的文字体系。根据目前已经辨识的甲骨文字，汉字之"六书"（象形、会意、指事、形声、假借、转注）原则均有体现，具备了汉字结构的基本形式。甲骨文中，除象形字、指事字、会意字外，还有相当多的形声字，约占总数的27％，可见它已是相当成熟的文字。

图1：甲骨文字举例 "门" "矢" "眉" "象" "鸟"

甲骨文仍保留许多原始图画文字的特征。从甲骨文的书写风格，也可以看出商朝社会发展的一些历史轨迹。甲骨文的发现，把中国有文字可考的历史提前了一千多年。

金文

金文，就是铸刻在青铜器上的铭文。古代铜也称金，故其铭文称为"金文"或"吉金文字"。商周时期青铜器盛行。由于青铜器礼器以鼎为代表，乐器以钟为代表，"钟鼎"成为青铜器的代名词，故金文又称"钟鼎文"。所谓青铜，其实是红铜、锡或铅的合金，因颜色呈青灰色，故称。

金文比甲骨文出现稍晚。其内容主要是关于祀典、赐命、诏书、征战、围猎、盟约等活动或事件的记录。金文的书体，基本上属于"籀书"，或称"古籀"。商周时期，金文很多被铸在青铜器内侧，其铭文可能是按照墨书的原本先刻出铭文模型的陶范，再铸造出来的。

金文始于商代早期，下迄秦灭六国，大约有1200多年。商周

图2：毛公鼎拓片
国家图书馆藏

时期的青铜器早在汉代就已有出土，至今发现的各种青铜器达数万件。金文的字数，据容庚《金文编》记载，共计3722个，其中已识别的有2420多个。根据青铜器的年代与金文风格特点，金文大体可分为四种，即：殷商金文、西周金文、东周金文和秦汉金文。

商代青铜器铭文较短，最长的也仅40字左右。西周时出现了长篇铭文。如周康王时的小盂鼎，有400余字；最长的是周宣王时的毛公鼎，多达497字。西周金文大多为周王室官吏所作。平王东迁以后，王室衰微，诸侯国的金文开始大量涌现。秦始皇一统天下后，金文逐渐开始衰退。

籀文

籀文是古代汉字的一种书体，因见于《史籀篇》，故称"籀文"，又称为"大篆"。《史籀篇》是中国古代最早见于文献著录的一部字书。班固《汉书·艺文志》、许慎《说文解字》都认为是周宣王时太史籀所作，原有15篇，现存于《说文解字》的有223字。

籀文出现于西周晚期，春秋战国时期流行于秦国。籀文字体与秦篆相近，而字的构形多重叠。籀文的代表为今存的石鼓文。隋唐之际，在天兴县（今陕西凤翔）发现了10个石碣，因形状有些像鼓，故名"石鼓"。每个石鼓上都刻有一首诗。这些石鼓文刻于春秋战国之际，是流传至今中国最早的刻石文字。北宋嘉祐、治平年间，先后在不同的地方发现了三块刻字石头，名为《告巫咸文》《告大沈厥

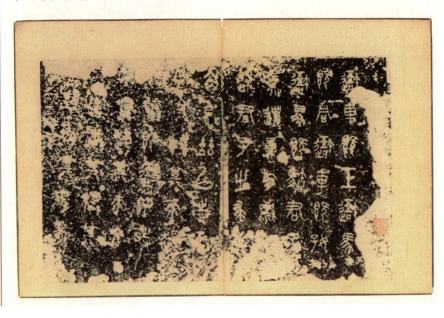

图3：《石鼓文》石鼓，秦献公十一年（公元前374年）刻。共10件，高90厘米，直径60厘米。圆顶平底，状类鼓。唐初出土于陕西省凤翔县，今藏故宫博物院。记录秦君与周王使者游猎事，又称"猎碣"。此本为清初"氐鲜"二字未损的整幅拓本，国家图书馆藏。

湫文》《告亚驼文》，内容都是秦王诅咒楚王，后人称之为"诅楚文"，作于秦惠王或秦昭王时。

《石鼓文》《诅楚文》皆战国中期秦国作品，两者皆属大篆，其中绝大部分和小篆字体相同。

六国文字

六国文字，即秦国以外的东方六国文字，又称"六国古文"。六国指的是齐、楚、燕、韩、赵、魏。战国时期，书写工具和材料发生了变化，用毛笔在竹帛上书写开始流行，各国文字呈现浓厚的地方色彩。除秦国文字墨守春秋以前正统文字的字形，六国文字与春秋以前的文字相差很大。

六国古文字体基本上比秦国大篆简化。现在所知六国文字，主要以孔壁古文为代表。据《汉书·艺文志》记载："鲁共王坏孔子宅，欲以广其宫，而得《古文尚书》及《礼记》《论语》《孝经》凡数十篇。"这些古书都是用战国时期流行的篆文写成，故名"古文"。《说文解字》中收录六国古文396字。

六国古文最可靠的资料，是散见于三国时魏国《三体石经》残石中的古文。所谓"三体"，即古文、篆书、隶书三种字体。《三体石经》，又名《正始石经》《魏石经》，是魏齐王曹芳正始二年（241年）所立。此外，战国时期遗留下来的陶器、兵器、货币等上面也都有六国文字。

篆文

篆文，即篆体字，是汉字五种字体（篆、隶、楷、行、草）中出现和发展得最早的一种。篆文分为大篆、小篆。广义的大篆是指先秦时期所有的文字，包括秦朝以前的甲骨文、金文、籀文和六国古文，小篆则指秦始皇统一天下后所通行的文字。

秦始皇灭六国，下令臣工造新字。李斯作《仓颉篇》，赵高作《爱历篇》，胡毋敬作《博学篇》。许慎《说文解字·序》说，李斯等人所造文字，"皆取史籀大篆，或颇省改，所谓小篆者也"。秦代金、石刻文多出自李斯之手，他也被尊为小篆之鼻祖。

篆文经常与篆刻联系起来。有学者认为，"篆"字古时写作"瑑"，从"玉"字旁。凡是在玉石上雕琢凹凸的花纹，都叫做"瑑"。随着竹帛成为主要的书写材料，篆字的写法才变成今天的模

图4：《仓颉篇》
清乾隆五十年
（1785年）兰陵
孙星衍 大梁抚署刻
本 国家图书馆藏

样。《说文解字·竹部》训"篆"为"引书"，即"引笔而著于竹帛也"，含有"写字"之意。

汉代隶书开始流行，小篆的地位被取代。唐玄宗时，篆书一度又受到重视，李阳冰被赞为"李斯之后的千古一人"。清朝是篆书发展史上的又一高峰，乾隆皇帝还下令创制了篆书32体。

隶书

隶书，又称"隶字""古书"，是在篆书基础上为书写便捷而产生的一种字体。隶书分秦隶（古隶）、汉隶（今隶）两种。关于隶书的定义，有不同的解释。一般认为，隶书"佐助篆所不逮"，是小篆的一种辅助字体。

据史书记载，秦始皇在"书同文"过程中，令李斯等人创立小篆，又采纳了程邈整理的隶书。《说文解字·序》中说："初为隶书，以趣约易，而古文由此绝矣。"与小篆不同，隶书化圆转为方折，使书写更为便捷。

隶书的产生与发展，经历了萌生期（春秋战国）、蜕变期（秦至西汉前期）、成熟期（西汉中期）三个阶段。从字体形态上看，隶书的形成经过了解散旧的字体结构和隶书笔画的格式化两个阶段。现在见到的古代隶书，以东汉时期的《熹平石经》《曹全碑》《张迁碑》最为著名。

隶书的出现是汉字史上的一次重大变革。小篆是象形体古文字的结束，隶书则为改象形为笔画化的汉字形态的开始。

草书

草书形成于汉代，由隶书演变而来，其产生的直接原因是为了书写简便。《说文解字·序》中说："汉兴，有草书。"崔瑗《草势》说："草书之法，盖又简略。"具体说来，草书对于隶书的改造，主要是通过简化、省略与连笔来实现的。唐代书法家张怀瓘在《书断》中认为，草书的特点是："存字之梗概，损隶之规矩，纵任奔逸，赴速急就，因草创之意，谓之草书。"

草书有章草、今草和狂草之分。章草起于西汉，盛于东汉，字体具隶书形式，字字区别，不相连接，接近行草。有人认为，章草因东汉《急就章》的"章"而得名。东汉末年，章草进一步简化，脱去隶书笔画行迹，上下字之间笔势牵连相通，偏旁部首有简化与互借，产生了"今草"。今草即现今通行的草书，又称"一笔书"。到了唐代，又出现了"狂草"，亦名"大草"，以张旭、怀素为代表。狂草因省笔较多，难以辨认，其审美价值高于实用价值。

草书不是没有法则可循。自章草起，草书的法则就已基本形成，并不是随心所欲的自由书写。

楷书

楷书，又称"正楷""真书""正书"，即今天使用的正体字。据《辞海》解释，楷书"形体方正，笔画平直，可作楷模"。楷书的结构与隶书相比没有多大变化，写法却有所突破，字体方正，横平竖直，易于辨识，可作楷模。

楷书的发展大致分为四个时期，即：萌芽期——秦汉，发展期——魏晋南北朝，繁荣期——隋唐五代，守成期——宋元明清。楷书发展初期，仍残留极少的隶笔，结体略宽，横画长而竖画短。东晋以后楷书分南北两派。北派带有汉隶的遗型，笔法古拙劲正，风格质朴方严；南派疏放妍妙，长于尺牍。

唐朝是楷书发展的鼎盛时期，书体成熟，名家辈出。楷书四大名家中，欧阳询、颜真卿、柳公权皆唐代书家，仅赵孟頫是元代人。唐朝末年，楷书发展至顶峰，风格过于规整，开始逐渐走下坡路。北宋时期，苏东坡开创了丰腴跌宕、天真烂漫的"苏体"，在书法史上独树一帜。

楷书又有小楷、大楷之别。小楷，顾名思义，是楷书之小者。三国魏时书法家钟繇是迄今所知最早的楷书书法家，东晋时的王羲之则使小楷臻于完美，并为小楷树立了典范。至于通常所说的大楷，一般是指一寸以上、数寸以下的真书；更大的真书称为"榜书"或"擘

图10：唐 柳公权《玄秘塔碑》

寰书”。

行书

行书的产生要晚于其他各类书体，其形态介于楷书和草书之间。行书的含义，“行”是“行走”之意，可见其书写速度较篆书、隶书、楷书为快。但是，行书不像草书那样潦草，它易于辨认。在行书流传过程中，又产生了变体，其中楷法多于草法的称为“行楷”，草法多于楷法的称为“行草”。

关于行书的起源，唐代书法家张怀瓘在《书断》中说：“行书者，乃后汉颍川刘德升所造，即正书之小讹，务从简易，故谓之行书。”刘德升是东汉末期书法家。其书法字迹妍美，风流婉约，务求简易，行云流水，独步当时。三国时魏国钟繇、胡昭皆从其学习书法。

东晋时期，王羲之将行书的实用性与艺术性完美结合起来，使行书成为书法史上影响最大的一宗。明代书法家丰坊在《书诀》中写道：“行笔而不停，著纸而不刻，轻转重按，如水流云行，无少间断，永存乎生意也。”行书因其书写快捷、飘逸易识，深受后人青睐。

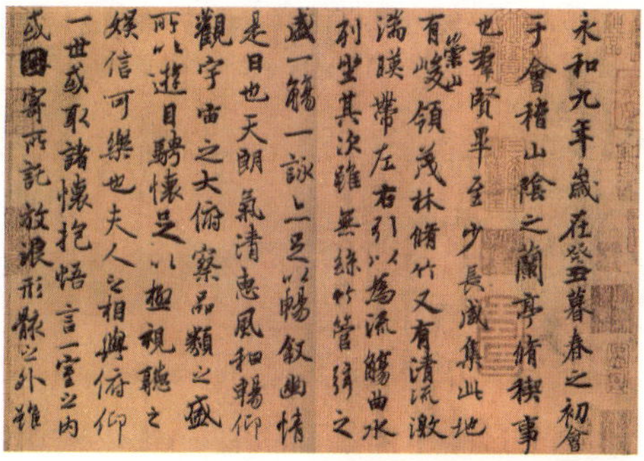

图8：东晋 王羲之《兰亭集序》

行书的主要特点：一是大小相连，二是收放结合，三是疏密得体，四是浓淡相融。其中，王羲之的《兰亭集序》，被誉为“天下第一行书”；颜真卿的《祭侄季明文稿》，被誉为“天下第二行书”；苏东坡的《黄州寒食帖》，被誉为“天下第三行书”。

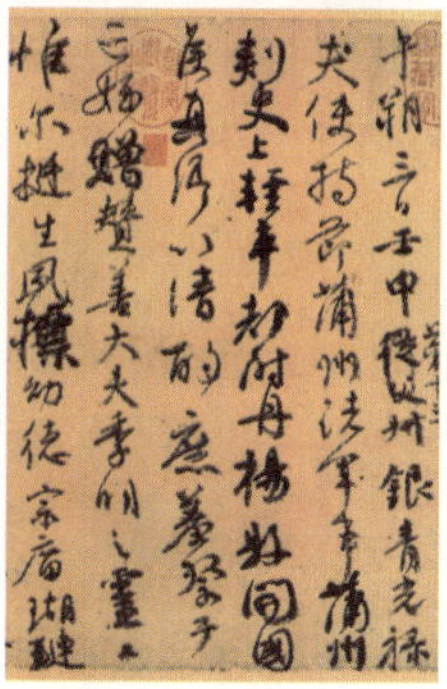

图9：唐 颜真卿《祭侄季明文稿》

二、汉字的构成

讲汉字的构成，实际上有两个方面不能忽视，一是静态地分析汉字的结构，二是动态地分析汉字的造字方法，二者不可分割。

六书

我国传统的文字学讲到汉字构造的时候常提到一个词——"六书"。什么是"六书"呢？"六书"这个词最早见于《周礼·地官·保氏》，其中有关于周代教育"六艺"的内容，"六艺：一曰五礼，二曰六乐，三曰五射，四曰五驭，五曰六书，六曰九数"。但是《周礼》没有指明"六书"的具体内容是什么。后来东汉学者许慎在《说文解字·序》中详细解释了"六书"："周礼八岁入小学，保氏教国子，先以六书。一曰指事。指事者，视而可识，察而见意，'上''下'是也。二曰象形。象形者，画成其物，随体诘诎，'日''月'是也。三曰形声。形声者，以事为名，取譬相成，'江''河'是也。四曰会意。会意者，比类合谊，以见指㧑，'武''信'是也。五曰转注。转注者，建类一首，同意相受，'考''老'是也。六曰假借。假借者，本无其字，依声托事，'令''长'是也。"

古人对于"六书"的具体解释大同小异，但不是很一致。到了清代以后，传统的语言学按照班固提出的顺序和许慎提出的名称，把"六书"归纳为"象形、指事、会意、形声、转注、假借"。

象形是一种很原始的造字方法。在创造文字的时候，人们首先看到周围的自然现象和事物，就按照这些事物的形象，画出一些最简单的图画和轮廓，于是像"日、月、山、水、人"等象形文字就创造出来了。

图11：象形字
"人""木"
"日""月"

象形不完全等同于绘画，古人在创造象形字的时候，不是完全写实性地描绘，而是采取写意的手法，只用两三笔就把客观事物描绘出来。最早的象形字看起来有点像图画，后来随着汉字的演变，逐渐成了现在的字。

指事是一种用得很少的造字方法。古人在象形字不够用的时候，发明了指事的文字。在象形字的基础上加上一两笔，或者增添一个简单的符号来表示要说的事，这就是指事的方法。比如，以"一"作为地平线，在上面加上一点，就代表了在地平线以上，这就是"上"这个字。同样在"一"下面加一点，就是"下"字了。再比如，我们有一个成语是"本末倒置"，这是怎么来的呢？"木"是一个象形字，在"木"字的下面画一个短横，就代表了树木下面的"根"，这就是"本"字；在"木"字的上面画一个长横，就代表了树梢，这就是"末"字，所以把"本"和"末"倒置，直接的意义是把树根和树梢的位置颠倒，就比喻分不清主次了。

图12：指事字"上""下"

会意是把现成的字互相拼合起来，组成一个新的字。比如，把"止"和"戈"组合起来组成了"武"字，把"人"和"言"组合起来就成为"信"字，把"刀"和"牛角"组合起来就是"解"字，等等。

图13：会意字"武"

形声是一种很常见的造字方法。用形声法造出来的字都是合体字，每个字至少由一个"声符"和一个"形符"组成。有的时候遇到不认识的字，我们常常读"半边"，虽然不一定准确，但也大体不差，当然这只是玩笑，但在一定程度上说明了形声字的特点。"形符"也叫"义符"，就是我们常说的"部首"（即"识字部首"，非字典中的"检字部首"）。有了这个部首，通常我们就能够知道这个字属于哪一类的事物，比如"水"部的字，大体都是与水有关的事物。"声符"大多不能表现出这个字准确的读音，只是和其读音类似或者相近。我们以"河"字为例，其义符"氵"的意思是水，其读音"hé"则接近声符"可"。

图14：形声字"河"

许慎在《说文解字》里提到转注是"建类一首，同意相受，'考''老'是也"。这里对于转注的解释和字例都给人一种含混不清的感觉，所以语言学对转注的解释有很多，众说纷纭。南唐徐锴在《说文解字系传通释》中主张，转注字可以与形旁互训，比如"'寿''耋''耄''耆'可同谓之'老'，而'老'亦可同谓之'耆'，往来皆通"。

假借是借用同音的方法来记音，用这种方法并不能造出一个新的汉字来。当我们写字记录语言的时候，如果没有相当的字，就依据它的声音，找一个读音相同或者相近的字来表示。比如，我们说发出一个号令，这个"令"字可以被借作县令的"令"；乌鸦的这个"乌"字，可以被借用作乌黑的"乌"。

音韵与训诂

汉字是形与音、义的统一体，汉字的形体结构和它所表示的语素的音和义紧密结合在一起。中国的语言学对汉字的读音和释义都有专门的研究，就是我们一般所说的音韵学与训诂学。

音韵学

对汉字读音的研究，有一门专门的学问是音韵学，又称"声韵学"。汉语的音韵学从广义上来讲是对一切汉语语音的研究，包括古代汉语的语音、现代汉语的语音以及现代汉语方言的语音。

汉语自产生以来，就处在不断演变的进程中。语言学界把汉语的演化历史划分为三个阶段：上古时期、中古时期和近代时期。狭义的上古时期指的是先秦时期，广义的则包括了两汉、三国和西晋时期。中古时期指的是南北朝至北宋，需要特别提出来的是，在南宋时期，近代的一些语音特征已经出现。近代时期，狭义讲就是元代及以后的明清时期。当然，语音的演变是渐进的，这个时期的语音特点，往往在上一个时期已经出现了萌芽，所以这种分期不是绝对的。

汉语是单音节的语言，这是说汉语的语素基本上是单音节的。音节是语言的基本单位，现代汉语的音节一般由多个语音成分构成，可以分为声母、韵母和声调三个部分。声母是汉语音节开头的成分，如普通话中"普pǔ"的p。韵母是汉语音节声母后面的成分，比如普通话中"话huà"的"uɑ"。声调是读音的高低和升降，汉语普通话有四个音调，分别是阴平、阳平、上声和去声，它们分别是我们通俗讲的一声、二声、三声以及四声。古代汉语（主要是中古汉语）的四声与现代汉语的有所不同，分别是平声、上声、去声和入声。这里简单介绍一下诗律学的一个术语"平仄"。这是古代学者对于中古汉语四声的分类，平声归为一类，称为"平声"；上声、去声、入声归为一类，称为"仄声"。古人作诗讲究抑扬顿挫，追求诗句音乐美，所以会在诗句中间穿插使用平声字和仄声字。

现代汉语有众多的方言，一般把现代汉语分为七大方言区，即北方方言、吴方言、赣方言、湘方言、闽方言、客家方言以及粤方言。北方方言又称"官话"，分布在华北、东北、西北、西南和江淮等广大地域。北方方言是汉语共同语的基础方言，内部的一致性较强。吴方言主要分布在上海、浙江、江苏省南部、安徽省南部和福建省北部等地。这一区域在历史上长期是中国南部的政治、经济和文化中心，所以古代吴方言是古代方言的重要一支。赣方言分布在江西省中部和北部、湖南省东部和福建省西北部等地，赣语各个方言之间的互通程度也非常高。湘方言分布在湖南省中部和广西西北部。现代湘方言的远祖是春秋战国时代的"楚语"，与古代的吴方言关系密切，是中原的汉语与南方的少数民族语言融合而成的。闽方言分布在福建、浙江省南部、广东省东部和西南部、海南省以及台湾。闽方言最初很可能是中古时期前吴方言中的一支南下与当地的语言融合而成的。客家方言主要分布在广东省的东部和北部、福建省的西部、江西省的南部以及广西、湖南、四川的小部分地区。一般认为客家人从中原迁到南方以后，逐渐形成了客家方言。粤方言分布在广东省的中部、北部、西部和广西的南部。粤方言是古代传到岭南的汉语与当地的语言融合而成的。

训诂学

训诂学是旨在正确解释古书中语言的一门综合性的应用学科。这是我国传统语言学即"小学"的一个重要组成部分。具体来说，训诂学偏重研究古书上的词义，同时也分析古代文献中的语法、修辞等现象。

什么是"训诂"呢？我们先来分别解释这两个字的意思。"训"字在《说文解字·内部》中提到"训，说教也"，本义是劝导，引申出训释、解说的意思。"诂"字最开始在汉代应用，《说文解字·言部》中提到"诂，训故言也"。"诂"用作名词，本义是古语，用作动词，就引申为解释古语了。"诂"也可以写作"故"，在汉代的典籍中多见"训故"。比如在《汉书·刘歆传》中就提到："初，《左氏传》多古字古言，学者传训故而已。"

"训诂"这个术语作为解释的专有名词，最早出现在汉代，在此之前的春秋时期，就有训释古籍的实践了。那时候一般把对古书所作的解释叫作"传"，比如《公羊传》是专门解释《春秋》的一部典籍。其中在《定公元年》中写道："主人习其读，而问其传。"东汉的经学家何休解释这句话为"读为经，传为训诂"，"传"就是"训诂"的意思。

为了说明不同的训诂方式，近现代的训诂学家归纳总结出一组术语，即形训、声训和义训。一般认为，形训是通过分析汉字字形的方法来解释字义。汉字是表意文字，早期的汉字在形体和意义之间往往往具有一定的关联，根据这种特点，形成了形训的方式。汉代学者许慎的《说文解字》可以说是运用形训的经典之作。比如在《说文解字·八部》中提到"分，别也。从刀从八，刀以分别物也"。就是说"分"这个字从字形上看很像用刀把一个物体切开分成两部分，所以"分"可以解释为分别、分开。当然，形训这种方式有其局限性，可以用其解释象形字、指事字、会意字，却不能用来解释形声字。

声训又称音训，是从词语的读音去解释词义，从而推究词的来源，这种方式最早起源于先秦时期。比如《论语·颜渊》中就提到"政者，正也"。到了东汉，刘熙作《释名》，差不多全用声训的方式来解释词义。比如《释名·释典艺》："铭，名也。述其功美，使可称名也。"值得注意的是，使用声训这种方式，除了释义之外，最主要的作用是去探究词的本源。如上述例句就表示"铭"这个字来源于"名"，表示记载、镂刻的意义。声训这种训诂方式也有一定的弊端。因为从总体上看，汉字声音和意义的结合是任意的，没有本质上的必然的联系。当然这不是说声音和意义之间毫无关联，依照语言发展的规律，当事物名称已经约定俗成后，在词义引申产生新词的过程中，一部分意义相关的词往往会读音相同或相近，这有助于我们推究词源。

义训是除了以上形训和声训，其他所有直接解释字词的训诂方式。义训最常见的方法是同义相训，比如《方言》卷十二中提到"噬，食也"，这是用一个字来解释另外一个同义字；还有用一个字来解释多个同义字。比如《尔雅·释诂》"如、适、之、嫁、徂、逝，往也"，说的是上面列举的这些字，都是"往"，即到哪里去的意思。除此之外，还有用下定义的方式来解释词义的。比如《说文·网部》"罩，捕鱼器也"，《方言》卷四"无缘之衣谓之褴"，都是典型的例句。当然义训的方法还有很多，不胜枚举。综合来看，义训是以上这三种训诂方式中使用最广泛的。

通用字 古今字 异体字

文字学上的"通用"，指的是不同的字在特定情况下可以相互替代。用通俗的话来讲就是，可以通用的字就是"通用字"，具体包括同音通用、同义通用和古今通用三种情况。在汉字规范化以后，通用字使用的情况已经不多，大部分通用字只在读古文的时候才会遇到。

文字之间的通用关系，古代常常有特定的表述，比如"A读为B"或"A与B同"、"A与B通"。举个例子可能更为形象，在《汉书·高帝纪上》中，有一句"毋得卤掠"，颜师古作注说"卤与虏同"，这里"卤"与"虏"就是通用字。

古今字是一词多形的现象。"古今字"这一术语由东汉经学家郑玄首先提出来。《礼记·曲礼下》说："予一人。"郑玄作注提到："余、予，古今字。"一个词在不同的年代，有不同的书写形式，所以，常常出现古今字。这里的古今字是相对的，比如一个字在新的时代有了不同的写法，以前的字就是古字了。当然对于古今字，学者也有不同的理解。我们说"古今字"并一定反映出这个字不同书写方式使用年代的早晚，比如古今字A和B，A使用的年代晚于B，但后来B仍然通行，而A已经不再使用了，那我们就可以说A是B的古字。在古代，我们指出古今字的关系，常常用"A，古B字""A、B，古今字"。比如在《汉书·司马相如传》颜师古作的注释中，就有"绔，古袴字"，"绔"和"袴"就是古今字的关系。

"异体字"这个术语，相对来说我们比较熟悉。异体字就是音义相同而字形不同的字。根据异体字形成的方式，可分为异构字和异写字两类。异构字，即用不同的构形方式或选取不同构件构成的异体字；异写字，即由于书写变异形成的异体字。严格来说，在音义相同时，只有两个字用法完全相同，我们才说这两个字是异体字的关系。但是凡事没有绝对，我们一般所说的异体字，也包括部分用法相同的字。比如在1955年公布了《第一批异体字整理表》，其中"雕"有四个异体字，"鵰、琱、彫、凋"，"雕"字既指一种凶猛的鸟，也有雕刻、凋零的意思，只有在指代凶猛的鸟时，"鵰"和"雕"是异体字；在表示雕刻的意思时，"琱"和"雕"是异体字；在表示凋零的意思时，"凋"和"雕"是异体字；而"彫"和"雕"在表示雕刻、凋零的意思时是异体字。

三、汉字的规范

我国55个少数民族中有22个少数民族共使用28种本民族文字，即使汉语也有七大方言。但是，不管在新疆还是在西藏，或者在云南、贵州等少数民族聚集的地方，也不管是哪个民族，只要开口说普通话，人们大都能听得懂；只要动笔写规范汉字，凡是学过汉字的，也都能看明白。就算走出国门，只要有华人的地方，大家说普通话、写规范汉字，就能够比较方便地交流；即使那些初学汉语的外国朋友，只要写出汉字，我们依然能够知道他的想法。这是因为，大家心里对汉语、汉字都有一个标准，那就是普通话和规范汉字。这个标准，是国家通过一系列的规范建立起来的，并且有法律做保障。有了国家的规范，才使得语言各异、文字不同的各族人民通畅交流，融洽共处，也促进了我们与世界人民的交流与合作。

汉字规范实际是国家政权干预汉字的使用和发展方向的行为。《中华人民共和国国家通用语言文字法》规定："国家通用语言文字的使用应当有利于维护国家主权和民族尊严，有利于国家统一和民族团结，有利于社会主义物质文明建设和精神文明建设。"可见，语言文字的规范与国家主权、国家统一、民族团结及发展密切相关。

在我国历史上，历代都非常重视文字的规范。周代史官编纂的《史籀篇》就是用大篆书写的规范字书，是供贵族子弟学习的启蒙教材，据传有9000多字。诸侯国制定的法律、法令公之于社会，客观上也起到规范汉字的作用。如公元前536年，郑国子产"铸刑鼎"；公元前513年，晋国大臣赵鞅、荀寅将该国法典铸在鼎上，公布于众。标准体的汉字有时也出现在民间公众场合，如现保存于北京故宫的秦国10块石鼓，每块石鼓上原有大篆刻成的四言诗一首。在政权更迭频繁、社会大动荡大转折时期，文字的使用往往异常混乱，一统后的新王朝为巩固中央集权，在实施一系列政治经济措施的同时，在文化上必定都会对文字进行干预，最为我们熟知的就是秦始皇实施的"书同文"政策。春秋末年，诸侯纷争，知识垄断的局面打破，出现"学在民间"的文化发展态势，应用文字和学习文字的人越来越多。当时，玺印、陶器、钱币、兵器、封泥等都有文字，而民间工匠只注重文字的实用价值，不重视文字的规范，致使字形变样，而且各诸侯国地域不同、文化不同，周的标准体文字大篆在各地渐变为各有特色的地域文字。为改变春秋战国以来"言语异声，文字异形"的局面，秦始皇统一中国后厘定六国文字，将整理和规范后的小篆推行到全国。同时，命丞相李斯作《仓颉篇》、中车府令赵高作《爱历篇》、太史令胡毋敬作《博学篇》。这些字书用小篆写成，是国家颁布的标准字样，也是秦代人们的识字教材，被后人称为"三仓"。

但是，小篆的标准体规范最终是东汉许慎完成的。许慎撰《说文解字》，"遵修旧文而不穿凿""叙篆文，以合古籀"，收小篆正体9353字，重文1163字，书中对每一个字的字形、读音和释义进行了探讨。《说文解字》是我国第一部系统解释汉字的巨著，是篆书即将退出标准体之前的一次全面总结，也是汉代对文字的一次全面规范。

汉代，汉字发生了一次突破性的飞跃，那就是隶书取代了小篆成为规范文字。东汉末年，蔡邕和杨赐等上奏汉灵帝，认为"经籍去久远，文字多谬，俗儒穿凿附会，疑误后学"，请求厘定《鲁诗》《周易》《尚书》《公羊传》《仪礼》《春秋》和《论语》的文字。随后蔡邕奉诏正定七经，用"横平竖直，蚕头燕尾"的隶书书写经文，朝廷组织刻于高丈许、广四尺的石碑上，历时9年才全部完成。石经有46石，共约200911字，立于河南洛阳原太学门前，世称《熹平石经》。原石已毁，残石分藏洛阳博物馆、西安碑林及国家图书馆。《熹平石经》不仅正定了七经文字，也规范了隶书的字形与笔画。石经文字结构匀称，笔画方圆兼备，字体方正，雍容典雅，梁武帝《书评》对此以"骨气洞达，爽爽如有神力"之语倍加赞誉。《熹平石经》的刻写，是一次影响深远的汉字规范工程，从此确立了隶书标准体的地位，篆书彻底退出了实用的舞台而成为后来书法、篆刻所用的艺术字体。

汉末至南北朝时期，王纲失禁，文字也放任自流，汉字规范无人顾及。产生于汉末的楷书，经过几百年的自由发展，在南北朝时期发

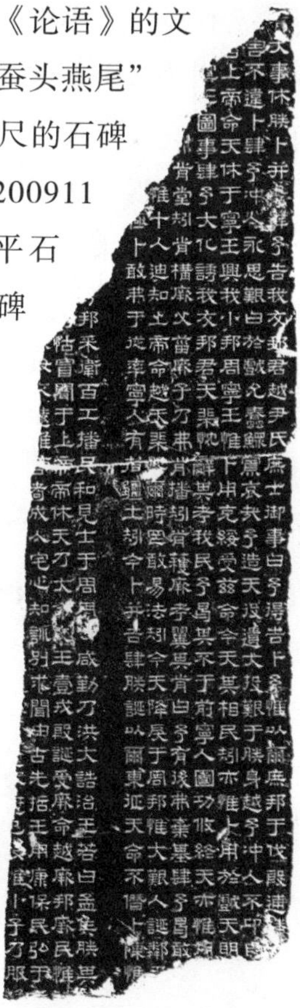

图16：《熹平石经》《尚书》（部分）东汉（175—184）隶书 纸本墨拓 国家图书馆藏

展成熟，在民间广为流行。当唐王朝稳定了政权之后，在文字规范的政策上，将楷书确定为新的标准体。"楷书"又称正书、真书。唐代完善了首创于隋文帝的科举考试制度，把参加考试者的汉字书写水平当作一项重要的考查标准，因而唐代成为中国历史上最讲究书法的时代，出现了欧阳询、虞世南、褚遂良、颜真卿、柳公权、李邕等书法名家。为统一文字，提倡字样之学，唐太宗诏秘书省考定五经文字，颜师古撰《颜氏字样》。唐玄宗时，颜元孙撰《干禄字书》，后由颜真卿写定，成为规范字形的字书，也是科举取仕者的必用之书。

宋仁宗（赵祯）庆历年间，毕昇首创泥活字，出现印刷专用字。元代王祯发明木活字，由于刻制木活字的需要，印刷行业开始自己写字，出现了新的印刷字体。朝廷用律令规定印刷字体要以古字字形为标准。由于朝廷的干预，形成了与通行的手写楷书有明显差异的印刷字体。

清代诞生了楷书字形规范的集大成者——《康熙字典》。《康熙字典》由张玉书等编纂，目的是讲明文字源流，"官府吏民亦有所遵守"。全书收录汉字47035个，明确正体与异体、俗体的关系，辨正字形，指明讹误，为后世的汉字规范提供了可靠依据。但《康熙字典》强化了元明以来以《说文解字》为主、不悖古法的正字标准，不但没有解决元明以来形成的印刷字体与手写楷书标准体的差异，反而拉大了两者的距离，给识字教学造成了一定困难。

清朝末年至民国初年，一些知识分子在探求救国救民的出路时，提倡把俗体字作为正体字使用。"五四"新文化运动提倡白话文，同时提倡简化字，钱玄同、胡怀琛、刘复、李家瑞、容庚、陈光尧等都是简化字运动的积极推动者。抗日战争爆发以后，简化字运动的发展主要转移到解放区和抗日根据地，解放区的油印报纸和出版物采用和创造了许多简化字，并随着革命的发展流行到全国各地。推行俗体字、简化字运动，推行手头字和解放区推广简化字，为20世纪50年代开始的简化汉字改革，实现汉字的规范化打下了基础。

新中国文字改革的深度与广度是史无前例的。针对汉字的一字多形、一字多音等缺点，文字改革围绕汉字整理和制定汉语拼音方案展开。

1949年10月，中国文字改革协会成立，1954年12月设立中国文字改革委员会，1985年12月16日改名为国家语言文字工作委员会，直属国务院。几十年来，国家语委会执行文字改革的三大任务，即简化和整理汉字、推广普通话、制订和推行汉语拼音方案。现代的汉字规范既包括字形规范，也包括语音规范。

在汉字的字形规范方面，包括：第一，整理异体字。1955年12月，公布《第一批异体字整理表》，其中有异体字810组，合计1865字，淘汰异体字1053个。第二，规范简化汉字。1955年2月2日，中国文字改革委员会在中央一级的报刊上发表了《汉字简化方案（草案）》公开征求意见，并在1956年1月31日由《人民日报》公布。1964年5月公布了《简化字总表》，从此简化字作为正体字正式在全国报刊、图书使用。1986年10月，重新发布1964年版的《简化字总表》，个别字作了调整，加上附录，总计2235个。《简化字总表》是经国务院批准后发布的具有法律效力的规范的现代汉语通用字。第三，整理汉字字形。1964年5月，收有6196个汉字的《印刷通用汉字字形表》编成；1965年1月，文化部和中国文字改革委员会联合发文，把该表定为汉字铅字字模的范本，在教育、新闻、出版领域建立起统一的汉字正字法体系。1988年1月国家语委和国家教委联合公布了《现代汉语常用字表》，其中《常用字表》2500字，次常用字表1000字，共计3500字。1988年3月，国家语委、新闻出版总署联合发布《现代汉语通用字表》，规定了7000个通用汉字的总量，规范了每个字的字形结构、笔画数和笔顺，标志着我国历时半个多世纪的汉字规范工作基本完成。2013年6月，国务院发布了《通用规范汉字表》的通知，该表共收字8105个，整合《第一批异体字整理表》《简化字总表》《现代汉语常用字表》和《现代汉语通用字表》制定而成。这是我国继1986年发布《简化字总表》以后，对汉字的又一次重大规范。

在字音规范方面，1958年2月11日，第一届全国人民代表大会第五次会议批准颁布了以拉丁字母为汉语拼音字母的《汉语拼音方案》。1985年12月17日，国家语委和国家教委联合公布了《普通话异读词审音表》。现代汉语通用字音的规范工作基本完成。

2000年10月31日，《中华人民共和国国家通用语言文字法》由中华人民共和国第九届全国人民代表大会常务委员会第十八次会议审议通过，自2001年1月1日起施行。自此，推广普通话、推行规范汉字获得了法律保障。

另外，还有一些规范共同构成了我国的汉字规范，如《关于部分计量单位名称统一用字的通知》《中国人名汉语拼音字母拼写法》《关于改用汉语拼音方案拼写中国人名地名作为罗马字母拼写法的实施说明》《中国地名汉语拼音字母拼写规则》《关于地名用字的若干规定》《中文书刊名称汉语拼音拼写法》《出版物上数字用法的规定》《标点符号用法》，等等。

汉字规范的成果除了按具体的项目通过字表、规定、国家标准等形式向社会公布外，编纂字典、词典则是汉字规范的成果全面进入实用领域的最主要手段。《新华字典》《现代汉语词典》是新中国成立以来全面反映现代汉语通用字的规范形体及用法的最具权威性的字典和词典。

四、汉字的简化

当我们阅读古籍的时候，看到的汉字都是笔画很多的字体样式，我们称它为繁体字。当代的日常文字交流和印刷出版，我们使用的是简化汉字，通常称之为简化字。简化汉字（简化字）和简体字还是不大一样的。据第五版《现代汉语词典》，"简化汉字"一词包含两层含义：一是简化汉字的笔画，如把"禮"简化为"礼"；同时精简汉字的数目，在异体字里选定一个，不用其余的，如在"勤、懃"选"勤"，而不用"懃"。二是经过简化并由国家正式公布使用的汉字。"简体字"是笔画经简化后变得比较简单的汉字形体。我国正式公布使用的规范汉字也就是现在通用的简化汉字。使用简化汉字不是个人行为，而是一个中华人民共和国公民必须履行的义务。2000年10月31日颁布的《中华人民共和国国家通用语言文字法》规定："国家推广普通话，推行规范汉字。"

简体字自古就有。甲骨文是我国最早的成体系的汉字，目前发现了十万多片甲骨，4000多个单字。甲骨文中就有简体字，甚至不止一个。如"车"有繁体的"🚗""🚗"，还有省略的简体的"🚗"；齿有繁体的"🦷"和简体的"🦷"，等等。两汉至魏晋南北朝时期，碑刻石经中都出现了简体字。隋唐时期简体字逐渐增多，今天使用的许多汉字就是那个时期出现的。如"寿""敌""壮""变""灯""烛""坟""驴"，等等。宋元以来，民间刻书业的发展使简体字使用的范围更加广泛，数量也不断增加。据刘复、李家瑞编的《宋元以来俗字谱》一书，宋元明清12种民间刻本中所用简体字6240个，合为繁体字1604个，平均每个繁体字有3.9个不同的简体字，不少今天仍在使用，如"宝""听""万""与""医""声""乱""义""辞""礼"，等等，反映了八九百年间简体字的发展情况。

太平天国时期提倡使用简体字。当时为了提升识字率，太平天国玉玺及官方文件都用简体。有人统计，太平天国总共使用一百多个简体字，有些是沿用民间流行的俗体字，有的则是太平天国所造，比如将"國"中的"或"改成"王"（国）。

清代末年，西方列强的坚船利炮打开了中国的国门，积贫积弱的中国遭受前所未有的凌辱。面对列强的入侵和西式先进文化的挑战，一批有识之士开始对中国社会的未来和传统文化进行深刻反思，他们一方面积极推进政治改革，一方面在思想文化上探索救国救民的道路，在文化上主张进行文字改革。当时文字改革的途径有两个：一是彻底消灭汉字，使用语音符号；二是对汉字进行改革，简化汉字的数目和笔画。

1909年，陆费逵在《教育杂志》创刊号上发表了《普通教育应当用俗体字》，主张采用笔画简单、易习易记的俗体字，之后提出了要把通俗字限定在两千左右和减少笔画两个整理汉字的办法。1922年，钱玄同《简省现行汉字的笔画案》，提出简化汉字的八种方式，即：一、全体删减，粗具轮廓；二、采用草书；三、仅写原字的一部分；四、原字的一部分用很简单的几画替代；五、采用古体；六、音符改少笔画；七、别造简字；八、假借他字。此后，专家学者纷纷发表文章和出版专著，论述汉字简化的必要性与重要性。同时编发了《平民千字课》《农民教育课》等识字课本，积极实施平民教育；出版《语体文应用字汇》《基本字汇》等字书，大力推行简化字。当时的国民政府也给予了极大的支持，蒋介石指示逐步推行简化字，著名语言文字学家黎锦熙主持这项工作。1935年8月21日，中华民国教育部正式公布了《第一批简体字表》，收简体字324个。但是，戴季陶等国民党的文化元老强烈反对，认为简化汉字是破坏了中国文化，戴季陶还以拒绝参加国民党的会议、不过问公事的强硬态度进行抗争，直至1936年2月5日教育部奉行政院命令通告"简体字应暂缓推行"。《第一批简体字表》被收回废止，这也意味着第一次由政府组织实施的汉字简化失败。

但是，简化字运动受到了民众的欢迎。尤其在中国共产党领导的解放区，手写稿和印刷品上经常使用被称为"解放字"的简体字。"解放字"随着解放区的扩大而不断推广，为新中国的汉字简化工作奠定了良好的群众基础。

真正完成汉字简化还是在新中国成立以后。1949年10月10日，中国文字改革协会正式成立，吴玉章为主席。1951年12月，中国文字改革研究委员会成立，马叙伦担任主任，下设拼音方案组、汉字整理组等机构。1954年10月，该委员会将《常用汉字简化表草案》上报中央，得到批准后下达地方开展初步试验。同年12月，中国文字改革委员会成立，隶属于国务院。1955年10月，《汉字简化方案（草案）》得以通过。1956年1月28日，国务院审议通过了《汉字简化方案》，31日《人民日报》向全国公布推行。1964年5月，全国文字改革委员会出版了《简化字总表》，共计2238个字（因"签""须"两字重复出现，实际为2236字）。该表分为三表：第一表是352个不做偏旁用的简化字，第二表是132个可作偏旁用的简化字和14个简化偏旁，第三表是经过偏旁类推而成的1754个简化字。1985年12月，中国文字改革委员会更名为国家语言文字工作委员会。1986年10月，国家语委重新发布了《简化字总表》，实收简化字2235个。2013年6月，《通用规范汉字表》作为《中华人民共和国国家通用语言文字法》的配套规范公布使用，该表收录8105个汉字，是社会用字的唯一通用规范字集。

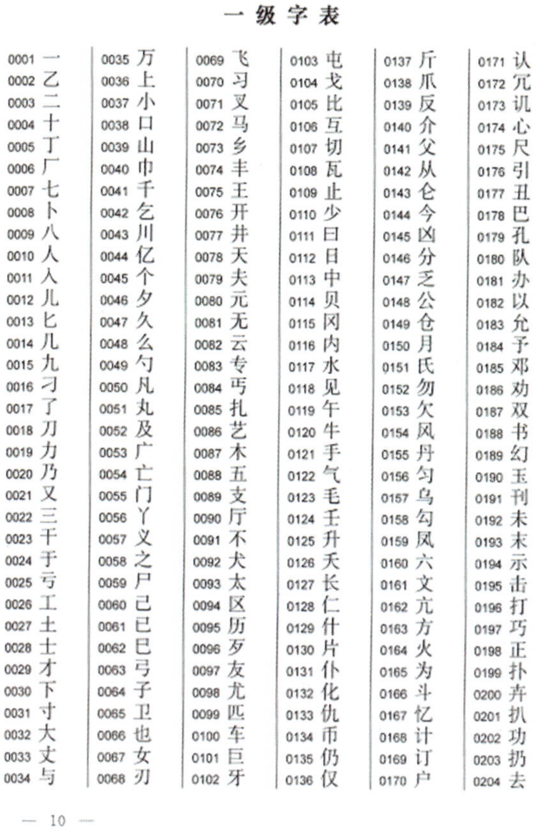

一级字表

一	万	飞	屯	斤	认
0001 一	0035 万	0069 飞	0103 屯	0137 斤	0171 认
0002 乙	0036 上	0070 习	0104 戈	0138 爪	0172 讥
0003 二	0037 小	0071 叉	0105 比	0139 反	0173 讧
0004 十	0038 口	0072 马	0106 互	0140 介	0174 心
0005 丁	0039 山	0073 乡	0107 切	0141 父	0175 尺
0006 厂	0040 巾	0074 丰	0108 瓦	0142 从	0176 引
0007 七	0041 千	0075 王	0109 止	0143 仑	0177 丑
0008 卜	0042 乞	0076 开	0110 少	0144 今	0178 巴
0009 八	0043 川	0077 井	0111 日	0145 凶	0179 孔
0010 人	0044 亿	0078 天	0112 中	0146 分	0180 队
0011 入	0045 个	0079 夫	0113 贝	0147 乏	0181 办
0012 儿	0046 夕	0080 元	0114 冈	0148 公	0182 以
0013 匕	0047 久	0081 无	0115 内	0149 仓	0183 允
0014 几	0048 么	0082 云	0116 水	0150 月	0184 予
0015 九	0049 勺	0083 专	0117 见	0151 氏	0185 邓
0016 刁	0050 凡	0084 丐	0118 午	0152 勿	0186 劝
0017 了	0051 丸	0085 扎	0119 牛	0153 欠	0187 双
0018 刀	0052 及	0086 艺	0120 手	0154 风	0188 书
0019 力	0053 广	0087 木	0121 气	0155 丹	0189 幻
0020 乃	0054 亡	0088 五	0122 毛	0156 匀	0190 玉
0021 又	0055 门	0089 支	0123 壬	0157 乌	0191 刊
0022 三	0056 丫	0090 厅	0124 升	0158 勾	0192 未
0023 干	0057 义	0091 不	0125 夭	0159 凤	0193 末
0024 于	0058 之	0092 犬	0126 长	0160 六	0194 示
0025 亏	0059 尸	0093 太	0127 仁	0161 文	0195 击
0026 工	0060 己	0094 区	0128 什	0162 亢	0196 打
0027 土	0061 已	0095 历	0129 片	0163 方	0197 巧
0028 士	0062 巳	0096 歹	0130 仆	0164 火	0198 正
0029 才	0063 弓	0097 友	0131 化	0165 为	0199 扑
0030 下	0064 子	0098 尤	0132 仇	0166 斗	0200 卉
0031 寸	0065 卫	0099 匹	0133 币	0167 忆	0201 扒
0032 大	0066 也	0100 车	0134 仍	0168 计	0202 功
0033 丈	0067 女	0101 巨	0135 仅	0169 订	0203 扔
0034 与	0068 刃	0102 牙	0136 仪	0170 户	0204 去

— 10 —

图17：《通用规范汉字表》

我国曾于1977年12月试用《第二次汉字简化方案（草案）》中第一表中248个简化字，全国统编教材、报刊也一律用"二简"中的简化字刊印。由于"二简"中有很多简化不合理之处，1978年8月就都停止了试用。

大陆在积极实行汉字改革的时候，退守台湾的蒋介石也于1952年再次提出文字改革，一方面向社会宣传简化汉字的益处，一方面组织专家研究简化汉字的方案。但是，国民党中央委员、著名学者胡秋原以破坏中国文化为由，极力反对汉字简化。他不仅连续发表文章申明自己的主张，还积极联络政界和文化界乃至海外学者中的支持者，批评简化汉字。蒋介石碍于社会阻力，便不再提简化汉字，汉字简化方案也未能公布。1956年大陆《汉字简化方案》公布以后，曾努力于简化汉字的国民党当局却一改初衷，将简化汉字斥为"共党阴谋""忘本卖国"。汉字简化一旦被赋予政治色彩，就更难推行了。台湾地区至今仍使用繁体字，但是，人们对简化字的态度则越来越宽容。

国外也推行简化汉字，如新加坡、马来西亚出版的简化汉字表与中国的简化字形表完全一致。联合国采用简化汉字为汉字标准以后，泰国也开始允许华文学校教学简化汉字。日本1946年公布的《当用汉字表》收字1850个，简体字有131个，其中53个与中国简化汉字相同。日本推行汉字改革，其中包括对汉字的简化。2010年11月30日，日本政府发布新版常用汉字表，共计2136字，新增的复杂汉字中包括简化汉字。韩国于1983年《朝鲜日报》公布第一批简体字90个，有29个与中国汉字相同。目前，我国在国内外实施的对外汉语教学中，均采用简化汉字。

汉字改革的实践证明，汉字的发展有其自身的演化规律和生存的文化土壤，以拼音字母取代方块汉字的探索是行不通的，随着汉字成功输入计算机，汉字反而显现其优势。汉字的简化是文字发展的大势所趋，个人意志或政府的力量都无法左右其发展规律，自觉地、科学地简化汉字，更能顺应汉字的发展趋势及时代的需要，也能被公众广为接受，并能促进我国经济文化的发展与交流。使用规范的简化汉字，则"有利于维护国家主权和民族尊严，有利于国家统一和民族团结，有利于社会主义物质文明建设和精神文明建设"。

五、汉字的魅力

汉字是最古老的四大文字系统中唯一沿用至今的文字。苏美尔人的楔形文字、古埃及的圣书字和玛雅文字，都已消失在遥远的过去，只有汉字，一路走来，踏着时代的节拍不断变换身形。

汉字的发展过程是一个不断完善的生命过程，每一次蜕变都历经坎坷，每一次化茧成蝶后，都是一次惊艳的亮相。在横空出世的计算机面前，古老的汉字毫不退缩，不甘徘徊在紧闭的大门外，勇敢地寻找突围的路径。就在国人还在嘘唏、外国人还在嘲笑它的时候，聪明的中华儿女用了十几年的工夫，便解开了汉字输入计算机的死穴而完美闯关了。令人称奇的是，汉字出其不意地迅速呈现欣欣向荣之势，结出丰硕的成果。古老而活力四射的汉字，再一次在世人面前展示了它无与伦比的魅力。

汉字便于识记

汉字便于识记的第一个原因是汉字通用常用字的数量少。

西汉史游编写的儿童启蒙识字教材《急就篇》收汉字2044个（据前人考证，最后的128字是东汉人补加的）。直到清末，使用时间最长的经典启蒙教材被誉为"三百千"，其中南北朝时梁代周兴嗣的《千字文》有1000个汉字、宋代的《百家姓》有472个汉字，之后的《三字经》有1140个汉字（《百家姓》和《三字经》因版本不同字数稍有出入）。据统计，三者不重复的汉字共计2612个。晚清文字学家王筠编写的文童字书《文字蒙求》有2044个汉字。可见在漫长的岁月里，基本常用字也就2000多个。

随着科学技术的进步，信息量倍增，常用汉字的使用量是不是增加了呢？据1988年1月26日国家语言文字工作委员会和国家教育委员会公布的《现代汉语常用字表》《常用字表》收汉字2500个，《次常用字表》收汉字1000个，共计3500个字。这一数据并非文献研究的结果，而是选取7000多万1928—1986年的语料，通过计算机进行抽样检测的结果，这是我国第一次使用计算机检测得出的科学准确的最新字数。1988年3月25日新闻出版总署发布的《现代汉语通用字表》收字7000个，此表也是借助计算机统计语料，并参考近百年的多种字表选出使用频度最高的字组成的。

常用汉字才3000字左右，掌握了这些汉字够不够用呢？据研究者统计，1000个常用字能覆盖约92%的书面资料，2000个字可覆盖98%以上，3000个字时已覆盖99%，简体与繁体的统计结果相差不大。可见，我们掌握3000多个字，就足以阅读；认识7000字时，就可以进行专业的阅读和研究了。而且，这些字都可以与其他字一起构成复合词，产生的新词数量庞大。

据学者研究，实行一次构词为主、"字话一律"的英、法、德、俄语，书面词形有5万字左右。汉语因其复合构词的特点，4000～5000个汉字即可组成足够使用的书面用词，仅占英语的1/10、俄语的1/12。

汉字易于识记的第二个原因来自其字形特点。我们识字的过程是辨认字形，由形知义。汉字是由笔画组成的。汉字的隶变，完成了从图画的象形表意文字到笔画的符号表意文字的质变，楷体字形使汉字定型、规范化。定型后的汉字，形声字仍占主流。形声字的形旁对字义进行了初步归类，与字义紧密相连，比如，只要有"氵"，该类字的字义就与水有关系。同样是"由"，加"氵"为"油"，加"木"为"柚"，加"鼠"为"鼬"，加"钅"为"铀"，各自的字义归类到形旁归属的范围内，便于理解。

科学实验也证明了汉字有易于识记的特点。据研究资料，美国宾夕法尼亚大学心理学系的劳律在美国费城对8位患有"阅读不能症"的儿童进行实验，方法是学习30个汉字，每个汉字用英文发音。实验结果是，这些有"阅读不能症"的儿童见到这些汉字组成的句子就能读出其英语发音，并能很好地理解和记忆，实验结果发表在1971年的《科学》杂志上。实验说明汉字的方块平面空间结构很容易在大脑形成一个完整的视觉形象，成为语音和语义的有效载体。当然，实验的出发点是为了求证汉字对开发左右脑的作用，但也同时证明了汉字易于识记的特点。日本著名教育家石井勋博士几十年坚持不懈从事日本幼儿汉字教育实验，得出很多结论。如："假名或罗马字在阅读上所需时间长，汉字则可一目了然"；汉字是幼儿"最能了解、最觉得熟悉的文字"；"三岁的幼儿，根本无法记住假名，但如果是表示幼儿所知具体事物的汉字，则几乎都没有问题"；"汉字较假名易学"；"字形复杂的汉字容易记住"；"愈早学习汉字，效果愈佳"，等等。

汉字丰富的义项和复合构词特点，有效防止了词汇的膨胀。

汉语属于词根孤立语，以单音节词为主。在文字发展的漫长历史中，有的字增加了新的义项，但字形没改变。一个字在不同的语言环境中可以表达不同的义项，这样不用创造新的字形就完全可以表情达意。而且，两个以上具有独立意义的汉字可以构成复合词，因此有效防止了词汇的膨胀。

就文字的总量来说，我国目前收字最多的《汉语大字典》有汉字6万多个。有关资料表明，莎士比亚时代大约有14万个单词（相当于汉

参阅李敏生：《安子介的汉字学说与当代脑科学》，《汉字文化》，1993年第4期。

语的"字"），《新英汉词典》实际收词8万多个，《牛津大辞典》初版收录了41万个词，《韦氏大词典》第二版收了约60万个词，现在英语至少有60万甚至100万个单词。

汉字义项丰富的特性，使汉语具有高度的概括性和丰富的蕴涵，我们用很少的字就可以表达丰富的内容。南宋有个叫郑畊老的人曾统计儒家十三经的字数，其中《周易》24207字、《尚书》25800字、《毛诗》39224字、《周礼》45806字、《仪礼》56115字、《礼记》99020字、《左传》196845字（《春秋》本文18000字）、《论语》13700字、《孝经》1903字、《尔雅》13113字、《孟子》34685字、《大学》1753字、《中庸》3568字。就是这些几万字的篇章，却构成了我国儒家思想的核心内容，并使一代代经学家皓首穷经，孜孜以求，各类注释、研究的著述可谓汗牛充栋，而且从经学中诞生了小学，也就是传统的文字学。

中国传统文化博大精深、海纳百川的气韵，与汉字一字多义的特点不无关系。中国人温柔敦厚、内敛含蓄、和谐圆融特质的形成，我们的汉字，于无声处起到了重要的作用。

汉字之美

汉字具有结构之美。汉字从甲骨文、大篆、小篆，发展到隶书、楷书，线条变成了笔画，汉字的字形结构呈现方块形。从金文到小篆，这种趋势已经很明显。汉字发展到隶书和楷书，内部笔画分布匀称，而各个部分又相互制约，笔画的长短和分布的疏密，遵循平衡的规律，从而在视觉上产生和谐的美感。1997年4月7日，国家语言文字工作委员会与新闻出版署公布了《现代汉语通用字笔顺规范》，使汉字的基本笔画更为规范。

汉字具有审美特征。汉字的书写不仅出于实用的目的，还逐渐演化成可供欣赏的艺术——书法、篆刻，就连书写工具笔、墨、纸、砚本身也积淀了深厚的文化内涵，成为中国传统文化中不可或缺的一部分。尤其是书法艺术并没有仅仅深藏在象牙塔中，而是款款走进寻常百姓家，雅俗共赏，成为最平民化的高雅艺术。书法家更是将汉字"人格化"了。一个汉字可以赋予它骨骼血肉，甚至灵魂品格，人与字合一。所谓以字识人，由字可见人的风骨；练习书法不仅陶冶情操，还可以修身养性。

同文同心

汉字历史悠久，在世界古典文字中，埃及的象形文字、两河流域的楔形文字早已经成为历史，只有我们的自源文字——汉字仍在世界五分之一的人群中使用，而且世界范围内学习汉字者越来越多。从三千多年前殷商时期的甲骨文，到当今的楷书，汉字形体发生了很大变化，但仍在华夏大地使用；汉字的形体有变化，却始终保持着统一性，仍属于表意文字体系，所记录的语言始终是以单音节词为主的词根孤立语——汉语，汉字成为中华民族始终凝聚在一起的重要纽带。从秦始皇实行"书同文"政策开始，执政者无不重视文字在国家统一中的作用，或颁布政策，或编纂字书、字样，以规范的汉字捍卫国家的统一。即使元代和清代，少数民族掌权者都没有强行推行本民族的文字以完全取代汉字。尤其清代，满文在文牍中与汉字并用，康熙皇帝还命张玉书等人编纂了《康熙字典》。

我国地域广博，语音南北差异很大。由于文字的统一，无论北国南疆，还是西域边陲，不同方言之间完全可以顺畅交流。由于文字的统一，无论朝代怎样更替，政权纷争如何惨烈，中华民族始终没有分裂，我们始终是龙的传人，是华夏子孙。当代许多有识之士都认识到汉字对中国统一的作用，就连西方学者也认识到汉字对于中华民族统一的巨大意义。英国科学技术史专家李约瑟指出："在关于中国地理的概述中，我们将简单地提到各种方言的分布，那时我们将看到，中国文字在中国的文化发展被地理上的重重障碍所分割的情况下，成为中国文化统一的一个多么有力的因素。"法国前总统德斯坦于1993年访问中国后说："中国的这种统一，是由语言加固的，不是因地区而异的口语，而是书面语。即那些在中国到处都绝对一致的著名的汉字。"

汉字对中华民族的凝聚力是历史形成的，是中华民族共同创造的几千年的灿烂文化决定的，"同文同德，同文同心"是全世界炎黄子孙共同的民族文化心理。"撼山易，撼汉字难"！

汉字在计算机中的运用

钱玄同于1918年在《新青年》发表《中国今后的文字问题》，认为汉字不是拼音文字，故断断不能适用于20世纪之新时代。这样的持论不在少数，而今，汉字成为最理想的电子计算机用字，汉字不适宜新时代的论调早已被事实彻底推翻。

1946年，第一台电子计算机在美国研制成功。这一高新技术既可运算庞大的数据，又能处理文字信息，其巨大优势使西方在20世纪70年代末、80年代初迅速进入文字信息处理的现代化时代。但是，当西方世界信息技术迅猛发展之际，汉字仍无法输入计算机，无法享用高科技发展带来的方便快捷，一时陷入窘境，国内也出现了"汉字落后"的论调。在1979年的一次国际大会上，西方专家竟公然对我国著名科学家钱伟长教授扬言：汉字将影响中国的现代化，汉字无法输入计算机，应该改为拼音文字，汉字进入计算机要靠他们西方。钱伟长教授回国后立刻成立了"中文信息学会"，一代科学工作者肩负着历史责任，怀揣着伟大的梦想开始了汉字应用于计算机的攻关。1983年8月，王永民发明了五笔字型输入法，在世界上率先攻克了汉字输入电脑的难题，直接影响和推动了计算机在中国的普及。当时，新华社将五笔字型输入法评价为不亚于活字印刷术的伟大发明，也有人把王永民誉为"把中国带入信息时代的人"。

30多年来，中文输入法已出现了上千种编码方法，主要分为音码、形码、形音码、音形码、无理码等几类。众多输入法编码时基本上依据汉字的读音和字形两种属性。五笔字型则完全依据汉字的笔画和字形特征，是典型的形码输入法。另外，由于我国大陆使用简体汉字，台港澳地区使用繁体汉字，常用的输入法也有区别，如大陆计算机用户一般喜欢使用拼音输入法，在台湾比较流行注音输入法，在香港等粤语地区流行的是粤语拼音输入法，但同时也都使用不同的输入法。20世纪80年代以来，汉字输入法经历了从无到有，从难到易，从简单到智能、从电脑输入到手机应用的巨大飞跃。汉字输入向智能化发展，语言识别如手写输入、语音输入的技术不断完善。

我国计算机信息的输入、调出、存储、自动识别、语音输入全依赖汉字。计算机进入印刷行业，引发了印刷行业的一场深刻革命。王选教授带领北大科研团队历经15个寒暑研发成功的"华光激光照排系统"，被誉为中国印刷术第二次革命，为汉字告别铅字印刷开辟了通途。21世纪，我国信息化程度跃居世界前列，汉字成为无可替代的计算机用字。

实践证明，汉字是非常理想的信息处理交换用字。汉字在电脑上输入的优势表现在：第一，输入快捷，一般情况下按下几个键就可以输入一个汉字。据《北京晚报》报道，由王码电脑公司举办的汉字录入大赛中，第一名在10分钟内录入了摘自当天5家报纸的近3000个字，平均每分钟293个字，参赛者的平均速度在每分钟150个字以上。第二，汉语的词由单个的汉字组成，汉语具有"联想"特征，从而可以实现计算机的"联想"，提高输入速度。第三，汉字本身信息高效，语音输入上会占优势，计算机容易识别，出错率低。

中国人发挥自己的聪明才智，一步一步解决了汉字在计算机中的键盘输入、语言识别的难题。1981年，国家标准总局发布《信息交换用汉字编码字符集基本集》（GB2312-80），共收入汉字6763个和非汉字图形字符682个。1995年，我国又颁布了《汉字编码扩展规范》（GBK）收录简体、繁体及日语、韩语汉字20902字。《信息技术中文编码字符集》（GB18030-2005）是我国自主研制的超大型中文编码字符集强制性标准，以汉字为主，包含我国藏、蒙古、傣、彝、朝鲜、维吾尔等多种少数民族文字，其中收入汉字70000余个。毋庸置疑，在计算机技术飞速发展的趋势下，汉字将继续显现它的优势。当初那个公然嘲笑汉字、嘲笑中国人的外国专家，在焕发着勃勃生机的古老汉字面前，一定会为自己的狂妄而羞愧。

汉字是用于交流的语言工具，承载着深厚的文化信息。汉字演化的历史，是一部古老文明的演进史；汉字的发展史，也是汉字文化圈的发展史。在现代化的进程中，这一古老的文字不仅不过时，反而显现出巨大的活力，绽放出深蕴几千年的独特魅力。正如信息工程专家邱驰所言："过去，汉字与龟（龟甲）结合，开创了一个辉煌灿烂的东方古代文明；今天，汉字与硅（硅片）结合，使古老的汉字焕发出青春的活力。语言学已从纯人文科学变成文理结缘的学科，汉字的信息化使汉语文知识成为最基本的谋生手段和事业利器。"

这是来自古老东方的智慧，是中国人的智慧。

六、汉字文化圈

中国曾是古代东亚最先进、最强大的国家，一直是文化的输出国，其文化具有强大的扩散力，并形成了独具特色的文化圈，即所谓东亚文化圈。东亚文化圈的范围，大致包括东亚大陆及周边半岛和岛屿，即今天的中国、朝鲜、韩国、日本、越南、新加坡等国。这些国家都曾以汉字为载体，儒家文化与华化佛教盛行，其生产方式、生活习俗乃至政治制度等，颇多类似，具有基本相同的文化特征。因此，汉字作为文化载体，不仅承载着古老悠久的华夏文明，也为这一文化圈中各国文化发展做出了巨大贡献。这一地区称为"汉字文化圈"，最初由日本学者龟井孝所提出。

汉字在朝鲜半岛

汉字传入朝鲜半岛的确切时间目前无法确定。据西汉初年伏胜《尚书大传》记载："武王胜殷，继公子禄父，释箕子之囚，箕子不忍周之释，走之朝鲜。武王闻之，因以朝鲜封之。"可见早在西周初期就有中国人向朝鲜半岛移民。班固《汉书·地理志》记载："殷道衰，箕子去之朝鲜，教其民以礼义、田蚕、织作，乐浪朝鲜民犯禁八条。"这是箕子将华夏文化传播到朝鲜半岛的又一佐证。一般认为，两汉之际中国文字就为朝鲜人所知，因而称其为"汉字"，并沿用至今。

公元4至5世纪，朝鲜半岛文化还较为落后，除了口头交流，他们用汉字作为自己的书面语言，开始学习汉字。从此，汉字与汉文化逐渐渗透到朝鲜的社会生活，上自国号、王号、官爵称谓，下至文物制度、专有名词，无不以汉字命名。及至唐朝，高度发展的盛唐文化更是源源不断传入朝鲜半岛，汉字及汉语词汇在朝鲜语言文字中具有重要地位。朝鲜许多古典文献，如史学名著《三国史记》《高丽史》《李朝实录》等，均用汉文撰写。

在朝鲜文化发展史上，朝鲜也出现过"乡札""吏读""口诀文字"等三种书写形式。这些书写方式，都是在借鉴汉字的基础上发展而来，只是在借用方式、构词方法以及语法方面有所不同。15世纪中叶，朝鲜王朝世宗大王李裪制定了《训民正音》，这是今天朝鲜（韩国）文字的雏形。尽管如此，在相当长的历史时期，人们还是将学习汉文放在首要地位，认为那是真学问，所谓"真文"；而将《训民正音》称为"谚文"，认为那是通俗、卑下的文字，不予重视。

19世纪末，汉字在朝鲜的地位急转直下，使用1500年之久的汉文不再是官方文字，其地位被正音文字所代替。1948年，韩国国会颁布的《韩字专用法案》规定："大韩民国来往公文以韩字书写，仅在短期需要时，才能并用汉字。"为此，他们对汉字与汉文教学进行改革，选出1800个教育用基础汉字；1970年起，小学开始实施全面的韩字专用教育。汉字使用受到很大的限制，除报刊标题、专有名词还偶尔使用外，韩字成为韩国标准文字。

在对汉字的使用方面，朝鲜的语文政策甚至比韩国还严。自1949年以来，朝鲜对汉字经历了全部废止到有限使用的曲折发展过程。1949年，汉字被全部废除，至今在报刊杂志、各种图书中，仍坚持全用朝文出版。1968年，朝鲜语文政策有所变革，汉字教学也一度得到恢复，但是对于汉字使用量有所限制，当年发行的4种汉字教科书共使用1500个汉字。至大学毕业，各类学校累计使用汉字3000个，同时还出版了汉字字典。

不过，在现实生活中，朝鲜与韩国其实一直没有停止汉字的使用，因为汉字早已成为朝鲜民族文化的重要组成部分。所以说，汉字在朝鲜半岛其实是名废实存，汉字在社会生活中仍不可或缺。

从20世纪末直到今天，随着中国经济的快速发展、中华文化的复兴，汉字在朝鲜半岛又开始受到重视。如1998年韩国成立了全国汉字教育推进总联合会，该联合会主张从小学开始彻底进行汉字教育。第二年，韩国政府还宣布在所有公务文件和交通标志等领域全面恢复使用已经消失多年的中国汉字和汉字标记，以适应世界文化发展的潮流。

汉字在朝鲜半岛的兴盛、衰落与复兴，折射的是中华文明在世界文化史上地位和作用的变迁，也是中国历史发展的一个缩影。

汉字在日本

日本历史文化的发展与中国有着千丝万缕的联系。汉字传入日本并被日本接受，日本才有了自己的文字。1784年在日本九州出土、现

参阅 渠长根、杨玉修：《中日韩三国关系历史发展的基本态势研究》，《山西财经大学学报》，2012年第4期。

藏于福冈市博物馆的"汉委奴国王"金印，上面就刻有汉字。另外，在日本还出土了王莽时期所造的一种称为"货泉"的货币，这种货币在当时颇为流行，一直通行至东汉初年。由此可见，早在汉代，汉字已经传入日本。

从现存的文献看，日本较为广泛地接触和学习汉字，可追溯至8世纪初日本奈良时代学者万侣编写的《古事记》。稍后的《日本书纪》一书，还记载了汉字传入日本的几个传说，即"王仁上贡献书说""徐福赴日初传说""神功皇后自新罗带回说"。随着汉字文献越来越多地传入日本，日本人开始越来越多地接受华夏文化，当时来中国的遣唐使络绎不绝，有的甚至还在唐代为官。一时间，学习汉字成为日本上层社会的一种风尚。如今，汉字已与日本历史文化水乳交融，浑然一体，甚至成为日本文化的象征性符号。

汉字在日本的传播演变大致经历了四个发展时期，即音读、训读时期，万叶假名时期，片假名、平假名产生时期，汉字、假名混写时期。在第一个时期，日语汉字按汉语的发音读出来，即所谓音读，主要是模仿中国古代对该汉字的发音方法而形成，具有很强的地域和时代特点，如吴音、汉音、唐音、惯用音等。所谓训读，就是借用汉字的字义，仍然以日本原有的发音来读音。第二个时期，开始于8世纪初，因其用法集中于日本古典名著《万叶集》而得名。《万叶集》是日本最早的和歌总集。作者大伴旅人是日本奈良时期（710—784）的政治家、著名歌人。万叶假名，又叫"真假名"。"真假名"的"真"，指的是汉字，而"假名"则是对汉字的一种假借和假用，主要是与日语音同或音近的字。这时的汉字已与传统汉字有很大的不同，因此，也有人认为万叶假名是日本文字创制的开始。

从汉字传播的第三个时期开始，日本文字对于汉字的独立性有较大增强，逐渐进入本民族文字发展与汉字混杂使用的时期。片假名和平假名都是从万叶假名发展而来，是对汉字书写方式的简化。有一种说法认为，片假名是遣唐使吉备真备所创；一说来源于僧侣。片假名是对汉字的简化，只写汉字的偏旁，或仅用汉字的部分笔画代替全字。平假名，又叫"草假名""女手""女假字"，不过并非女人专用。平安初期，妇女在写情书、日记、诗歌时，一般采用草体假名，用行书和草书体，使假名的书写方式更加简化，慢慢形成了平假名。平假名非高僧空海所创。片假名和平假名出现以后，日语的标记形式由纯汉字形式发展到汉字、假名混写形式，即我们所说的第四个时期。这一时期，汉字多作为实词性词汇，而假名多作为虚词性词汇及外来语。这种汉字、假名混合书写的方式，一直沿用至今。

日本明治维新前后，为了学习西方文化，日本社会出现了文字改革的呼声。当时，关于废弃汉字而改用罗马字或完全用假名的主张较为流行。不过，历史无法割裂。汉字传入日本毕竟已有1600多年，日本的重要典籍几乎都是用汉字书写，如果废弃汉字，日本历史文化几乎难以延续传承。最终，日本决定限制汉字的使用量。1919年，日本提出了《汉字整理案》，字数为2600个；1946年日本政府又公布了《当用汉字表》，字数为1850个；1981年，又颁布了常用汉字1945个；2009年，日本政府将常用汉字增至2131个，旨在"适应信息化时代需要"。

日本汉字的改革，包括对汉字的简化。其主要方法：一是简省偏旁，将繁体字的部分结构或笔画省去；二是更换偏旁，如更换一些繁体字的偏旁，特别是形声字的声符；三是草书楷化，将草书的连绵笔画断开，改成楷书笔形；四是减省繁体字笔画，保留其原字轮廓原字特征；五是在不致意义混淆的前提下，用笔画少或常用的字代替同音或音近的字；六是采用古体，古代繁简并用，互相通借，将笔画简单的选作正体字；七是将繁体字的复杂部件改为简单的符号，化繁为简；八是对于分笔、连笔不清的汉字，干脆采用连笔书写。

汉字在越南

中越两国山水相连，文化交流源远流长。今天越南的主体民族——越族（京族）曾是古代百越的一支，即骆越，与中原汉族文化有深厚的历史渊源。相传早在春秋时期，越族中的一些人已经能够用汉语和汉字作为交际工具，开始与吴国、楚国交往。后来越国为楚国所灭，越人不断南迁，同时也把汉字带到了红河流域。据《交州外域记》记载，公元前 257 年，蜀王子泮在红河平原上自立为安阳王，蜀人再次把汉字带到了红河流域。

汉字在越南的传播，最初主要集中在越南北部，即红河中下游及

参阅宋红芝：《汉字在日本的发展与演变》，《长江大学学报》（社会科学版），2009年第4期。

我们的文字

横山以北地区，其传播的历史，大致经历了四个阶段。

一是学习阶段。公元前221年，秦始皇统一中国，平定岭南，置桂林、南海、象郡，象郡位于今越南北部和中北部，并曾"发诸尝逋亡人、赘婿、贾人"，"以适遣戍"。公元前207年，赵佗称南越国王，继续推广华夏文化。由于当时越南还没有文字，汉字便成为越南人使用的文字。公元前112年，汉武帝平定南越，分置九郡，其中交趾、九真、日南三郡大致相当于今越南北部和中北部地区。从此，汉文化和汉字在越南的传播进入一个新的阶段，汉字在越族中流行起来。

二是借用阶段。从秦汉时期一直到968年越南独立，越南与中国中原文化联系十分密切。交趾（交州、安南）地区的郡县官吏均由历代中国封建王朝派遣。由于当时越南文明发展程度不及中国，这些官吏自然也就将汉字以及汉文化带到了越南，实行汉字教学，传播汉文化。唐朝时，汉字读音、汉语使用和汉语教学在安南已蔚然成风，趋于正规。正如越南学者阮才谨指出，现在越南汉字的"汉越读法是源于唐朝汉字的语音体系，具体是为八、九世纪在交州讲授的唐音。"因此，这一时期可以说是对汉字的借用阶段。

马达：《论汉字在越南的传播及其影响》，《河南社会科学》，2008年第3期。

三是仿造阶段。13世纪，越南独立建国，在民族与国家意识带动下，越南人创制了自己的文字——字喃，又称"喃字"。不过，这种文字仍然是以汉字为基础，运用形声、会意、假借等方法而创造出来。字喃分两种，即为书写越南语而借用的汉字及另创的越南字。借用的汉字只借音不借义，自创的字则完全模仿汉字的结构，往往由两个汉字拼写而成，一边表声，一边表义，可以说是汉字在越南的衍生物。字喃一度与汉字并行用作正式文字，然其影响仍不及汉字。

四是创造阶段，即今天通用的越南语"国语字"。自从1492年哥伦布发现新大陆以后，西方殖民者加紧了侵略扩张的步伐，其触角几乎深入到世界各地。17世纪时，葡萄牙、西班牙、法国等国传教士先后来到越南，同时也将他们的文化传播进来。为方便传教，他们还对越南的文字进行改革，拟定了讲音方案，只是其读物在越南已经见不到了。现今能见到的越南文字拉丁化的最早的文献，是法国人罗德（Rhodes）编的《越南文——葡萄牙文拉丁文词典》。罗德对葡萄牙人草拟的越南文字拉丁化方案进行了整理，后来有人又对这个方案进行了修改。所以，现行越南的国语字早已不是葡萄牙人原来的方案了。

19世纪后期，法国殖民者出于其统治需要，强令推行法文和国语字，排斥汉文。20世纪40年代，越南北部获得解放，胡志明等领导人大力推广国语字。尽管如此，汉字在越南的影响至今仍随处可见。现在越南的许多地名，如归仁、西宁、河内、平顺、清化、河南、河西、山西、太原、兴安等，一看就与汉字、汉文化有关。越族人的姓名与中国汉人的名字特征也基本一样，一般是三个字，也有四个字的，多为女性所用；姓名的第一个字是姓，中间是垫字，最后一个字是名。

第三章
中国文字大视野（下）

五千年的历史中，除了汉字以外，我们还有哪些文字？哪些民族在使用它们？这些文字从哪里来？

哪些文字已经消失了？

哪些文字还在流传？

我国少数民族中也流传着很多关于文字的神话传说。彝族有神鸟赐字的传说。当时四川凉山彝族地区的大毕摩之一阿苏拉吉想创造文字，好将人们的思想和智慧传给后代，神告诉他可以到龙头山中去寻洛龙歌布曲神鸟。阿苏拉吉到了这里，发现一只神鸟口吐着血色的唾液，在沙滩上写下奇怪的文字，阿苏拉吉就将这些字记在衣服上，从此彝族就有了自己的文字。生活在贵州地区的水族相传为"百越"族系，因殷商亡国南迁至黔。水族古文字与文献统称为"水书"。水书的创造者据传叫陆铎，他创造的水族文字有很多，装满了一整间屋子。后来天人认为陆铎公创造的文字太厉害，从中甚至可以演算命理，所以设计烧毁了这所房子。屋中的文字化为灰烬，只有压在砚台下的几百个字幸存下来，也就是一直流传到今天的水族文字。傣族神话《同帕召讨文字》说的是，傣族、哈尼族和汉族从帕召（佛祖）那儿得到了一样的文字，但在回家的过程中，哈尼族的文字被吃了，汉族写着文字的纸在过河的时候又被浸湿了，因此，哈尼族就失去了文字，傣文和汉字也不一样了。台湾阿美族和布农族说刻着自己民族文字的石板被淹没沉入水底，就失去了文字。

还有的传说描述的是文字被吃掉，因而失去了文字。拉祜族神话《厄莎发文字》说的是，天神厄莎给拉祜族、汉族、傣族等几个民族发了文字，但是后来拉祜族的文字被吃掉了，所以拉祜族就没有了文字。景颇族神话说神把文字写在了牛皮上分给了景颇人，但是在回来的途中，景颇人吃光了所有的食物，于是他们就把写着文字的这块牛皮烧着吃了，景颇族也就没有自己的文字。摩梭人的文字、傈僳族的文字、佤族人的文字也是被吃掉了。苗族在古代是有文字的民族，曾经有过辉煌的文明史，相传祖先蚩尤与炎帝、黄帝作战，失败后迁往南方的途中遭遇洪水，大部分运载文字的船被大水吞没。剩下的少部分文字在岸边晾晒时，不料苗家的命根子——牛却因饥饿难忍误吞了经书，因此，至今老人去世，都要打牛祭祀，以慰祖先。羌族神话《端公为什么敲羊皮鼓》中说到，端公（羌族）、道士和喇嘛一同去西天取经。回程的途中，端公的经书被羊吃掉，羌族就丢掉了自己的文字。所以，现在端公念经时要敲打羊皮鼓，以惩罚当年羊偷吃经书的罪过。

参阅邓章应：《中国文字产生神话类型初探》，《长江大学学报(社会科学版)》，2007年第2期。

一、少数民族文字

在中华人民共和国建立之前，我国有21个少数民族有自己的文字，如蒙古、藏、维吾尔、彝、朝鲜、哈萨克、傣、拉祜、景颇、柯尔克孜、锡伯、俄罗斯等民族。其中有些民族的文字历史悠久，如彝文、藏文有上千年的历史，蒙古文、维吾尔文、傣文等也有几百年的历史。有些民族在历史上使用过受汉字影响形成的方块字，如壮族的方块字、白族的方块字、水书等。有些民族的文字是在20世纪初由传教士创立的，主要用于印制宗教经典，如老傈僳文、滇东北老苗文、拉祜文等。自20世纪50年代以来，国家先后为壮族、布依族、苗族、哈尼族、傈僳族等10个民族制定了14种拉丁字母形式的文字改革方案。自20世纪80年代以来，有些地方自行设计了文字方案或拼音方案，如白族文字方案、瑶文方案、土家语拼音方案、独龙语拼音方案、羌族拼音文字方案等，但是由于种种原因，这些新创制的文字使用的情况不尽相同。在这里我们主要从非物质文化遗产的角度出发，着重谈一下我国少数民族的传统文字。

我国目前的少数民族文字绝大多数是拼音文字，只有极少数如彝文是音节文字。这些拼音文字的字母来源不太一致，有的以古印度字母为基础，如藏文；有的属于拉丁字母，如传教士创立的少数民族文字。按字母的来源分类，我国的少数民族文字分为阿拉伯字母体系文字、回鹘字母体系文字、古印度字母体系文字、拉丁字母体系文字和独创字母文字。

（一）字母文字

拼音文字的基本单位是字母。在音位文字中，一个字母表示一个音位，把这些字母按照一定的规则拼合起来，就能拼读出记录该种语言的文字。

1.阿拉伯字母体系文字

维吾尔文

我国的维吾尔族主要居住在新疆维吾尔自治区，一部分散居在全国各地。"维吾尔"是突厥文词汇的音译，有"团结""协助"

1986年至1988年，中国社会科学院民族研究所对我国少数民族语言使用情况和文字问题进行了调查研究，历时4年出版了《中国少数民族文字》，本部分参考了这部比较权威的书，力求全面准确地介绍我们的少数民族文字。

的意思。维吾尔民族的形成经历了漫长的历史阶段。在5—6世纪，我国北方铁勒（又称敕勒、高车）部落联盟十分活跃，这是维吾尔族的先祖。7世纪，当时的铁勒人接受突厥汗国的统治。后来以韦纥为首的东支铁勒为反抗西突厥汗国的残酷统治，联合仆骨、同罗等铁勒部落，成立联盟，总称回纥。744年，回纥人打败了突厥人，之后建立了回纥汗国。788年，回纥的可汗请求唐朝允许改称回鹘。回鹘与当地各族居民长期发展融合，最终形成了现在的维吾尔族。

维吾尔族使用的文字，随着其历史迁移发生过多次变化。8世纪，在蒙古高原的鄂尔浑河流域建立了政权的回鹘人一度使用突厥文，后来回鹘人改用以粟特文为基础创制的回鹘文。10世纪末至11世纪初，阿拉伯字母随着伊斯兰教的传播进入西域地区，于是阿拉伯文字成为当时的通用文字。15世纪，以阿拉伯字母为基础创立的察合台文基本取代了回鹘文，成为维吾尔族统一使用的文字。察合台文除了使用阿拉伯字母，还增添了波斯字母，现行的维吾尔文就是在不断改进后的察合台文基础上形成的，书写时从右往左横写。

后来我国曾对维吾尔文进行多次改进和补充。1959年，设计了以拉丁字母为基础的维吾尔文新方案，后因推行条件不成熟而废止，维吾尔族继续使用以阿拉伯字母为基础的原有文字。由于以拉丁字母为基础的维吾尔新文字的一度存在，所以现行的维吾尔文也曾被称为"老维吾尔文"。

图1：维吾尔文书法作品　吾买尔·艾力书

现行的维吾尔文由32个字母组成，一个字母表示一个音，其中有8个元音字母，24个辅音字母。每个字母按照在词里出现的位置有单独、后连、双连、前连等不同的形式，当然也有字母只有单独式和前连式两种形态。维吾尔文的每一个元音都可以独自构成一个音节，元音和辅音组合起来就可以组成不同的音节了。

哈萨克文

我国的哈萨克族主要聚居在新疆维吾尔自治区伊犁哈萨克自治州及其他哈萨克自治县，少数居住在甘肃、青海等地。哈萨克族是我国一个历史悠久的民族，它的形成是历史上许多部落和部族在长期的历史发展过程中融合而成的，其中主要有古代的塞族、月氏、乌孙、乃蛮以及克烈等部落。自公元前2世纪起，乌孙人便生活在伊犁河谷，与原先居住在这里的塞族人和月氏人相互融合，成为哈萨克族的先祖。

"哈萨克"这一名称最早出现于15世纪，当时在锡尔河下游的部分牧民部落为反抗乌兹别克汗国统治者的暴政而出走到楚河流域，因此这部分人得名"哈萨克"，意思是"脱难者""脱离者"。作为族名，哈萨克也被认为是先秦时期的"乌孙"和汉唐时期"可萨""曷萨"的音译。

哈萨克族在历史上曾经使用过多种文字。6—8世纪，哈萨克族曾使用突厥文。8世纪之后，又改用回鹘文。10—12世纪，伊斯兰教在哈萨克地区得到广泛传播。随着宗教的传播，哈萨克族的先民开始使用阿拉伯字母来拼写自己的语言。我国的哈萨克族在1954年对哈萨克文进行了改进，这种文字被称为哈萨克老文字。这是为了区别于1959年文字改革时期，我国新创制的以拉丁字母为基础的哈萨克新文字。同维吾尔新文字一样，这种文字因不可取而被废除。现在哈萨克族使用的文字是哈萨克老文字。

图2：哈萨克文书法作品

现行的哈萨克文由33个字母组成，其中有9个元音字母，24个辅音字母。每一个字母在词里的位置不同，写法也会有变化，分别有单独写法、词首写法、词间写法以及词尾写法等。哈萨克文是从右往左横写的。另外，哈萨克文的缩写词和移行都有一定的规则。

柯尔克孜文

　　我国的柯尔克孜族主要聚居在新疆维吾尔自治区克孜勒苏柯尔克孜自治州，其他散居在新疆各地，另外还有一部分人居住在黑龙江省富裕县。"柯尔克孜"是突厥语的音译，这是本民族的自称，有"40个部落""40个姑娘"之意。关于这个名字，还有一则传说。相传在古代有一对兄妹在夜间出去游玩，他们这样做触犯了规定，因而被处死了。他们的骨灰被抛撒到河里，河里却传出来低沉的呜咽声。后来有40个姑娘受好奇心驱使，抚摸了河水，却因此怀孕了。这40个姑娘被其他人驱赶，分别进入了山区和草原，她们的后代就是后来的柯尔克孜族。

　　柯尔克孜族的先民，最初居住在叶尼塞河的上游，在《史记》《汉书》等典籍中曾先后被称为"鬲昆""坚昆""契骨""黠戛斯"等。隋唐时期，柯尔克孜族的先民黠戛斯接受突厥的统治。唐朝打败东突厥之后，贞观二十二年（648年），唐太宗在黠戛斯的所在地设立坚昆都督府，接受唐朝政府的管辖。后来柯尔克孜族的先民经与突厥、蒙古等部落的融合，形成了后来的柯尔克孜族。

　　柯尔克孜族很早就有自己的文字。7–10世纪，柯尔克孜族的先民黠戛斯使用的是突厥文。随着伊斯兰教传入西域，柯尔克孜族同新疆

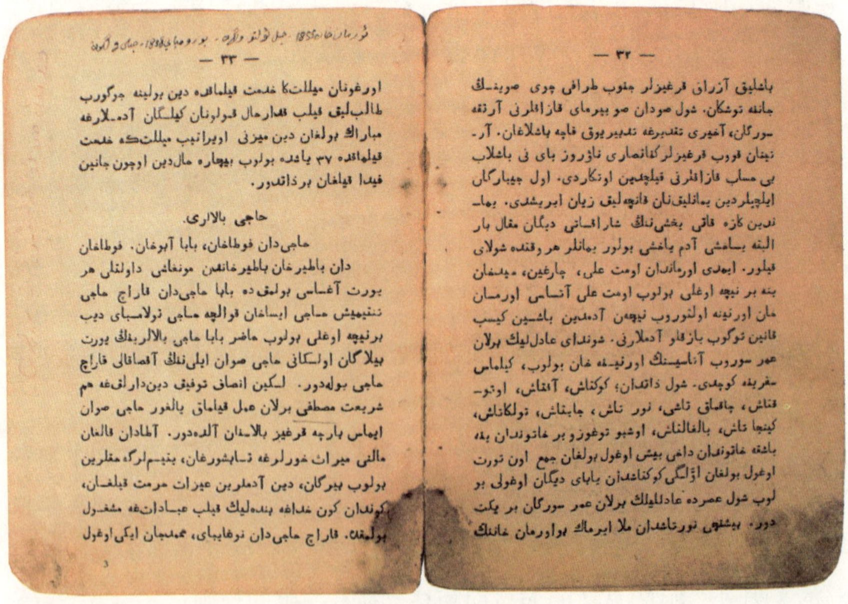

图3：柯尔克孜文《柯尔克孜依亚》乌斯曼阿里·斯地克撰1915年石印本

其他少数民族一样，也开始使用察合台文。之后，柯尔克孜文也经历了新中国成立后的文字改革。虽然一波三折，但是柯尔克孜族恢复使用了以前的柯尔克孜文，而且柯尔克孜文得到不断改进和完善。

新中国成立以后，制订了以阿拉伯字母为基础的柯尔克孜文新方案。这套方案共有30个字母，其中有8个元音字母，辅音字母中有3个字母专门拼写借词。新的柯尔克孜文适应了柯尔克孜语的发音特点，所以较之以往更加完备。当然，后来又颁布、修订了柯尔克孜文正字法，对于之前的字母顺序做了一定的调整，而且一些人名和地名的写法也有新的规定。

2. 回鹘字母体系文字

蒙古文

我国的蒙古族主要聚居在内蒙古自治区，另外还分布在辽宁、黑龙江、吉林、新疆、甘肃、青海、河北、云南、北京等地。"蒙古"这一名称较早见于《旧唐书》，其最早的汉文写法是"蒙兀"，有时也被写作"萌古"，意思是"永恒之火"。蒙古族的族源历来说法不一，一般说法是蒙古族发祥于额尔古纳河流域，居住在这里的人被称为"蒙兀室韦"，是当时室韦部落中的一支。后来鞑靼人取代突厥其他部落成为蒙古高原的主体居民，鞑靼也成为蒙古各个部落的总称了。随后，由于其中蒙古部落的强大，"鞑靼"一词逐渐被"蒙古"所取代。13世纪，蒙古乞颜部的首领铁木真逐渐统一了蒙古各部，建立起蒙古汗国，这样逐渐融合成一个新的民族共同体，"蒙古"也就由原来的部落名称变成了整个民族的共称了。

在《蒙古秘史》中记载

图4：托忒蒙古文《江格尔击败残暴古日古木之章》 20世纪初抄本

了这样一个传说：苍狼和白鹿是蒙古人的祖先，它们奉上天之命降生到人间，在斡难河源头的不儿罕山繁衍生息，随后生下了一个儿子巴塔赤罕，他就是成吉思汗的始祖。

在蒙古族发展的历史进程中，曾使用过回鹘文、回鹘式蒙古文、八思巴文以及托忒文等文字。其中使用时间最长、范围最广的就是回鹘式蒙古文。

回鹘式蒙古文最初形成于13世纪初，《元史·塔塔统阿传》记载了这种文字创制的过程。在1204年，成吉思汗征服了乃蛮部之后，命塔塔统阿借用畏兀儿文拼写蒙古语。当时畏兀儿人采用的是回鹘文，所以这种在回鹘字母基础上创制的蒙古文被称为回鹘式蒙古文。

蒙古语和回鹘语在语言系统上有很多共同之处，所以蒙古族使用回鹘字母也十分方便。1269年，元世祖忽必烈命蒙古汗国的国师八思巴创立蒙古新字，即八思巴文。此时，八思巴文字成为蒙古的国字，这样回鹘式蒙古文就受到了不小的冲击。但是，实际上八思巴文在推行的过程中遇到不少问题，八思巴文主要用于正式的官方文件，民间很少使用。随着元朝政权的分崩离析，八思巴文也逐渐衰落了，回鹘式蒙古文却逐步发展，一直沿用至今。

回鹘式蒙古文在使用过程中也在不断改进。1648年，卫拉特部的咱雅班第达在回鹘式蒙古文的基础上创造了适合本地方言的托忒蒙古文，在新疆的蒙古族主要使用这种文字。之后，回鹘式蒙古文经过调整变得更加规范。我国现行的蒙古文由改进后的回鹘式蒙古文发展而来。蒙古文自上而下、自左往右竖写。它有个很大的优点就是，无论说何种蒙古方言的人都很容易掌握，所以很富有生命力。

现行蒙古文字母有33个，其

中表示元音的有7个，表示辅音的有26个。蒙古文在词的第一音节可以用元音字母开头，后续的音节都是辅音字母开头。现行蒙古文的标点符号，保留了回鹘式蒙古文的一些符号，另外增添了分号、问号、冒号、感叹号、破折号、省略号，等等。

满文

满族是一个历史悠久的民族。满族的先祖最早被称为肃慎人，见于《左传》《史记》等典籍中。肃慎是几千年前生活在我国东北地区的古老民族。汉代至三国时期，肃慎人又被称为挹娄人。挹娄人依山傍水而居，擅长打猎。南北朝至隋唐时期，这部分人相继改称为勿吉和靺鞨（mòhé）。后来，黑水靺鞨部落兴起，契丹人称其为"女真"。12世纪初，完颜部的首领阿骨打统一女真其他各部，建立了金国。明末，建州女真逐渐强大起来，在首领努尔哈赤的带领下，逐渐统一了分散的女真各部，形成了一个共同体，自称为"颟（mān）珠"。明崇祯八年（1635年），清太宗皇太极废除女真（诸申）的旧称，正式定族名为满洲。辛亥革命后改称满族。

满族使用文字的情况十分复杂。在金代，女真人曾经创制过女真文字，并且有女真大字、女真小字之分。女真文从创制之初到在明代的衰落，历经了400多年。此后，满族曾一度使用蒙古文。当时满族没有自己的文字，文书的往来必须要用蒙古字，努尔哈赤深感借用蒙古文的不便，于是在明万历二十七年（1599年），命大臣额尔德尼和噶盖二人在回鹘式蒙古文的基础上创制满文，即"老满文"或"无圈点满文"。

实际上，老满文与蒙古文相差不大，但是满语与蒙古语在语音上有所差别，这样老满文在使用中就出现了很多问题。于是在后金天聪元年（1632年），清太宗皇太极命大臣达海改进满

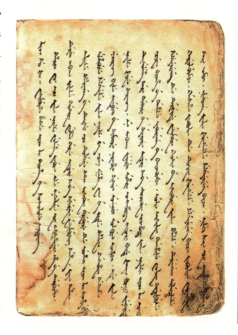

图6：满文《劝善经》佚名撰 清抄本

文，这就是"新满文"。新满文的特点是在字母的旁边加上圈点，用来区别相同字形的不同读音，所以改进后的满文又被称为"有圈点的满文"。现在人们所说的满文，一般指的是改进后的"新满文"。满文从创制到改进，经历了30多年，达到了比较完善、成熟的程度。由于时代的变迁，满文已经基本不再被使用。绝大多数满族人都使用汉字，只有黑龙江一些边远农村的满族老人还能识读满文。现在，国家实行民族语文保护政策，在满族聚居的地方，已经有小学开设满文课程，这是一件值得欣喜的事。

满文是参照蒙古文创制的，属于拼音文字。满文的字母有40个，其中有6个元音，24个辅音，另外还有10个专门拼写借词的字母。根据在词首、词中、词末的不同位置，满文字母相应地也有3种不同的书写形式。满文的基本笔画有字头、字牙、字圈、字点、向两种不同方向撇的字尾以及连接字头的竖线等。满文是以词为单位进行书写的，书写的时候，先自上而下连续书写字母，然后再按顺序依次添加点或圈，行文是从左往右竖行书写。

锡伯文

我国的锡伯族分居在东北的吉林、辽宁以及西北的新疆维吾尔自治区。锡伯族最早居住在海拉尔东南的扎兰陀罗河流域，世代以渔猎为生。17世纪初，锡伯族被满洲统治者征服，随后被编入蒙古八旗和满洲八旗。乾隆二十九年（1764年），清政府从东北八旗兵中抽调了1020个锡伯族的官兵，连同家属一起赴新疆伊犁一带屯垦戍边，现在的新疆锡伯族就是这部分人的后裔。

"锡伯"是锡伯族的自称，在古代的典籍中有多种音译，如"须卜""鲜卑""室韦""席北""席伯"等称呼。锡伯族的先民最早可以追溯到我国古代的东胡部落联盟。后来匈奴击破了东胡联盟，从中分化出鲜卑、乌桓等部族。鲜卑主要活动在大兴安岭一带，随后鲜卑分化为东部鲜卑和拓跋鲜卑。386年，拓跋鲜卑建立了北魏政权，鲜卑的主体与汉民族逐渐融合，而留居在大兴安岭一带的其他鲜卑部落，则被称为"失韦（室韦）""乌洛侯""契丹"等。这一部分鲜卑人即为锡伯族的先祖。

锡伯文是新疆的锡伯族在满文基础上略加改进而成的。只有新疆的锡伯族使用锡伯文，居住在东北地区的锡伯族则通用汉文。锡伯文与满文一样，是回鹘字母体系的拼音文字，其字母表同满文字母表基本相同，只是改变了一些字母的形体。后来锡伯族的专家学者又对锡伯文进行了一定的调整和改进，现在的锡伯文更加规范与实用。

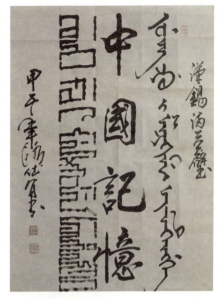

图7：满文、锡伯文书法 新疆维吾尔自治区非物质文化遗产满文锡伯文书法代表性传承人格吐肯书

现行锡伯文字母与满文字母基本相同，只是个别字母的字形略有差异。锡伯文字母有40个，其中元音字母6个，辅音字母24个，专门拼写借词的字母10个。锡伯文的笔画同满文基本一致，有字头、字牙、字圈、字点等。书写锡伯文时，一般是自上而下、从左至右的顺序。锡伯文有书写体和印刷体两种字体。

3.古印度字母体系文字

藏文

我国的藏族主要聚居在西藏自治区和青海的大部分地区，另外还分布在甘肃、四川、云南等省的部分地区。藏族自称"博巴"，把其世代居住的青藏高原称作"博"，"巴"是"人"的意思，"博巴"就是住在"博"这个地区的人。

早在7世纪初，"博"就是当时藏族人的自称了，在汉文的典籍中被称作"蕃"或"吐蕃"。关于"蕃"这个名称，比较流行的说法是来源于"本"，即古代藏族的原始宗教"本教"（又译"苯教"）。当时佛教还没有传入藏区，在佛教传入之前，本教一直是藏族人民信奉的宗教。在古藏文写法中，"本"与"蕃"可以互通，久而久之，藏族就把这个宗教名当作本民族的称谓了。

藏族发源于西藏雅鲁藏布江中游流域。关于藏族的来源传说很多，相传观世音菩萨点化了一只猕猴到西藏修行，随后这只猕猴和居住在岩洞里的一个魔女结为眷属，生下了六个猴崽，后来猴崽的数量

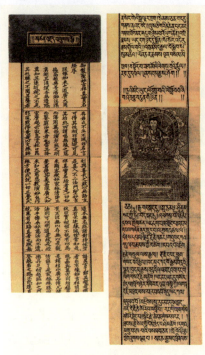

图8：藏文《圣妙吉祥真实名经》仁钦桑布译 明永乐九年（1411年）刻本 国家图书馆藏

增加到500个，当时没有多余的食物，于是观世音菩萨就取来青稞、小麦、荞麦等种子撒到大地上，这些猴崽吃了食物之后，尾巴和身上的毛都变短了，这样慢慢变成了人，最后繁衍生息成了藏族。

藏文是一种古老的文字，据藏文史书记载，创制于7世纪时的松赞干布时代，距今已有1300多年的历史。当时松赞干布派遣大臣图米三菩扎到天竺（古印度）求学，钻研佛法和梵文。他回到西藏以后，根据梵文体系创制了藏文。不过，近人的研究指出，藏文的出现和使用可能早于7世纪，松赞干布时对藏文进行了改进和规范。藏文的原型说法不一，因为古印度的文字经历了很多变化。总体而言，藏文是根据梵文体系创制的拼音文字，其字母表的顺序也同梵文大体一致。藏文在初创时期，其字母和语音是相当准确地对应着的，随着藏语的变异，藏文和口语产生了一定的距离。尽管如此，藏文仍然可以在不同的方言区通用，虽然各地读音不尽相同，但是写法完全一样，这是藏文的一大优点。

藏文一共有30个辅音字母，其中23个字母和梵文字母大体一致。藏文有4个元音字母，不计入字母表，与梵文的体制也是相同的。藏文的拼写以音节为单位，从理论上说，每个音节都是由基字和前后加字两部分组成的。基字是藏文基本的30个辅音，所以我们经常会说30基字。藏文词以音节为单位，从左至右横写，两个音节之间用一点隔开。按传统来说，藏文是用竹笔书写的，字体有楷书和草书两类，楷书可以用于印刷，草书则适宜手写。

傣文

我国的傣族主要聚居在云南西双版纳傣族自治州、德宏傣族景颇族自治州以及耿马、金平等多个县市。傣族自称"傣"，意思是"酷爱自由的人"。傣族的先民是"滇越""掸"。唐宋时期，滇南部分的傣族因其所在地"勐"被称为"茫蛮"，这部分人习俗各异，因此又分别被称为"黑齿""金齿""绣脚""绣面"等；元明清以后，傣族又被称为"白衣""白夷""摆夷"等。

傣族拥有自己的文字傣文，它是从古印度的婆罗米字母演化而来并随着佛教的传入而产生的。老傣文按照地区可以分为四种，西双版纳地区的傣文，又称傣泐（lè）文；德宏地区的傣文，又称傣那文；金平地区的傣文，又称傣端文；耿马、澜沧等地的傣文，又称傣绷文。

古时傣族称西双版纳为"泐"，傣泐文因此而得名，"傣泐"的意思就是在泐地的傣族。最初，傣泐文仅用于宗教活动，后来逐渐在民间流传开来。据传，在傣历的639年（1277年），有一个叫督英达的和尚用铁笔把经书刻在了贝多罗树的树叶上，这就是后来的贝叶经，他所用的文字就是傣泐文。这种文字来源是怎样的呢？傣族过去流行一种记事符号，这种符号是一个做饭的人发明的。他在炉火旁用吹火筒，用久了吹火筒沾上的炉灰在地上印出了一些痕迹，由于吹火筒是圆形的竹筒，所以就形成了圆形或半圆形的符号，这些符号的组合

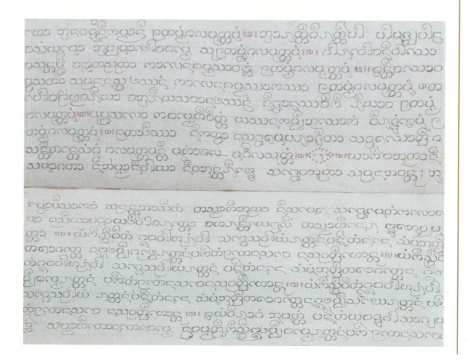

图9：傣泐文写本《坦西哈万索》 云南民族博物馆藏

后来就成了傣泐文的字母了。西双版纳地区的傣族男子在七八岁的时候，会被送去佛寺当小和尚，在那里念经、学习傣泐文。他们还俗以后称为"康朗"，在社会上被看作有知识的人。傣泐文来源于古老的印度字母，是一种拼音文字。这种文字共有56个字母，其中7个是元音字母，1个是元音兼辅音字母，48个是辅音字母。傣泐文字母从外形上看属于圆形体，是由半圆形组合、颠倒或者侧转而成的。傣泐文书写时从左至右横写，音节之间有空格，而且词与词之间不连写。

德宏傣文主要在德宏傣族景颇族自治州的傣族群众中使用，又称怒江上游的傣文、傣那文。傣那文创制时间大约在14世纪。明初的《百夷传》记述了滇西的傣族"小事刻竹木，大事作缅书"，这里所说的缅书即傣那。由于傣文字母与缅文字母同属一个体系，所以常将傣文称作缅文。傣那文的历史文献绝大多数是用毛笔书写的，当时怒江上游的傣族与汉族交错杂居，深受汉文化的影响，所以形成如今略带方形的傣那文。德宏傣文的字母来源于缅文字母，最早可追溯至印度的婆罗米字母。傣那文把表示辅音的声母叫做字母，把表示元音的韵母叫做符号。这种文字原有的声母有19个，韵母有45个。在傣那文原有的文字中一般不标示声调，书写的时候词与词之间不分开，所以为了避免混淆，一般在每个声母上头附加一个点来区分音节。后来，傣那文经历了很多次修订，也逐步完善了。

傣绷文是居住于耿马县孟定坝的傣族所使用的文字，它是德宏傣

文的前身。傣绷文与傣那文比较类似，都来源于缅文字母，属于古印度的婆罗米字母体系。后来由于傣那文用毛笔书写，傣绷文用硬笔书写，所以产生了分化。德宏地区的傣族称这种文字为"怒江下游的傣文"，以示与自己所用文字的区别。相传500—600年前，在孟定坝的傣族的祖先居住在老挝、泰国、缅甸三国的交界处勐皎，后来一部分人迁

徙才来到了这里，这些人自称为傣德，汉族人习惯称他们为水傣。若干年后，即傣历827年（1465年）左右，由于爆发瘟疫，信奉小乘佛教的傣德人便以为是他们离佛太远了，于是仰光缅寺派了一个佛号为"坦玛"的大佛爷来到了孟定，他从缅甸带来了一些经书，大多是用傣绷文书写的，于是傣绷文便在孟定一带开始流行。傣绷文由于使用人数很少，加之主要靠佛寺中的和尚传承，现在已经成为濒危民族语言文字，被列入云南省第一批省级非物质文化遗产代表性项目名录。傣绷文来源于梵文字母，其原有19个声母，经常用的韵母有45个。可以说傣绷文和傣那文是很相近的，所以它们的字母数量基本上一致。傣绷文是从左至右横着书写的，字与字之间不留空档，所以也会有区分音节的符号。与傣那文采用毛笔书写不同，傣绷

图11：傣绷文

文采用硬笔书写，二者的字形就出现差异了，傣绷文至今仍然保留着圆形的字体。

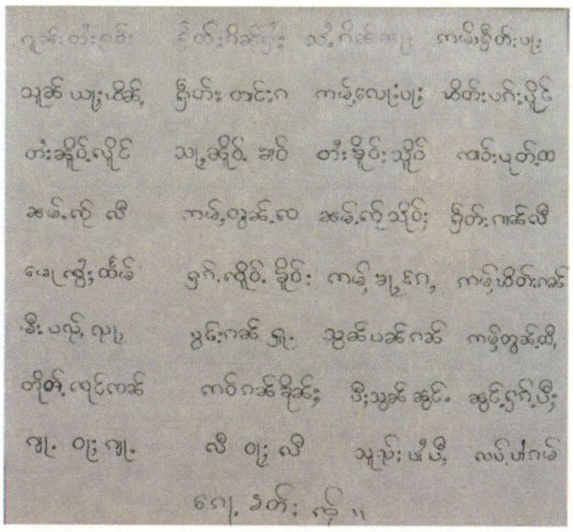

　　我国云南省金平县的部分傣族使用的傣文是金平傣文，又称傣端

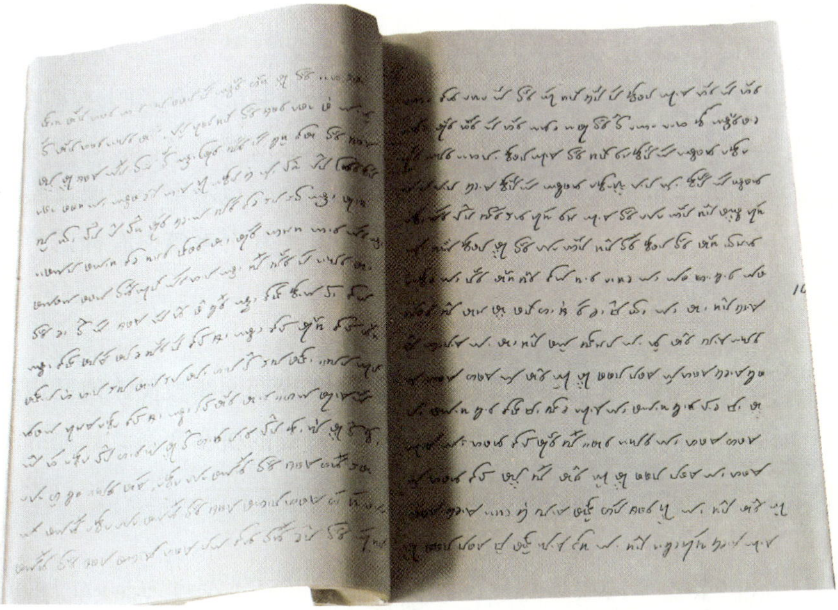

图12：傣端文传承人刘维音写的傣端文乡土教材

文。"傣端"是这部分傣族人的自称，"端"是白的意思，所以他们又称"白傣"。傣端文与上面三种傣文一样，都源于古印度的字母，但是傣端文的字母和符号在形体上与其他三种不同，它是以棱角的笔画为主，以直线和半圆的笔画为辅，呈现出来即是一种长形的字母。金平傣文有22个辅音音位，分高音、低音组，一共有44个字母。金平的傣语有6个声调，标声调的符号一般在字母的上方，当然也有在韵母上方的。现在能认识傣端文的人已经很少了，所以云南省已经把其列为濒危民族语言文字。

4. 拉丁字母体系

中华人民共和国成立以后，在20世纪50年代，国家先后帮助壮、布依、彝、苗、哈尼、傈僳、纳西、侗、佤、黎等10个民族制定了14种以拉丁字母为基础的文字（其中苗文4种、哈尼文2种）。此外，景颇族的载瓦支系也有了自己拉丁字母形式的文字。自20世纪80年代以来，有些地方自行设计了以拉丁字母为基础的文字，比如白文、瑶文、土家语拼音方案等。

在国家为这些少数民族创制文字以前，不少民族拥有自己的文字。其中大多是在20世纪初由西方传教士创制的，主要用于宗教活动。现在除个别地方外，大多已不再使用这些文字。

傈僳文

老傈僳文是西方传教士创制的拼音文字，这种文字以印刷体大写的拉丁字母为基础。由于其主要通行在信基督教的群众之间，所以又称"圣经文字"。此外，傈僳族还有一种汪忍波傈僳文。汪忍波是傈僳族音节文字的创造者，他之前长期在家务农，也从事一些傈僳族的宗教活动。汪忍波创制的文字通行于维西县的几个乡镇，有神话、诗歌等手抄本传世。

佤文

20世纪30年代，英国传教士永文森到我国西南少数民族地区传教时，曾根据佤语设计了一套以拉丁字母为基础的拼音文字，当地群众称为"撒喇文"。

景颇文

1890年，美国牧师欧拉·汉森创制了以拉丁字母为基础的景颇文。景颇文最初用于宗教活动，在20世纪初传入中国。1914年，英国传教士印戛在瑞丽一带传教时，在教授缅文的同时也传授景颇文。后来国家对景颇文也进行了改进。

载瓦文

我国景颇族载瓦支系以前曾使用过两种传教士创制的载瓦文。1887年，外国传教士为了传教，在缅甸创制了一种以正写和倒写的大写拉丁字母组成的载瓦文。从1934年起，法国传教士威廉曾在德宏州潞西县传播过这种载瓦文。1927年，缅甸说载瓦语的知识分子参考景颇文又创制了另一种载瓦文。

拉祜文

20世纪初，缅甸克伦族一个叫巴托的人设计了一套以拉丁字母为基础的文字，在缅甸的拉祜族中使用。后来外国传教士由缅甸进入云南澜沧地区时，把这套文字传给了当地的拉祜族，习惯上称这套文字为老文字。

独龙文

19世纪末，在缅甸北部的传教士，以独龙语为基础，创制了一种以拉丁字母为基础的拼音文字。1951年，缅甸独龙族的白吉斗又创制了另一种拉丁字母形式的拼音文字，以其所在的氏族命名为"日旺文"。后来，我国的独龙族人木立门·阿柏参照日旺文，采用拉丁字母创制了独龙文。后来这套文字在独龙族聚居的地区推广。

5. 独创字母文字

滇东北老苗文

1904年，英国传教士伯格里·波拉到贵州省威宁县（今威宁彝族回族苗族自治县）传教，给这一地区的苗族群众创制了一种拼音文字，因为此地的苗语属于滇东北次方言，所以称这种苗文为"滇东北老苗文"，又称"伯格里苗文"。滇东北老苗文属于自创字母与其他字母混合的拼音文字，每个文字由一个大字母和一个小字母组成。这些字母中，有些是拉丁字母，有些是拉丁字母的变形，有的只是一些符号的组合，这种字母以其设计者的名字命名为波拉字母。

朝鲜文

现在我国朝鲜族使用的文字是朝鲜文，也叫谚文，意思是在群众中流传的俗文字。这是一种音素文字，当时的名称叫"训民正音"，创制于15世纪。当时在朝鲜世宗李祹的主持下，由当时的学者郑麟趾、成三问、申叔舟等共同研究，并参考了梵文、回鹘文、女真文等其他文字，创制出了这种可以准确记录朝鲜语的表音文字。朝鲜文的字母不分大小写，书写时从左至右，从上至下。

（二）汉字型文字

汉字发源于黄河流域的中原地区，后来逐渐传播到我国边远的少数民族地区，他们起先是学习汉字，之后就借用汉字（或变形或仿造）书写本民族和地区的语言，从而形成了属于本民族的汉字型文字。我国的白族、壮族、侗族、水族等，受汉文化的影响很深，在他们使用汉字记录本民族语言过程中，对汉字进行了改造，形成了本民族的方块文字。

白文

白族在历史上曾经使用过"白文"。南诏时期（738—902），白族开始使用增减汉字笔画、用汉字偏旁组合成字的方法，创制了一种方块字，用来记录白语，这种文字就是"方块白文"。方块白文属于汉字型文字。

壮文

在唐宋时期，壮族曾经利用汉字的偏旁部首，按照汉字"六书"的造字法，创造了一种"土俗字"，现在一般叫"方块壮字"。壮文有一千多年的历史，在宋人庄绰的《鸡肋篇》、范成大的《桂海虞衡志》中都提到了广西的这种"土俗字"。壮族人民利用方块壮字记录了不少内容，比如古代壮族的神话传说、歌谣寓言、家谱契约、乡规民约、信函药方，等等。

侗书

侗族最初直接借用汉字记录侗语，这种做法被称作"汉字记侗音"。后来，侗族利用汉字的字符，新创了不少文字，习惯上称之为"方块侗字"。侗族使用方块侗字留下了很多手抄本，包括歌册、历书、家谱等，这些文献统称为"侗书"。

水书

水族先民创制的文字，水语称为"渿睢"。"渿"是文字的意思，"睢"是水族先民的自称，"渿睢"即水族的文字，汉文称其为"水书"。水书的形状类似甲骨文，主要通行于贵州省水族地区。水书主要用于民间民俗活动和祭祀、占卜等宗教活动。

"水书"字形结构奇特，有的字类似甲骨文、金文；有的字又受道教符咒的影响；有的字是汉字的反写与倒写；有的字源于水族原始宗教的符号。总体来看，水书属于方块字，笔画简单。书写形式上，水书一般自上而下竖写，从右至左换行。"水书"的内容由两大部分组成，一是用水族古文字编著的手抄本典籍；二是由水书先生口传心授的，用以弥补因文字发展不完善而无法记录的大量的宗教要义、歌诀、仪式、祝词等。"水书"的传承主体是水书先生，其中蕴含

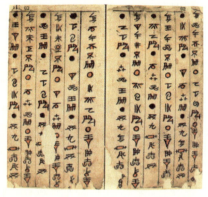

图13：水书《农事占卜》 清抄本 国家图书馆藏

着相当丰富的水族文化，涵盖了天文、历法、八卦、宗教等各方面的内容，十分艰涩难学，加之随着时代的变迁，水族年轻人不愿学习水书，所以水书的传承面临着巨大的困难。2006年，水书习俗被列入第一批国家级非物质文化遗产代表性项目名录。

图14：水书先生用水书文字写板书

吏读

我国朝鲜族的先民是从朝鲜半岛迁移过来的。在5世纪以前，朝鲜族人民一直使用汉字。在汉末三国时期，汉字开始大量传入朝鲜。但是朝鲜语与汉语差别很大，所以在6世纪左右，朝鲜族开始创制自己的文字，这就是"吏读"。"吏读"是一种借用汉字的音和义来标记朝鲜语的特殊文字形式，最早在下级官吏之中使用，主要用于公私文书。后来，"吏读"出现了书面语形式——"吏札"，主要用于政府的书面语。"吏读"中用来记录朝鲜族口语的就是"乡札"，主要记录朝鲜的民歌民谣等。

（三）其他文字

东巴文与哥巴文

纳西族主要聚居于云南省丽江市纳西族自治县及周边地区，四川和西藏的部分市县也有分布。在云南丽江等地的纳西族自称"纳西"，四川盐源等地的纳西族多自称"纳汝"，在汉文的古籍中称他们为"摩沙""么些"。纳西族属于古代髦人的一个部落，是古羌人的一支，其先民在史料典籍中被称为"摩沙夷"。

纳西族自身创造了灿烂的文化，曾经使用过一种表意的象形文字——东巴文。纳西族人民称东巴文为"森究鲁究"，意思是"木石上的疤痕"。由此可见，最初的东巴文是刻画在木头、石头上的，由这些图案逐渐发展为象形文字。

东巴是纳西语的音译，意思是"智者"，指代的是从事纳西族传统宗教并通晓经书的巫师或者祭司。在隋末唐初，纳西族原有的宗教受到外来吐蕃本教的影响，由此形成了东巴教。东巴文就掌握在东巴经师的手中，这些东巴经师集宗教、语言、文字、绘画、艺术等知识于一身，传播和继承着纳西族的文化。

东巴文大多由东巴掌握，一般用来撰写纳西族东巴教的经书。这种手写方法比较原始，绝大部分经文不是逐字逐句地写，而是只写出大意。在书写经文的过程中，大多数东巴文并不仅仅表示一个单独的词，而表示一整句话的内容。据传，东巴文是东巴教祖丁巴什罗创制出来的。在被称为东巴圣地的中甸县三坝乡白地村，还留有一块明代嘉靖年间（1522—1565）的摩崖，上面有丽江纳西族知府木高的汉文诗，诗的末尾注明这里是"释理多达禅定处"，"释理多达"即指丁巴什罗。

东巴文是象形文字，介于原始记事的图画文字和记录语言的表意文字之间。东巴文的特点是"专象形，人则图人，物则图物，以为书契"（清代余庆远的《维西见闻录》），说的是东巴文与原始的单线条的图画十分类似，但是每个图形都有了固定的读音、概念和写法，已经成为语言里表示字词的一个符号。

东巴文是目前世界上唯一还活着的象形文字，是研究人类文字起源和发展的"活化石"，至今仍然被东巴和研究者所使用。2003年，东巴古籍被联合国教科文组织列入世界记忆名录。

哥巴文的"哥巴"一词，是纳西语"徒弟"的音译，表示哥巴文以东巴文为师，是由后世的弟子创制出来的。关于哥巴文的创制年代，目前还无法确定。不过，1934年，方国瑜先生在金沙江畔的桥头村发现了一块危岩下的碑铭，上面用汉文、藏文和哥巴文三种文字书写，纪年显示的是明万历四十七年（1619年），可见当时哥巴文已经流行开来。

哥巴文是一种音节文字，有大量象形文字的缩写，还借用了不少汉字。它的笔画十分简单，一个字就是一个音节。但是哥巴文极不固定，有的时候几个字有着相同的读音，有的时候一个字却有着不同的意思。哥巴文主要用于书写经书，流传的范围不及东巴文，主要是丽江一带的纳西族使用。

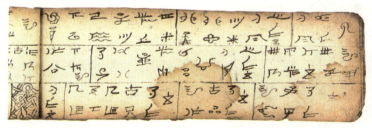

传统彝文

彝族主要分布在云南、贵州、四川以及广西等地。彝族的先民可以上溯到远古时期的氐、羌族群，古羌人在南下的过程中，与西南地区的土著部落融合，形成了后来的彝族。

彝族拥有自己的传统文字——彝文，汉文的史籍称之为"爨文""韪书""夷文"等，彝族称其文字为"诺苏补玛""聂苏索""尼斯"等。关于彝文创制的传说很多。据贵州的彝文文献《西南彝志》记载，恒本阿鲁"发现了天地的根源，并创造了象形文字"。在汉文的典籍中也有些记载，如《云南通志》称："初，有阿町者，马龙人，撰爨字如蝌蚪，号曰韪书，夷人奉为书祖。"

彝文是一种表音的音节文字，从结构上看，它有点、横、竖、撇、弧形、圆形、曲线等笔画，所以虽然从形体上看很像汉字，但实际上它是一种自创文字。彝文的笔画顺序一般是从上到下，从左至右，由外及内，但是弧形、圆形、曲线可以随便书写。在云南、贵州、广西等地，彝文一般从左向右竖行书写，而在四川凉山一带，彝文一般从右至左横行书写。尤其需要指出的是，彝文使用的符号特别有趣。在每个段落的开始，常常画一些花、鸟等图案，这些图案没有统一的规定，只是根据书写者个人的兴趣和爱好。而在每篇文章结束的地方，常常画一棵树、一种动物的头像或者一座庙宇，表示这段的完结。

彝文是一种古老的文字，虽说是一种自创文字，但是在其发展演变的过程中，也借用、仿造了汉字或者其他一些象形的表意文字。一个字形就代表一个意义，每个字都归属于一定的"部首"，部首是这个字的主导，其他的笔画或者标记只是陪衬，所以彝文带有符号性标记的独体字很多。

彝文的文献，一般用毛笔或者竹笔写在纸、布帛或者羊皮上，还有少量是用小刀刻画在竹筒、竹签或者牛羊骨上。现在传统彝文仍然流行于云南、贵州等部分彝族地区。

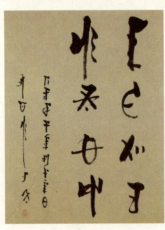

图17：彝文书法 大意为：六畜兴旺，五谷丰登。四川省彝文书法代表性传承人卢拉伙书。

二、已消失的少数民族古文字

在我国古代的史籍中经常提到"西域"这个词，它所涉及的范围很广，泛指玉门关、阳关以西和帕米尔高原以东的广大地区。当时这里气候宜人、水草丰茂，非常适宜游牧民族的生存，所以长期以来，我国古代很多少数民族在这里繁衍生息。伴随着丝绸之路，这里成为东西方文明交流的重要枢纽。

在汉代，西域曾经先后出现36个国家，后来小国逐渐被大国吞并，到魏晋南北朝时期，形成了6个主要的国家，分别是疏勒、龟兹、焉耆、于阗、鄯善以及高昌。当时在西域，有汉、月氏、柔然、敕勒、羌、塞以及吐火罗等许多民族，而且民族迁徙、融合的情况十分普遍。与此同时，这些民族开始创制自己的文字，这使得整个西域文化更加丰富多彩。

19世纪末，西方国家陆续派遣探险队来到西域，其中比较著名的人物有瑞典的斯文赫定、英国的斯坦因、德国的格伦威德尔等。他们深入到沙漠的腹地，搜寻到大量文物和文献，还把数以万计的文物和写卷带回自己的国家，经过很多学者的潜心研究，逐渐揭开了沉睡已久的民族古文字的面纱。

佉卢文

佉（qū）卢文是我国新疆地区最早使用的民族古文字之一，又名"佉卢书""佉楼书"。佉卢文是梵语"佉卢虱吒"一词的简称，这一名称出自古代的佛经译本，意思是"驴唇"。相传，佉卢文是古代印度一位叫"驴唇"的仙人创造的，这位仙人形象古怪，如同仓颉有四只眼睛一样，因此这种文字得名为"驴唇"。后来经学者研究发现，佉卢文最原始的意思其实是"像驴唇形状的文字"。

对于我们而言，佉卢文这个名字非常陌生，因为它是一种已经"消失"的文字。据考古资料证实，佉卢文最先使用于公元前3世纪的古印度西北部地区，现存最早的佉卢文是公元前251年印度孔雀王朝阿育王时期的碑刻《法敕刻文》。此后数百年间，佉卢文一直流行于古印度的犍陀罗地区。到2世纪初，由大月氏的一支部落建立的贵霜帝国，迁都于犍陀罗地区，当时其与中国、罗马、安息并列为四大帝

消失的民族古文字是一个公众不太熟悉的领域，本部分参考了民族魏忠《中国的多种民族文字及文献》，希望能在一定程度上普及这些曾在历史上发挥过重要作用的民族文字。

图18：佉卢文函
牍 汉晋时期 国
家图书馆藏

国，佉卢文就成为其官方的文字。伴随着贵霜帝国的解体，佉卢文也衰落了。令人费解的是，与此同时，佉卢文却在西域的于阗、鄯善等国家出现，并成为当时的"国语"。到5世纪左右，佉卢文就没有再在任何国家和地区使用，成为一种死文字了。

目前发现的佉卢文书大约有1000多件，书写的介质各不相同，有的书写在木条上，有的书写在纸张上，还有的书写在羊皮和墙壁上。这些文书主要是在古鄯善国发现的。而汉、佉二体钱大多出自古于阗国，这些钱币是铜币，有大钱和小钱之分，据研究，使用年代应该在东汉时期。

佉卢文是一种拼音文字，书写时从右向左横向写，字母不连写，字与字之间也有间隔，一般都是草体。佉卢文的字母是由腓尼基文字的东方支系——阿拉米字母派生而来的。佉卢文书写的语言并不是"佉卢语"，而是印度的俗语。它与我们常常提到的梵语有一定的关系，其实俗语和梵语类似于汉语的白话与文言的关系，梵语是印度的标准语，而俗语是大众的日常用语。

在我国境内，有两种佉卢文字系统，一种是表示于阗语的佉卢文，另一种是表示鄯善语的佉卢文。在新疆发现的佉卢文资料主要有这四种：国王的敕令、官方与私人的信札、各种契约手卷、少量的户税簿籍。佉卢文最先传到了于阗，但是于阗使用的语言不适宜用佉卢文，所以佉卢文在民间不通行，只在贵族和宗教人士之间使用。佉卢文在鄯善却得到了广泛的应用，现在发现的佉卢文献，大多属于鄯善王国。至于佉卢文为什么会在印度消失，而又在新疆地区流行起来，这始终是个谜。

焉耆–龟兹文

汉唐时期，在新疆塔里木盆地的北部，有两个著名的西域古国，即焉耆（yānqí）和龟兹（qiūcí）。古焉耆在今天的焉耆和吐鲁番地区，古龟兹则在今天的新疆库车一带。20世纪初，西方的探险队进入新疆，掠走了大量的古代文献资料。他们在焉耆和龟兹故地发现了一批文书，大多在3世纪到8世纪之间，上面书写的是一种之前我们从来没有见过的文字，它们和印度的婆罗米字母十分类似。婆罗米字母是印度最古老、使用最广的字母，它与古代的腓尼基字母有一定的渊源，书写方式从左向右。它在公元前6世纪已经开始使用，有很多的变体，比如梵文就是用这种文字书写的。

德国语言学家洛伊曼得到这些资料之后，发现这是两种语言，其中的一些字母和古代欧洲的某些字母也很类似，于是就称其为"第一种语言"和"第二种语言"，第二种语言后来被确定为于阗塞种语。至于第一种语言，在1907年，德国语言学家缪勒根据回鹘文译写的《弥勒会见记》题记，将其命名为吐火罗文。我国学者在1980年将这种语言定名为"焉耆–龟兹语"，这种文字就被定名为焉耆–龟兹文。后来有人主张还是吐火罗文更准确。

我们说吐火罗文，应该先从吐火罗人讲起。吐火罗人是一支操吐火罗语的原始印欧人群。按照有些学者的看法，中国古代文献中的"月氏"就是吐火罗人的一支。公元前135年，随着希腊人在中亚建立的王国衰落，塞种人占据了今阿富汗的东北部地区。接着，贵霜月氏人驱逐了塞人并征服了这一地区。在新疆地区生活的吐火罗人与其他民族杂居、融合，形成了焉耆、龟兹、粟特等民族。所以，古代的月氏人、车师人、楼兰人、龟兹人以及焉耆人都可看作吐火罗人。

"吐火罗"是什么意思呢？"吐火罗"这个名称是希腊人对其他

族人的称谓。公元前3世纪，希腊人征服了中亚的广袤地区，他们把居住在帕米尔高原以西的人称作吐火罗人。"吐火罗"在吐火罗语中的意思是"边境者"，大概由于其所处的位置而这样称谓。

焉耆-龟兹文，或者称吐火罗文，是3世纪到9世纪居住于新疆的吐火罗人使用的一种文字，它是由古印度的婆罗米中亚斜体字母组成的，记录的语言属于原始印欧语系。它实际记录了两种语言，这两种语言有相通之处，其实是一种语言的两个方言，甲种方言的残卷只分布在焉耆、高昌（今吐鲁番）地区，所以被学者称为"焉耆语"，又称"甲种吐火罗语"；乙种方言的残卷分布在龟兹一带，所以被叫作"龟兹语"，又称"乙种吐火罗语"。这两种文字的词汇没有多少差异，但是动词的词义和变化各有独立的体系，所以差别很大，可以说两者并不通用。

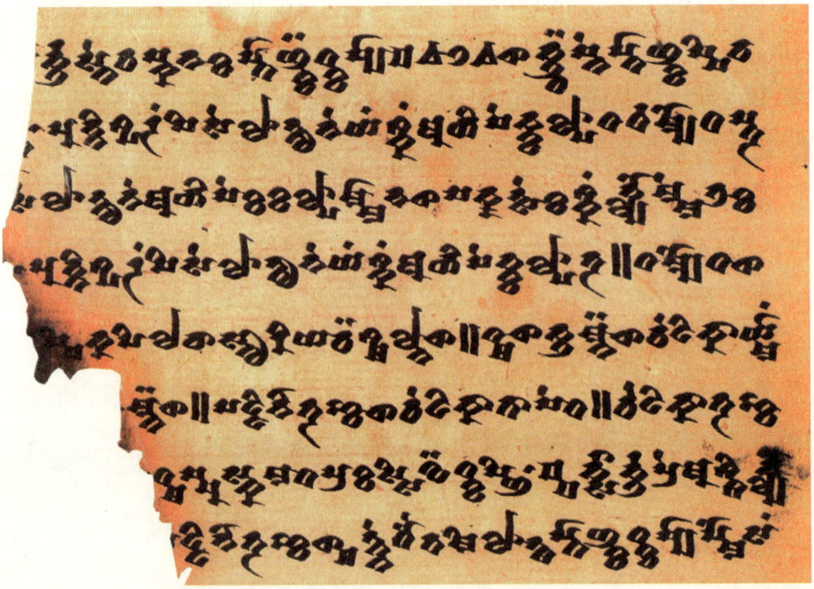

图19：焉耆文《弥勒会见记》7世纪到8世纪写本 新疆维吾尔自治区博物馆藏

焉耆-龟兹文在新疆一带曾经极为盛行，此后，厌哒人入侵，这一文字逐渐退出历史舞台，随后消亡了，成为一种死文字。现在大批焉耆-龟兹文文献藏于巴黎、柏林、伦敦以及圣彼得堡等地。这些文献基本上可以被译出，种类十分丰富，主要以佛教经典为主，另外还有剧本、诗歌、民间传说、字书、账册、公文、壁画题记以及医术咒语，等等。

于阗文

于阗（tián）大体就是今天新疆的和田地区，位于新疆塔里木盆地的南隅。于阗古国是丝绸之路南道的重要枢纽，商业发达，与北庭故城、西州并称为西域三大丝都。西汉时，张骞出使西域从大月氏返回时，就是途经于阗回到中原的。《新唐书·西域传》中提到，"于阗或曰瞿萨旦那，亦曰涣那、曰屈丹，北狄曰于遁，诸胡曰豁旦"，这些都是于阗国在汉文典籍中的别称。于阗古国信仰佛教，是当时塔里木绿洲大乘佛教的中心，法显和尚、玄奘和慧超都先后来过这里。后来，伊斯兰教渗入这里，随着回鹘人建立的喀喇汗王朝占领于阗，于阗国就此灭亡。

于阗文是继佉卢文之后，在新疆于阗地区通行的一种民族古文字，大约流行于5到10世纪。于阗文是一种源于印度婆罗米字母笈多王朝字体的音节文字。玄奘在《大唐西域记》中称于阗"文字宪章，聿遵印度，微改体势，粗有沿革，语异诸国"，说的就是于阗文从印度文字演化而来。

于阗文，又称于阗塞文，因为这是古代"塞人"所使用的文字，用来记录塞人的语言。于阗文具有完善的文字系统，当时这种文字有三种字体，即楷书、草书和行书，字大多都是合体连写的。于阗文的词类非常丰富，而且还有时态的变化。根据出土文献显示，在于阗地区，发现了属于3世纪的汉、佉二体钱，可见，最初于阗的居民使用的是佉卢文，现存的佉卢文文献中，也发现了属于于阗地区的佛经等资料，不过其字形与楼兰等地的佉卢文有所不同。在约5世纪后，于阗文才在于阗这一地区流行，并且还通用汉字。在已经出土的于阗文献中，发现大量的文献里面夹杂着汉字，而且还有汉语的称谓，比如宰相、长史、节度使，等等。

目前发现的于阗文文献大多是佛教文献，比如《妙法莲华经》《般若婆罗密多经》，等等，另外还有大量的世俗文献，比如官方敕令、奏报、信札、医书以及词汇集等。通过这些文献，我们可以一窥于阗古国的历史地理信息、文化交流、居民的生活方式、宗教信仰等情况。

图21：于阗文《高僧买奴契约》7世纪末写本 国家图书馆藏

突厥文

突厥曾经是北亚的一支游牧民族。关于突厥的族源，历来说法不一，但其应有匈奴的血统。《北史》记载"突厥者，其先居西海之右，独为部落，盖匈奴之别种也"。5世纪中叶，突厥部落游牧于金山（今新疆阿尔泰山）南麓，起先臣服于柔然。柔然是4世纪末到6世纪活动于中国西北广大地区的民族。当时突厥人主要为柔然锻铁，打造武器和生产工具，又因金山的外形很像兜鍪（古代的战盔），兜鍪的发音为"突厥"，所以他们就以此作为族号了。

在6世纪中叶，突厥迁至蒙古高原，逐渐强盛起来，在攻破柔然之后，建立起强大的突厥汗国。突厥人曾经创制了自己的文字——突厥文，出现年代约在6世纪左右，我国的史籍《周书·突厥传》记载"其书字类胡"，说的是突厥文与粟特文有相似之处。有的学者根据这种文字的发现地鄂尔浑河流域和叶尼塞河流域，命名其为"鄂尔浑-叶尼塞文"。

突厥文是一种音素、音节混合的文字，除了突厥人使用外，西迁之前的回鹘人以及居住在叶尼塞河流域的黠戛斯人也使用这种文字。突厥文的字母主要来源于阿拉米字母，在不同的时期，其所用的字母数目和形体不完全相同，一般在38个到40个之间。除此之外，突厥文里还有一些突厥的氏族或部族的标志，另外就是生活中的表意符号，如毡房、半月等。突厥文字母不连写，词与词之间用类似冒号的双点隔开，有时候词组也写在一起。书写方式并不统一，一般从右向左横写，有时候也从左往右横写。

现存突厥文的文献大多是突厥文碑铭。早在1692年，荷兰一位叫魏津的医生就在西伯利亚地区发现了一些古老的石碑，只是他当时并不知道石碑上难以辨认的字就是突厥文。1889年，俄国人雅德林采夫带领考察队在鄂尔浑河流域发现了《阙特勤碑》和《毗伽可汗碑》。就是根据这两块石碑，丹麦的语言学家汤姆逊解读出了古代突厥文。

突厥文的文献绝大部分保存在国外，在国内主要是国家图书馆收藏了部分突厥文的碑文拓片，虽然数量不多，但是涉及突厥的历史、宗教、语言等多方面的内容，对研究突厥、回鹘等民族的文化具有重要价值。

图22：突厥文《阙特勤碑》唐开元二十年（732年）刻石 清拓本 国家图书馆藏

粟特文

在王实甫的《西厢记》中，大家记住了敢爱敢恨的女主人公崔莺莺。据陈寅恪先生的考证，崔莺莺的原型就是中亚粟特移民的"酒家胡"女子。在隋唐时期，中原的汉人又常称粟特人为"胡人"。

粟特是西域丝绸之路上的古国之一。大约在公元前6世纪，粟特人在中亚以撒马尔罕、布哈拉为中心，建立了自己的国家，大体范围相当于今天的塔吉克斯坦北部和乌兹别克斯坦南部。当时隶属于波斯帝国，后来又归属于亚历山大帝国。其后粟特相继被厌哒人、突厥人统治。直至8世纪上半叶，阿拉伯人控制了粟特，粟特古国逐渐消亡，粟特文也随之湮灭了。

粟特古国在汉文的典籍中有很多称呼，"粟弋""速利""孙邻""修利"以及"窣利"等。据《后汉书·西域传》记载："粟弋国属康居。出名马牛羊、蒲萄众果，其土水美，故蒲萄酒特有名焉。"其中就说到了粟特古国盛产葡萄美酒。

关于粟特人使用的文字，在《大唐西域记》中有所涉及，"地名窣利，人亦谓焉。文字语言，随即称矣。字源简略，本二十余言，转而相生，其流浸广。粗有书记，竖读其文"，说的是窣利这个地方居住的人，就是粟特人，他们使用的语言也就称粟特文了。

　　粟特文是一种拼音文字，字母来源于阿拉米字母，它是在阿拉米草书的基础上，根据粟特语的发音特点创制的。在我国境内发现的粟特文文献中，粟特字母共有3种字体，一种是佛经体，一种是古叙利亚体，一种是摩尼体。粟特文字体不同，其字母的数目也不尽相同。佛经体有17个字母，古叙利亚体有22个字母，摩尼体有29个字母。一

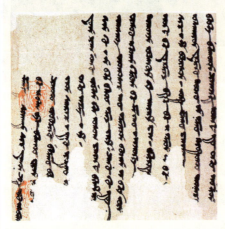

图23：粟特文书信 夏夫鲁亚尔·札达古撰 9世纪中叶写本 新疆吐鲁番地区博物馆藏

般来说，古叙利亚体为景教（即基督教在亚洲的一派）的教徒所用，用来书写景教的粟特语文献和基督教经典。摩尼体是用来书写摩尼教的经文的，字体工整而且结构精美。

　　在我国发现的粟特文文献主要集中在敦煌和吐鲁番地区，有佛教、摩尼教和基督教的经典，另外还有非宗教性的文书，写作年代集中在8到11世纪。在敦煌藏经洞中，发现的粟特文献主要是佛经。吐鲁番地区的粟特文文献很丰富，除了宗教经典，还有买卖契约等世俗文献。近来，不断有粟特文的出土文献被发掘出来，为我们了解粟特人的信仰、生活以及艺术提供了丰富的实物资料。

回鹘文

　　回鹘原称回纥，是我国维吾尔族、裕固族的先祖。回鹘最早可以追溯到汉朝时的丁零部落，在北魏时是铁勒六部中的袁纥部。回鹘在隋代又称韦纥，唐代名回纥，直至788年，正式更名为回鹘，意思是"回旋轻捷如鹘"。

　　744年，回纥的首领骨力裴罗自立为汗，在蒙古高原建立了回纥政权。回纥与唐朝的关系十分密切，可汗接受唐朝的册封，骨力裴罗就受唐朝册封为怀仁可汗。后来摩尼教从中原传入回鹘，自此流行于漠北，被回鹘尊为国教。9世纪中叶，回鹘汗国发生内乱，再加上此时

天灾不断、瘟疫横行，国势不断衰落，终在840年被黠戛斯所破。

高昌回鹘进入新疆以后，在汉人、焉耆人以及龟兹人的影响下，逐渐从游牧生活转为定居的农耕生活。当时突厥文已经不再使用，高昌回鹘人转用粟特文，在粟特文的基础上，创制了适合回鹘语的回鹘文。

回鹘文是一种音素文字，它是在吸收了突厥文和粟特文的字母之后创制的。突厥文和粟特文都源于阿拉米文字，回鹘文兼收了他们的优点，又结合本民族的特点，所以一经推行就流传开来。回鹘文因年代不同，各个时期的字母数目也不同，最少时只有18个字母，最多时有23个字母。字体分印刷体和书写体。书写体分楷书和草书，楷书一般用于宗教经典，草书则用于普通的文书。回鹘文最初书写时从右往左横写，之后改为从左往右竖写，一般以一到两个点作为标点符号。

回鹘文曾在新疆及河西走廊一带得到广泛的应用，维吾尔族、哈萨克族以及柯尔克孜族的先民都曾经使用过回鹘文。但是，在10世纪之后，伊斯兰教传入新疆地区，阿拉伯字母开始流行。到15世纪，回鹘人开始使用阿拉伯字母拼写自己的语言，回鹘文逐渐弃之不用了。

回鹘文的文献内容囊括了宗教、公文、文学、医学、契约以及碑铭等，尤其是以翻译的佛教经文为主，文献装帧主要有贝叶式、卷子式、册子式，还有折子式。近代以来在新疆敦煌、吐鲁番、哈密、库车等地，出土了一些保存比较完整的回鹘文佛典，其中很多譬喻、故事，有很高的文学价值。

图24：回鹘文《弥勒会见记》智护法师译1067年写本 新疆维吾尔自治区博物馆藏

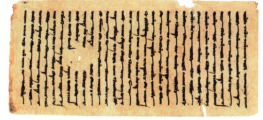

契丹文

在金庸先生的武侠名著《天龙八部》中，着重描写了盖世英雄萧峰（原名乔峰）的传奇人生，萧峰虽然身在宋朝，实际上却是契丹人。《天龙八部》围绕萧峰与其他人物，也展现出当时宋朝与辽、西夏等少数民族政权的斗争与交融。

契丹源于东胡部落系统，是我国古代北方的游牧民族。早在北魏时期，契丹的先民就在辽河上游一带活动。隋唐时期，突厥人在漠北草原称雄，契丹就臣服于突厥。唐朝末年，契丹的首领耶律阿保机逐渐统一了契丹各部，并在907年即位可汗，建立契丹国，后改国号为辽。契丹雄踞我国北方二百年之久，一直到1125年，辽最终为女真人建立的金朝所灭。

图25：契丹大字《北大王墓志》辽重熙十年（1041年）刻本近拓本 国家图书馆藏

从考古及文献来看，契丹曾经创造灿烂的文化，并且重视儒学，大量吸收了汉族的文化。契丹曾经创制和使用过契丹文。神册五年（920年），在辽太祖耶律阿保机的倡导和授意下，辽国大臣耶律突吕不和耶律鲁不古创制了契丹大字。

契丹大字是参照汉字创制的，是典型的表意方块文字。这种文字大约有3000多个，书写时自上而下，由右向左，沿用了汉字横平竖直的特点，也有点、横、竖、撇、捺的笔画。当然绝大部分是契丹大字新创制的字，除此之外直接借用了一些笔画简单的汉字，如来、田、月等，但契丹大字只是借助其字形，并不用原来的字音和字义。契丹大字是一种音节与音素混合的文字，有时候与汉字相同，一个字表示一个音节，有时候则是几个字一个音节，每个字只是一个音素。

契丹大字在参照汉字的过程中，减少了很多复杂的笔画，与汉字相比显得精简了不少。但是汉语毕竟与契丹语不同，汉语多是单音节，契丹语一般是双音节或多音节，所以用契丹大字记录契丹语就产生了很多矛盾。虽然当时契丹大字是辽朝的官方文字，但是其使用的情况远不如汉字普遍。在这种情况下，就不得不改造契丹大字了。在天赞年间（922—926），耶律阿保机的弟弟耶律迭剌根据回鹘文创制出契丹小字。这两种文字的名称并不是由字的大小而来，只是根据创制的先后顺序，先创制的为大字，后创制的称小字。

契丹小字对契丹大字进行了重大改进，它同回鹘文一样，也是拼音文字，这是其与契丹大字最主要的区别。契丹小字大约只有450多个表音符号，称为原字，把这几个原字按照一定的顺序拼写在一起来记录契丹语。契丹小字每个单词由1至7个数量不等的原字拼成，单词之间有间隔，而且原字的笔画都很少，所以很容易辨认。虽然原字数量很少，但是能准确表达和记录契丹语。契丹小字有篆书、楷书、行书及草书之分，最常见的是楷书，在书写时自上而下，由右向左换行。

契丹字创制之后，主要用来书写官方的文书、印信等，另外还有大量的碑碣。同时，人们还用契丹文字翻译了众多的儒家经典、文学以及史学方面的著作。由于辽代施行极其严格的禁书政策，不允许把本国的书籍传入他国，所以流传下来的文献很少。今天我们能见到的契丹文字多是墓志铭、碑文、印章以及钱币上的铭文等。

图26：契丹小字《辽道宗耶律洪基哀册》 辽乾统元年（1101年）刻本 民国拓本 国家图书馆藏

西夏文

在1038年，党项羌族的首领元昊在我国的西部建立了一个政权，国号大夏，定都兴庆府（今宁夏银川）。因为大夏地处宋朝的西方，所以被宋人称为"西夏"。西夏的版图囊括了今宁夏、甘肃大部、陕西北部以及内蒙古部分地区，境内生活着羌族、汉族、回鹘、契丹等民族。西夏在统治了我国西北近两个世纪后，于1227年被元所灭。

党项羌族原来并无文字，内迁以后党项人在与汉、藏等民族接触交往中，学会了汉语和藏语，所以通用汉文和藏文。1036年，元昊创制了西夏文，并由其大臣野利任荣进一步演绎。

西夏文是一种表意文字，基本仿照汉字。它的形体非常方正，乍一看很像汉字，但是没有一个字和汉字相同。这是因为西夏文没有采用汉字的单字或者偏旁，而是利用汉字的笔画重新创制的。西夏文主要有点、横、竖、撇、捺、提等基本笔画，但是没有汉字的竖钩。西夏文虽然笔画比汉字少，但看起来非常繁复，这是因为西夏文没有三笔以下的字，笔画大多集中在10画到20画，所以认读起来很有难度。西夏文的构字法类似汉字的"六书"，与汉字相比，西夏文的斜笔多，会意字和形声字多。

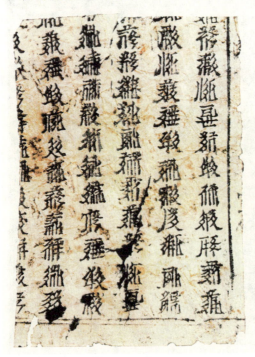

图27：西夏文佛经残片 高昌回鹘时期写本 新疆吐鲁番地区博物馆藏

西夏文创制以后，在西夏国内广泛推行，所以现存的西夏文献很多，仅敦煌石窟的西夏文题记就有百处以上。西夏文的使用范围非常广泛，文献种类繁多，主要包括佛经、金石文献与其他世俗文献。

西夏是一个笃信佛经的国度，曾将很多汉文、藏文的佛经译成西夏文。西夏的佛经在当时被总称为"蕃大藏经"。西夏文佛经在我国以国家图书馆的收藏最为集

我们的文字

中，这是研究西夏佛教史和社会状况的重要资料。西夏文的世俗文献价值也很大，主要有官府的文书、民间契约、字典、医书、律令以及文学作品等。西夏文的金石文献主要是碑文、石刻、题记、印章、钱币等。这些都是研究西夏政治、经济、文化的重要资料。

尤其需要指出的是，西夏文的文献保留得如此丰富，有赖于其重视雕版印刷和活字印刷技术。中原的雕版技术在11世纪末传入西夏，随后出现了大量西夏雕版的官刻本和佛经刻本。由于雕版印刷技术的不足日益显现，西夏人也寻求更便捷的印刷方法。所以在毕昇发明活字印刷术不久，西夏人便将它引用过来。在国家图书馆馆藏的西夏文活字印本《大方广佛华严经》题记中就提到了检字、排字的工作，此类文献也是研究早期活字印刷的重要参考资料。

女真文

女真是一个古老的民族，其先祖最早可以追溯到商周时期生活在北方的肃慎人。到五代时，女真这个族名在史籍中才出现。在辽时，为避讳辽太宗耶律宗真的名讳，改称作女直。北宋末年，女真中的完颜部逐渐强大起来，其首领阿骨打统一女真各部，并于1115年建立了金朝。之后在极短的时间内，金先后攻破了辽与北宋，此后强盛一时，疆域广阔。1234年，在蒙古的铁骑下，金朝灭亡了。

女真人最初没有文字，一般是口耳相传，使者往来主要使用"木契"。在阿骨打攻破辽国以后，俘获了很多契丹人和汉人，开始逐渐接触契丹文与汉字，当时阿骨打还命令贵族子弟学习契丹文。在金建立之后，国内的文书与国外的文函几乎全部使用契丹文。但是女真人感到，使用其他文字始终不是最好的选择，同时，为了适应社会的发展，迫切需要创制自己的文字。

在这种情况下，阿骨打命令大臣完颜希尹和叶鲁创制女真文。据《金史·完颜希尹传》记载："金人初无文字，国势日强，与邻国交好，乃用契丹字。太祖命希尹撰本国字，备制度。希尹乃依仿汉字楷字，因契丹字制度，合本国语，制女直文。"说的是希尹参照契丹文字母的规则，仿照汉字的楷体，创制了一套女真文。这套女真文在1119年颁布，史称女真大字。值得一提的是，女真人把希尹和叶鲁看作比肩仓颉的人，他们创制女真文的功绩不亚于仓颉造汉字。《金史・章宗二》记载："叶鲁、谷神始制女直字，诏加封赠，依仓颉立庙。"（希尹本名称谷神），叶鲁、谷神被女真人视为造字英雄，成为人们供奉的对象了。

与契丹文一样，女真也有大、小字之分。1138年，金代的第三位皇帝金熙宗完颜亶颁行了另一套女真文字，这是他在原女真文基础上重新创制的文字，史称女真小字。女真大、小字有什么区别，史籍上并未说明。但是现存的女真文字只有一种，无从断定其是大字还是小字，所以一般我们称其为女真文字。

女真文字是方块字，用来记录女真语。它是在汉字和契丹文的影响下创制的，采用汉字的基本笔画，然后将契丹文和汉字通过加笔、减笔或者变形的方法制成。这些新创制的字，或者采用变形之前契丹文和汉字的读音，或者沿用其意义。女真文的笔画最多的才10画，所以相比于繁体汉字和西夏文，女真文真是简洁多了。女真的单字大多是单音节，极个别情况是双音节。女真文的词汇一般是多音节的，一个词由两三个女真单字组成。女真文字现有900多个字，以间隔为断句，行文时自右向左竖行书写。

图28：女真文《奥屯良弼饯饮题名跋》 清拓本 国家图书馆藏

在1234年，金朝在蒙古和南宋的夹击下灭亡，其使用的女真文也逐渐衰落。但是明代早期，有一部分女真人还在使用女真文字。直到15世纪中叶，蒙古文化对女真人的影响加深，女真人逐渐用蒙古文书写自己的语言，女真文字逐渐衰落了。现存的女真文文献主要有石刻碑铭、题壁上的墨迹、铜镜、印鉴等，另外还有一些女真文的字书，《女真字书》《女真译语》都是研究女真文字很重要的文献。

八思巴文

说到八思巴文，不能不提到八思巴这个人。在历史上，以一个人名来命名一种文字的情况并不多见。八思巴是吐蕃萨迦人，他是蒙古汗国的国师，是藏传佛教萨迦派的领袖。其本名是罗追坚赞，八思巴是一种尊称。相传他3岁就能诵读佛经，史书上记载其"生七岁，诵经数十万言，能约通其大义，国人号之圣童，故名曰'八思巴'"。

1206年，铁木真在斡难河即蒙古大汗位，尊号"成吉思汗"，建立了一个强盛的蒙古帝国。1260年，成吉思汗的孙子忽必烈继承了汗位，他极力改革旧制，推行汉法，于是命当时的国师八思巴创制文字，"今文治浸兴，而字书有阙，于一代制度实为未备。故特命国师八思巴创为蒙古新字，译写一切文字，期于顺言达事而已。自今以往，凡有玺书颁降者，并用蒙古新字，仍各以其国字副之"（《元史·释老传》）。这里的蒙古新字指的就是八思巴文，世称"八思巴蒙古新字"，这是相对于蒙古的旧字而言的，就是之前蒙古族使用过的回鹘式蒙古文。当时八思巴文被定为"国字"，是元代的官方文字，元代的很多圣旨、官方政令，都是用八思巴文书写的。

八思巴文创制的目的是忽必烈希望蒙古族有一种新文字，能够译写一切民族的语言，以此来巩固蒙古族的统治。1269年，忽必烈下诏将八思巴文颁行于天下。1271年，改国号为元，元朝正式建立。这时，八思巴文的通行对于新生的元朝显得尤为重要。忽必烈利用元朝的行政权力不遗余力地推行蒙古新字，规定官府的公文以及玺印、钱钞等必须使用蒙古新字，并在元大都（今北京）和各州郡建立学校，教授蒙古子弟学习八思巴文。但是八思巴文本身是以音节为单位书写的，并不适合蒙古语的发音特点，所以在民间人们仍习惯使用回鹘式蒙古文。1368年，元朝政权被推翻以后，八思巴文在蒙古贵族中仍然使用了一段时间，不过在这之后逐渐衰落，成为一种无人所识的死文字。

八思巴文是一种拼音文字，其字母主要来源于古藏文，这一点同回鹘式蒙古文有着很大的不同。所以，我们在看八思巴文的时候，就会发现它的一些笔画和藏文非常相近。另外，八思巴文还参考了一些梵文字母和新创的字母。八思巴文创制之初，字数只有几千个，这些字由41个字母组成，后来经过陆续的增补，现存的八思巴文字母有57个。八思巴文的书写方式是自左向右、自上而下。

图29：八思巴文佛经残片 高昌回鹘时期印本 新疆吐鲁番地区博物馆藏

当时八思巴文的功用之一，是用来译写一切文字的。现存资料显示，它曾经用来书写蒙古语、汉语、藏语、梵语、突厥语等多种语言。所以，有人就称其为古代的国际音标。当然，语言的发音千差万别，八思巴文难以全部表现出来。比如汉语是有声调的，而八思巴文不标声调，所以八思巴文不能完全真实地译写汉语。

现存的八思巴文文献主要是碑刻，这些碑刻绝大多数是元朝历代皇帝或太后的圣旨、懿旨，一般都是八思巴文与汉文的对照，碑的正面刻八思巴文，背面刻汉字，或者碑的上截刻八思巴文，下截刻汉字。除此之外，比较多的就属八思巴文的印章了。由于当时八思巴文主要是靠行政力量推广，所以当时的官印很多，现存下来的包括皇帝的玉玺、国师或者王公大臣的印鉴等。八思巴文的纸质文献现存寥寥无几，其中八思巴文的《百家姓》，是八思巴字与汉字的对照本，收录在宋人陈元靓的《事林广记》中。这本极其普通的字书，成为我们研究八思巴文的重要文献。

察合台文

1206年，成吉思汗建立了蒙古汗国。然后在短短几十年里，蒙古族凭借着强大的武力席卷了欧亚大陆，在经历了三次大规模的西征以后，建立了一个疆域辽阔的蒙古帝国。由于蒙古帝国实行幼子继承制，所以在大汗统治的元朝之外，还有四大汗国，即窝阔台汗国、察合台汗国、金帐汗国、伊儿汗国。

察合台是成吉思汗的次子，跟随其父成吉思汗参与多次战役。1223年，在第一次西征结束以后，成吉思汗把西辽的旧境分封给察合台，之后建立起察合台汗国，其疆域大体相当于今天我国的新疆和中亚的广大地区。

察合台语是察合台汗国的突厥人和一部分与突厥人亲近的蒙古人使用的语言。在9世纪，回鹘人西迁以后，其中一支在中亚建立了一个统一的王朝，即喀喇汗王朝。他们在接触了伊斯兰教以后，开始使用阿拉伯文拼写回鹘语，于是形成了哈喀尼耶语。察合台语就是在回鹘语和哈喀尼耶语的基础上形成的。在察合台汗国统治期间，由于统治者的大力提倡，阿拉伯波斯文化大量涌入新疆地区，当时维吾尔族的知识分子以精通阿拉伯语和波斯语为荣，其中不少的借词被引入维吾尔语中，所以在西域的维吾尔、柯尔克孜等民族中逐渐形成了一种新的文字——察合台文。

察合台文是察合台汗国的官方文字，专门用来记录察合台语。它是一种以阿拉伯字母为基础的音素文字。阿拉伯字母源自于阿拉米文字系统的那巴泰文，最早可以追溯到腓尼基字母。察合台文共有32个字母，其中28个字母来自阿拉伯文，4个字母借用波斯文。另外，还经常使用阿拉伯文的辅助符号。书写方式是从右往左横行书写，一般不加标点符号。察合台文受伊斯兰教的影响很深，属于阿拉伯文化圈。

察合台文现存的文献主要有两类，一类是用察合台文书写的著述，包括一些手抄本等，察合台文的名著《五卷诗集》、《哲人之歌》、《和卓传》等，这些都是察合台文献中的珍品，保存了很多西域文化、经济等方面的第一手资料。

另外一类就是用察合台文翻译的外族人的文献，包括大量阿拉伯文、波斯文的伊斯兰神学、医学、哲学等内容，比如波斯文的著作《绿洲之颂》《花园之颂》等，其中很多原作都已经散佚，而察合台文的译作都保留了下来，成为我们研究西域地区民族间交往的重要资料。

图30：察合台文《纳瓦依诗集》艾里希尔·纳瓦依撰 十七世纪手抄本

第四章
文字与传统文化

为什么说中国文化就是汉字的文化?
为什么说不同的文字包含着不同的世界观?
为什么人们要把写过字的字纸放到惜字塔里焚化?

一、汉字与国家统一

中华民族具有悠久的历史传统，中华文化源远流长。使我们的民族文化生生不息、代代相承的很重要的原因，就是因为我们拥有几千年来不曾消亡且不断创新的文化纽带——汉字！

文化是一个民族的生命所在。文化无处不在，无所不包，有维系和发展民族社会生活、联系民族群体的不可或缺的重要作用。然而，纵观人类文明发展的历史，不知有多少文明已经消失或正在消失，而有的文明却又异军突起，以至席卷全球。文化的凝聚力、向心力与认同感不同，是一个文明强盛与否、存亡与否的根本原因。有的文化凝聚力极强，进而形成民族的凝聚力，转化为一种外在的、强大的推动力量，成为国家统一或民族发展的强大动力。千百年来，犹太民族尽管曾经失去家园，流浪于世界各地，然而其民族文化却始终保留，成为其持续发展、永不衰败的纽带。以汉字为纽带而形成的民族文化，是中华民族屡遭挫折而不断奋起的重要力量。

中华民族很早就形成了"大一统"的思想观念。《诗经·小雅·北山》中说："溥天之下，莫非王土；率土之滨，莫非王臣。"这种"大一统"的思想观念深深扎根于中国人的心中。在中国历史上，每当经历了一定时期的分裂与战乱，必然会有"大一统"的呼声和局面出现。统一不仅是领土的统一，也体现在文化的统一、思想的统一。而文化的统一、思想的统一，其不可或缺的纽带，便是文字的统一。一般认为，汉字的统一，始于秦始皇，即秦始皇或李斯是汉字统一的功臣。事实上，汉字统一的历史要比这早得多。姑且不论汉字初创时期的情况，在殷商甲骨文通行的时代，其文字不统一，政令何以颁行天下？

甲骨文已经是比较成熟的文字。所谓成熟，不仅是指文字的结构与数量，也指文字的公信力，即：是否大家都看得懂。只有大家都看得懂，政令通过文字发布才有意义。在《尚书·多士》中，周公对商朝遗民说："惟尔知，惟殷先人有册有典，殷革夏命。"实际上，这一点已经在河南安阳的殷墟遗址发掘中得到了确凿的证明。《尚书》中的《盘庚》《高宗肜日》等篇，都是商朝遗留的历史文献。周朝八百年，虽然各国文字有一定差异，但并不影响它们之间互通文书、使者往还，因为各国使用的是同一个文字体系，没有任何文献记载各国因为文字的分化而造成识读方面的困难。

汉字的统一，决不是从秦始皇开始的，更不是由秦始皇来终结的。事实上，汉字的规范与统一过程，也曲折地反映着中国历史发展的进程。在先秦时期，国家无论统一与否，不同的地域、不同的人群之间，其语言与文字均存在着很大的差异，其物质生活方面也是如此。从汉字的使用来说，字形的异化现象十分明显，从而产生了大量的异体字。特别是在国家分裂时期，文字异形的现象更加严重。文字作为记事和表达思想的工具，需要不断对其进行规范和统一。每一次对汉字进行大规模规范与统一，几乎都是在国家统一的前提下、在最高统治者直接督办下完成的。这一历史事实，反过来也可以看出文字的统一对于维系国家领土统一的意义。

在中国古代，最早对汉字有计划、有组织地加以规范和统一的，应该是西周王朝。西周时期所做的汉字统一工作，主要有以下四个方面。一是归纳造字规则。如《周礼·地官·保氏》所提到的"六书"，即东汉学者许慎所归纳的六种造字方法：象形、指事、会意、形声、转注、假借。二是编写识字课本。班固《汉书·艺文志》，著录《史籀》十五篇，据说是周宣王时太史所作，用来教授学童的。这是中国历史上最早出现的一部字书。三是推行规范字形。据《周礼》记载，周代有外史"掌达书名于四方"，大行人（周代官名，掌管天子和诸侯之间重大交际礼仪）每隔几年就要召集诸侯史官"谕书名"。所谓"谕书名"，就是告诉大家规范文字的形、音、义；"掌达书名于四方"，就是负责推行规范的文字。四是统一书写方式。《礼记·中庸》记述孔子的话说："今天下车同轨，书同文。"周朝遗留下来的金文是官方

图1：《汉书·艺文志·史籀》此本为清康熙间刻本，国家图书馆藏。国家图书馆现藏有《汉书》宋刻递修本，是《汉书》最早版本，由闽浙两地良工精刻。

文字，不论南北，大体上是一致的。

既然秦始皇统一六国前汉字已基本统一，为什么秦始皇统一之后还要采取统一文字措施呢？这是因为春秋战国以来，诸侯当政，互不统一，各地文字在长期使用发展过程中，地域差异已十分明显，如果不加以统一，会产生诸多误解。秦始皇推行"书同文字"，主要就是为了要废除异体字，使文字变得整齐划一，以利于政令的畅通。秦国文字与东方六国文字，说到底，是同中有异，并不是两种完全不同的文字。这次文字统一工作，正如《说文解字·序》所说："罢其不与秦文合者。"秦代官方的字体是小篆，民间通行的却是隶书。由于小篆书写时必须圆整周到、笔画平均、粗细一律，颇为费时，这就给隶书的发展提供了很大的空间。到了汉代，隶书登上了大雅之堂，正规的篆书反而逐渐被人淡忘。

西汉王朝建立后，为了适应不断拓展的疆土、保持政令的畅通，制定了严格的用字法令，征召学者整理文字，编写了多种字书，还用隶书写经刻石，不仅对小篆加以系统整理，也对隶书进行了规范。魏晋南北朝时期，国家分裂，汉字再一次进入混乱时期，俗字、讹字非常流行。唐初，唐太宗李世民即着手整理异体、辨别讹俗、订正经典

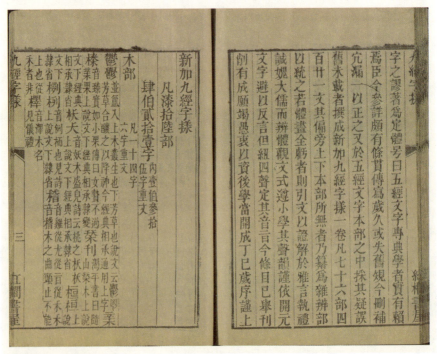

图2：《新加九经字样》清乾隆间 曲阜孔氏微波榭《戴孔丛书》刻本 国家图书馆藏

等文字工作。有唐一代，编纂了许多字书，唐文宗时刻有《新加九经字样》，就是通常所说的"开成石经"。石经所用文字，除标题为隶书外，正文一律用楷书。这次刻经活动，确立了楷书在此后的主导地位。北宋以后，历代统治者继续推进汉字的规范工作，其中司马光等人的《类篇》、梅膺祚的《字汇》、张字烈的《正字通》，以及清朝康熙年间所编的《康熙字典》，对于汉字的规范与统一影响深远。

与汉字书写的统一几乎同时，语音的统一也在学者们的探索和官府的指导下不断推进。最早为语音提供规范的是三国时期李登的《声类》和晋朝吕静的《韵集》。隋朝统一天下，实行科举制度，陆法言为了适应形势的需要，编纂《切韵》一书，"论南北是非，古今通塞""捃选精切，除却疏缓""共以帝王都邑，参校方俗，考核古今，为之折衷"，对汉语语音的规范产生了极为广泛而深刻的影响。隋朝都城洛阳，是当时标准音——"普通话"的所在地。《切韵·序》中所说："吴楚则时伤轻浅，燕赵则多伤重浊，秦陇则去声为入，梁益则平声似去。"只有洛阳语音堪称"雅音"。直到清朝前期，封建帝王为了统治需要，都得学习洛阳话，以便与文官进行沟通。历代以来，汉字语音的规范与统一工作从未停顿，编纂了大量有影响的韵书，如北宋陈彭年的《广韵》，丁度等人的《集韵》，金代韩道昭的《五音集韵》，元代周德清的《中原音韵》，明朝乐韶凤、宋濂等人的《洪武正韵》，康熙年间官修的《佩文韵府》等。

图3：唐写本《切韵》残卷 民国十年（1921年）石印本 国家图书馆藏

总之，汉字的统一依赖于国家的统一，国家的统一又离不开汉字的统一。因为国家的统一需要文化的统一做保证，文化的统一又离不开文字的统一。文字是保持国家文化统一的重要基石。古代的苏美尔文字、埃及文字、玛雅文字早已消逝，汉字却能万古长青、历久弥

新，这与汉字统一、与国家统一的互动关系是分不开的。

当然，历史发展的过程总是很复杂的，汉字的统一也不例外。千百年来，由于封建专制政治与复古思想的制约，汉字很难达到高度的统一。汉字语音在各地也有很大的差异，以至形成了多种多样的方言。但是，由于有文字书写的总体一致以及标准读音的作用，加之各民族、各地区间广泛的经济文化联系，这些因素对于国家的统一来说不是什么威胁。

二、文字与社会习俗

社会习俗是指一个民族或一个社会群体在长期的生产实践和社会生活中，逐渐形成并世代相传、较为稳定的文化现象。中华民族具有悠久的历史传统。以汉族为主体创造的汉文化，通过汉字被记录下来，使民族文化代代传承，绵延不绝。透过汉字，也可以了解中国古代先民的生产和生活方式，他们的生存状态。下面我们从自然崇拜、饮食、婚姻、祭祀、占卜几个方面，来了解汉字与古人生活习俗之间的关系。

自然崇拜

由于社会生产力极其落后，古代先民不得不与自然界展开残酷的斗争，并饱受来自自然界的侵扰。由动物而转变为人，成为有思想、有感情、有语言的生灵，对于大自然他们充满了好奇，急切地想去认识它、掌控它。他们仰观于天，俯察于地，既感到恐惧，又怀有一种神奇感。他们每天要与自然进行各种抗争，与动物进行生死搏斗，对于反复无常的自然天体也进行着不断的观察与思考。在极其简陋的生存条件下，他们几乎没有别的选择，只有去面对，只有去适应，祈求自然的恩赐。他们对于自然崇拜的心理，自然也体现在所创造的文字之中。

关于文字的起源，有不同的传说。比较流行的说法是结绳记事、仓颉造字等。新石器时代的陶符，可以视作汉字最初的表现形态。在山东大汶口文化出土的陶文，就有表示太阳从高山之巅冉冉升起的壮丽景象的图形，上面好像是一只"火鸟"。根据学者研究，大汶口陶文已脱离了纯粹意义上的图案性质，具有一定的文字表达意义，表达了古代先民对"火鸟"太阳神生生不已、威力无边的敬畏心理。在中国古代，崇拜太阳神的习俗在以后的汉字发展演变过程中一直保持着。直到今天，我们现在书写的"日"字，其象形字就是圆圆的阳的形象的再现。

图5：山东省莒县陵阳河大汶口文化遗址出土的刻符陶尊

除了"日"字，"月"字也可作为古代先民崇拜自然的例证。"月"字与"日"字几乎同时产生。大汶口文化陶片上发现的文字，一般认为"日"字形状以下的图案，表示的是一种"云雾之状"。其实，何尝不可以把它看作是"月牙之状"，视为"月"字的雏形。在甲骨文中，"天"字也有发现，一般作人之颠顶状，人之上即所戴之天。与天体相关的文字，在甲骨文中还有不少，如"风"、"雨"、"雪"、"雷"、"虹"等，在甲骨文中都能找到。这说明早在汉字产生之初，文字中天体现象就占一定位置，反映了早期古代先民的对于天体现象的崇拜心理。

参阅束有春：《汉字民俗现象试析》，《东南文化》，2001年第3期。

在对天体现象进行崇拜的同时，古代先民对于他们所生活的地球，对于自然界的山山水水，也表现出了一种崇拜心理。他们往往通过图象描摹，再逐步过渡到用抽象的符号进行表示，以达到传递信息、互相交流的目的。这也符合人类思维发展的一般规律。人类生活离不开大地，是大地赋予了他们生命。而他们最初接触的，无非是"土"、"山"、"水"、"川"、"州"、"渊"、"土"、"木"、"井"、"火"等，这些文字在甲骨文和金文中屡屡出现。以后，他们对于山水的描述趋于细化，于是又有了"江"、"河"、"湖"、"岗""岭"等形声字。这些，均与古代先民对大地的崇拜习俗有关。

图6：甲骨文"天"字

饮食习俗

　　饮食是人类赖以生存的最基本的生活需求。人们吃什么、靠什么维持生计？这是人类一切习俗中最基本的社会风俗。中国古代先民在创造文字时，也将他们的饮食习俗忠实地记录了下来。

　　我们的祖先最早从事的是渔猎为主的生产经济，渔猎所得的动物，是他们主要的食物之一。因此，在汉字的早期发展中，许多文字都与饮食有关，与他们的渔猎生活有关。古代先民最初的猎获对象，主要有鱼、虎、狐、兔、象等，而所使用的工具，则是简陋的网、弓和矢。打猎主要是射杀猎物，而"射"字直到今天仍是汉字的基本词汇。周淑敏在《汉字与中国传统文化》一文中提到："殳"在甲骨文、金文中，是一个会意字，它的上部是一支弯柄的武器"几"，下部是一只右"手"，表示"手拿武器"的意思。《说文解字·殳部》解释说："这是竹制的头上不用金属作刃，八棱而尖，长约一丈二尺"。"殳"的用途是用来防守。《诗经·卫风·伯兮》云："伯也执殳，为王前驱"。又，《司马法·定爵》云："弓矢御，殳矛守"。大概它是卫兵手中用于击撞、抵御的武器。由于"殳"的这种本义，许多由"殳"组成的会意字常含有与打、击、杀的含义。如"殴"字，即含有"打"的意义；"敲"本义是击头；"殿"本义是击声。至于"役"，《说文解字·殳部》说："役，戍边也，从殳，从彳。"这与"殳"为守卫武器之义有关。古代先民之所以如此重视渔猎工具，是因为这些东西关系到他们的食物来源、生存之本。

　　随着社会生产力的逐步发展，人类由渔猎生活而进入到以畜牧业为主，最基本的生活必需品——食物开始有了保障。马、牛、羊、鸡、犬、豕(猪)等六畜，是最主要的家畜，相关的汉字也大量出现。在《说文解字》、《尔雅》等早期字书中，反映六畜的文字很多。如上述两字书中，有关"马"的汉字大约有110多个，有关"犬"、"牛"的汉字均约有80多个，有关"羊"的汉字大约有20多个，可见羊在当时还不是主要的家畜。这是畜牧业及其食物源重要性的体现。商周时代，农业逐渐发展成为主要的生产方式，植物类食物在人们的饮食生活中也逐渐居于主要地位。这一生产方式的变化、食物结构的转变，同样也反映到文字当中。这一时期，反映农业生产与农作物的词汇

图7：甲骨文"殳"字

参阅周淑敏：《汉字与中国传统文化》，《北京联合大学学报》，1999年第4期。

我们的文字

有不少记载。以谷物为例，当时有黍、稷、禾、稻、麦、黍、稷、禾、麦、稻、粱、糜、果、菽、麻（芝麻）等，作物的种类也是逐渐增加的，其中周代农业较为发达，各种粮食作物与相关文字增加不少。

婚姻习俗

许多汉字与婚姻习俗有关。家庭是社会的基本组成单元，社会也有赖于家庭而维持发展。而婚姻则是家庭建立的基础，家庭则须先安定而建立。许慎《说文解字·宀部》说："安，静止。"有学者指出："安"的本义是安定。"安"为房子的象形字，表示房子，其字形象一个女子坐于房中。女有家，男有室，相安之道也。"定"的本义与"安"相同，也是安定。《说文解字·宀部》说："定，安也。"即家庭稳定，即是安定。所以，"安"、"定"二字都是以家的安宁来表示"安定"义。这就形象地告诉我们，家是当时社会生活的中心，家的维持必须有女人，必须是由男女通过婚姻，建立家庭。

"姓"本是源于同一祖先血缘集团的称号，由"女"、"生"两个构件组成。《说文解字·女部》说："姓，人所生也。古之神圣母感天而生，故称天子，从女，从生，生亦声。"《左传·隐公八年》说："天子建德，因生以赐姓。""人所生也"，即人出生的地方。在中国古代，姓是表明始祖的。古代起源较早的姓大多有"女"旁。"姓"字从"女"、从"生"，表明是同一女姓繁衍的后代。氏是姓的分支。同一血缘集团因人口众多，内部支系以不同的称号加以区别，这种不同称号就是"氏"。战国以后，姓氏逐渐合一，至汉代已经统称为姓。男子一般称氏，女子称姓，因为氏主要表示贵贱，姓用来辨别婚姻。

再从"妻"字的字形结构看。"妻"字在甲骨文中，左部象长发女子形，下面是女子，上面象长发形，字形右部为一只手，整个字形看起来象用手抢女子。也许是从这一字形得到启发，著名学者徐中舒先生认为，古代可能存在抢婚的风俗。他在《甲骨文字典》中写道："上古有掠夺妇女以为配偶之习俗，是为掠夺婚姻，甲骨文'妻'字即此掠夺婚姻之反映。"这种行为后来演变为"劫夺婚"这一结婚仪

参阅徐慧：《从汉字发展看古代婚姻习俗》，《科教文汇》（下旬刊），2008年第6期。

图8：甲骨文"妻"字

式。"妻"字所表示女子的长发变为"十","又"插入发中，演变成为今天的"妻"字。

同样，娶亲的"娶"，早期文献只写"取"。"取"字的本义，并不是现在所说的"拿来"，而是"抢夺"。这很可能也是早期社会抢婚制度的一种曲折反映。《说文解字·又部》说："取，捕取也。"即"取"字的意义，就是捕获，"娶亲"当然就成了"劫夺婚"。从古代文献记载看，在东西方文化中，关于因征伐而娶亲的事数不胜数。如在古希腊《荷马史诗》中，就有这样的故事。在商朝末期，纣王征伐有苏，娶有苏氏之女妲己。就是一例。"娶"字是在"取"的基础上加了"女"字，显然是因为劫夺婚已不再流行，而"娶亲"的意义又很常用，所以才单独成词。

婚姻的"婚"字，也是经过演变而来，原本只作"昏"。《说文解字·女部》"婚"下云："礼，娶妇以昏时，妇人阴也，故曰婚。"《礼记·经解》云："婚姻之礼，所以明男女之别也。"男女结亲成为婚，是因为结亲通常是在黄昏时举行。婚礼定在黄昏时举行，其实也是抢婚制的遗俗。抢夺婚姻的风俗一直延续到现代，至今仍在世界各地时有发现。

再来说"嫁"字。《说文解字·女部》说："嫁，女适人也。从女家声。"嫁是形声兼会意字。从语源上讲，"嫁"与"家"同源。由东汉学者班固整理的《白虎通》，对于此字也有自己的解释。其《嫁娶篇》中说："嫁者，家也。妇人外成，以出适人为家。"根据这种解释，父母家并不是女孩的家，只有她嫁到丈夫家，才算是自己的"家"。由此看来，女子出嫁，就是安家，故称为"嫁"。从西周时起，中国就已形成了一套严格的婚礼制度，必须经过"纳采、问名、纳吉、纳征、请期、亲迎"六个环节。这六种礼仪，多少含有买卖的意思。从文献记载来看，"嫁"字似乎确有"卖"之义。据《战国策·西周策》记载："臣恐齐王为君实立果，而让之于最，以嫁之齐也。"又如《韩非子·六反》说："天饥岁荒，嫁妻卖子者，必是家也。"所以，后来人们将姑娘嫁人时索取聘礼，也不是没有缘由，反而可能是一种古老习俗的沿袭。

由此可见，汉字中的确有大量古代婚姻习俗信息。

祭祀习俗

祭祀作为一种文化现象，几乎世界上各个民族、各种文明形态均有发生。祭祀行为与神灵观念的产生有关，反映了先民的原始信仰。《礼记·祭统》云："凡治人之道，莫急于礼；礼有五经，莫重于祭。"《左传·成公十三年》云："国家大事，在祀与戎。"在中国古代政治和社会生活中，祭祀是一件十分重大的事情，有一套相当繁琐而又隆重的仪式，祭礼也是中国传统礼仪的重要组成部分。祭祀的种种习俗在汉字中也有很多反映。

关于祭祀的仪式，在"三礼"尤其是《仪礼》中有非常详尽的记载，总之是要以恭敬的动作，辅以谦卑而虔诚的言辞，向神灵致敬或献礼。《礼记·礼运》云："夫礼之初，始诸饮食。"就是说，取悦于神的祭祀活动，一开始是用礼物向神灵祈福或致敬。在甲骨文中，"祭"字的形状，右边是一只手，左边好像是一块鲜血淋漓的肉。后来，随着文字的演变，又增加了代表神主的"示"字，以表明类属。《说文解字·示部》云："祭，祭祀也。从示，以手持肉。"甲骨文中的"血滴"，可能是暗示先民仍保持着血食的习惯。清代学者段玉裁注曰："古者茹毛饮血，用血报神。"可见，古人吃生肉，喝鲜血，也拿生肉、献血来祭神。在中国古代传统文化中，血向来为人们所敬重，被认为是能维持生命的东西，失血意味着受伤甚至死亡，因而血似乎有一种神奇的力量。"血食"也经常作为祭祀的代称。《左传·庄公六年》云："若不从三臣，抑社稷实不血食，而君焉取余？"又，《新五代史·刘承钧传》云："然承钧家世非叛者，区区守此，盖惧汉氏之不血食也。"而"不血食"，指的是国家灭亡或是家族绝嗣。

图 9：甲骨文"祭"字

古人在祭祀时，经常是一边供上祭品，一边专门有人在口中念念有词。"祝"就是祭祀时专门负责向神灵祷告之人。在甲骨文中，"祝"的字形好像是一个人跪在地上，面向神主祷告。《说文解字·示部》云："祝，祭主赞词者。从示从人口。一曰从兑省。《易》曰：'兑为口为巫。'"《汉书·郊祀志上》云："使先圣之后，能知山川，敬于礼仪，明神之事者，以为祝。"颜师古注云："祝，谓主祭之赞词者。""赞"，即报告；"赞词"，就是把祈祷

图 10：甲骨文"祝"字

的话语转达给神灵。"祝"是人、神之间沟通的媒介，在举行祭祀的时候迎接鬼神，并把人们的愿望传达给鬼神。实际上，我们今天说"庆祝"，多少仍保留有一点传统文化的印记。

再来看"宗"字。我们平时所说的"祖宗"，不仅与对祖先的崇拜、思念相关，也与祭祀祖宗的习俗有密切联系。《说文解字·宀部》云："宗，尊祖庙也。""宗"的本义是祖庙。在甲骨文中，"宗"的写法是从宀从示，是一个会意字。单从字形上看，"宗"是房子的侧面图，里面是祭祀先祖的神主牌位"示"。这是因为，古人祭拜的神主"示"，最初并没有固定的场所，后来为了祭祀方便，才把"示"搬到人工建筑中，陈列供奉，宗庙也就成为祭祀祖先神灵的专门场所。人们最初是用竹木、泥土塑造偶像，或在岩石上画出神灵形象，加以供奉，由主持者祈祷，然而祭祀者唱歌、跳舞，并没有专门用来祭祀的建筑。

图11：甲骨文
"宗"字

从现有的文字材料来看，我国古代可能流行过人祭的习俗。《说文解字·子部》云："孟，长也。从子，皿声。""孟"的本义是长子。从字形上看，在甲骨文中，"孟"是器皿中盛着孩子。为什么要把孩子放在器皿之中？这里面暗示着古代曾有过杀长子的习俗。《墨子·节葬下》云："昔者越之东有輆沭之国者，其长子生，则解而食之，谓之宜弟。"据裘锡圭先生考证："献第一批收获于鬼神，是为了能平安地保有、食用收获的其他部分，并在来年继续得到新的收获。献首子当然也是为了以后能得到新的孩子，并使他们安全地成长。所以，《墨子》说杀首子是为了'宜弟'，是很有道理的。"

占卜习俗

占卜是中国古代社会生活中的一项重要内容，不仅是百姓日常生活，在国家政治、军事行动中也经常运用。占卜起源甚早，在商代就十分流行。殷商时期，巫术之风盛行，几乎遍及社会各个角落，可以说是无事不卜，无神不祭。而巫术活动的核心就是占卜，不卜无以决疑，无以断事。

在甲骨文中，"卜"字的音与义，似乎源自烧灼甲骨后形成的裂纹，根据裂纹形状判断吉凶，而甲骨烧灼时发生的爆裂声便是"卜"字之音。就"卜"字而言，字中的竖画表示"兆干"，短横画则表示

"兆支"。金文、小篆的"卜"字，也与甲骨文相似。三千多年来，"卜"可作为象形文字经久不变的典型之一。据史书记载，商民族不论事大事小，都要通过占卜来决定凶吉，如战事、田猎、生男生女、疾病等，都要反复在龟甲上烧灼，观看由此产生的卜兆是吉是凶。最后，由卜官把"卜兆"结果刻写在甲骨上，昭示给众人。这就是甲骨卜辞。

再看"巫"字。《说文解字·巫部》云："巫，巫祝也，女能事无形以舞降神者也，像人两袖舞形，与工同意。古者，巫咸初作巫。"在甲骨文中，"巫"字上一顶天，下一立地，直通天地，显然是指其具有统领天地间神灵、生灵等义，是能与神通话或抚慰神的人。顺便说一句，"巫"与"工"字有点相类。"工"由工具而引伸为职业名称，"巫"则由一种行为引伸为职业名称。根据许慎的解释，"巫"本来有两层意思：一是指巫系领头念祈祷文、跳舞的女人；二是"巫"、"舞"同源，为区分舞蹈与跳舞之人而分化成两字。因此，"巫"的本义是指借用舞蹈、歌唱呼唤"神灵"之人，即后来被称为"巫婆"之人。甲骨文中，"巫"与"舞"写法相同。"巫"在古代不分男女，后世才以男巫为"觋"，女巫为"巫"。

三、汉字中的避讳

避讳是一种中国传统民俗，历史悠久，至今仍在社会生活的某些领域发挥一定的作用。在古代汉族日常生活中，有种种忌讳，而避讳则是其中最普遍、最重要的一种。在中国古代，人们在日常说话或写文章时，凡是遇到帝王、圣人、已故祖先，或其他尊者、长者名字时，都必须进行避讳，就是要想方设法地避开。由此而产生了一种特殊的文字与文化现象，就是所谓的"避讳字"。人们在阅读古代文献时，如果不了解避讳字，势必会发生理解上的困难。

当然，避讳字的产生与发展，不是孤立的社会现象，不是只与文字发生关联。要而言之，避讳字的产生，与中国古代政治制度、特别是封建皇权有直接的关系，并随着历史的发展而不断地得到强化。同时，避讳字又与中国传统社会的宗法制度、权力崇拜心理及趋利避害的精神追求有密切关联，折射的是古代人们的生活状态与文化心理。从避讳字的内容来看，避讳字主要可分为"避国讳"、"避家讳"两类。

所谓"避国讳"，就是对帝王等名字要加以避讳，用别的文字或对原来的文字进行处理，并形成一些避讳字。对于帝王等名字进行避讳，具有一定的强制性。如汉高祖刘邦登基后，当时以及后来相当长的一段时间内，不得言"邦"。如长沙马王堆汉墓中出土的《老子》一书，其中的"邦"字都被改作"国"字。《论语·微子》中"何必去父母之邦"，汉石经残碑作"何必去父母之国"，也是为避刘邦之讳。唐代文学家柳宗元在《捕蛇者说》中写道："故为之说，以俟观人风者得焉。"其中"人风"，就是"民风"，这是为了避唐太宗李世民讳而改。

随着封建专制制度的进一步强化，避国讳发展到清代，尤其是雍正、乾隆时期，已成为清代文字狱案的重要部分。在这方面，有一些众所周知的故事。如一位考官在科举考试中以《诗经》中的诗句"维民所止"为题，雍正皇帝认为"维止"二字正好是去掉了头的"雍正"二字，暗示雍正要掉脑袋，于是这位考官的脑袋就搬了家。又如有一次，乾隆在祭礼后回宫途中，偶然发现一家门檐上写着"五福临门"四字，他就非常气愤，第二天还诏令全国不得再题这四字，讳者治罪。这是何故？因为要避清顺治皇帝爱新觉罗·福临名讳。

所谓"避家讳"，是对家族内祖先及长辈名字进行避讳，虽然不像避国讳具有强制性，却也不可等闲视之。这方面的避讳字也屡见不鲜。家中凡祖先一旦去世，其名字就要避讳。如司马迁《史记》一书，忌用"谈"字，就是"避家讳"，因为他的父亲是司马谈。在《报任安书》一文中，他说："同子参乘，袁丝变色，自古而耻之。"这句话中，"同子"就是赵谈，因其名为"谈"而改。宋代文豪苏东坡祖父名"序"，于是他为人作书序时，均用"叙"字代替。更有甚者，"诗圣"杜甫一生不写海棠诗，因为其母名海棠，因避母讳而不作海棠诗。诗人李贺因其父名"晋建"，因"晋"与"进"同音，终不听韩愈劝导，不参加进士考试。

参阅周阿根、耿丹：《避讳字的民族文化心理探析》，《陇东学院学报(社会科学版)》，2005年第3期。

一些避讳字是古人为了有趋利避害而特意使用。碰到不吉利的人、言辞或事物，就采用避讳的方式。如隋文帝改"随"为"隋"，就是一例。据南宋王观国《学林》卷十记载："隋文帝本封随国之爵，及帝即位，乃去'随'之辵而为'隋'，以为国号。按字书，隋，徒果切，其义则落也，懈也，裂肉也。《玉篇》'隋'作'堕'，隋文帝不审字形离合之义，而轻于增损，只取笑于后世耳。"据说，明太祖朱元璋因顾忌元朝卷土重来，而把"元来"改为"原来"。关于朱元璋的种种忌讳，还有不少。

从文字学的角度看，避讳字有许多方式，如改字、空字、缺笔、增字、拆字、造字等。

就避讳改字而言，通常采取两种方式：一是用音同或相近的字来代替。如秦始皇姓嬴、名政，当时"政"字就不能读为去声，而改读平声，甚至同音字"正"也得改读平声。 二是用同义词来代替。楚汉之际谋士蒯彻，曾游说韩信称王自立，后来因与汉武帝刘彻同名，就被改称蒯通。避讳改字现象在古代十分普遍。清代康熙皇帝名玄烨，"玄"改为"元"，"烨"改为"煜"。清人著作或清刻的古书，许多本来应该是"玄"字的，如玄鸟、玄武、玄黄等，都写成了"元"。如吴敬梓《儒林外史》第二回："众人看周进时，头戴一顶旧毡帽，身穿元色绸旧且褛，那右边袖子同后边坐处都破了"。此句中，"元色"就是"玄色"，也就是黑色。又如《宋史·地理志》记载："大观四年，以瑕丘县为瑕县，龚丘县为龚县。"这里将瑕丘县改为瑕县、龚丘县改为龚县，是为避孔丘名讳，即是避圣人讳。

至于避讳空字，就是遇到需要避讳的字时，用空着不写的方法来回避。主要有两种情况：一是将所避的字写成空围，作口，以代替所避之字； 二是干脆缺省所避之字。古书于此也不乏显例。如隋末唐初大臣裴矩，原名裴世矩，后因避唐太宗李世民之讳，《新唐书》、《旧唐书》本传皆作裴矩。清袖珍刻本丛书《三长物斋丛书》收录黄本骥《避讳录》一书，其中提到："圣祖仁皇帝讳，上一字从宀从幺，字典缺末点，今颁行条例用'元'字代。"诗文中，"口德"、"口黄"、"口鸟"、"口牡"、"口圭"等词，即"玄德"、"玄黄"、"玄鸟"、"玄化"、"玄圭"等，其中"玄"字均以"口"

代替。

避讳缺笔到唐代才出现，后世沿袭。因避唐太宗李世民讳，"世"字作"卅"；避宋真宗赵恒讳，"恒"字右下少一横；避清世宗雍正帝讳，"胤"字右边少一个竖弯钩；避孔子讳，"丘"字少了右边一短竖。缺笔时，通常是省去讳字的末一笔或数笔，有时也可省去字中某一笔。此法始于唐代、盛于宋代，一直延续到清代。《诗经·邶风·燕燕》云："仲氏任只，其心塞渊。"其中"渊"字，有的版本缺右边一竖。宋洪迈在《容斋随笔》中说："孟蜀所刻石经，其书'渊'、'世'、'民'三字皆缺画，盖避唐高祖、太宗讳也。"

在中国古代，封建最高统治者为了显示自己至高无上的权威，有时还亲自造字，当上了仓颉。这类字虽然在汉字中总量不多，却是一种有趣的文化现象。如三国时吴主孙休为自己的四个儿子取名字，造了八个很怪的字，谁也不认识。武则天以"曌"代"照"、取"日月当空"之意；此外，她还造了不少别的字，后人称之为武周新字，现在还是判断古书版本的一个重要依据，因为她造的那些字在其驾崩后不久便遭到废止。再如五代十国时期的南汉国君刘岩，也为自己的名字造了一个"䶮"字，取《周易》"飞龙在天"之意，颇有东施效颦之虞。

除了上面所说的，古人在用避讳字时，还有其他一些方法。如采用增笔法，往往是在讳字的基础上，增加笔画或偏旁；采用拆字法，将讳字拆成两个或两个以上的汉字，如五代晋高祖石敬瑭，析"敬"字为"文"字、"苟"字；还有改变讳字的读音，作为避讳的，梁武帝小名阿练，子孙皆呼"练"为"绢"。

参阅《颜氏家训·风操篇》

为什么要进行避讳？这里面有深刻的历史原因和社会原因。从社会制度、思想文化的角度而言，正如《春秋公羊传·闵公元年》中所说："为尊者讳，为亲者讳；子为父隐，父为子隐。"这种观念后来为孔子所创立的儒家学派所确认，同时也成为中国传统社会的客观要求，是为传统思想观念所支持的文化态势。另

图13：武则天（624—705）清人绘

一方面，人们在生活中遵循避讳的原则，也有心理因素的作用，如惧怕死亡。古人认为，人死了还有灵魂，可以保佑子孙避祸趋福。活着的人对于死者进行祭祀活动，既是示敬，也是为了避免冒犯先人，怕遭到灾祸，故忌讳说出先人名号。在他们认为，姓氏很神圣，名字也很神圣，不能随便乱叫，它具有神秘的力量，叫了就会把魂招去。

避讳除了采用书写形式，还广泛运用于言语交往。在言语交往中，主要是使用委婉的语言进行避讳，其方式也多种多样。一是比喻。如结婚时东西弄碎了，不能说"碎"，把"碎"说成"开花"。二是借代。如女子怀孕了，不说怀孕，说身子不舒服。三是美言。如古代帝王死，说"崩"；英雄死了，说"壮烈牺牲"。四是贱言。如古人谦称自己为"鄙人"，农村给孩子起名叫"狗剩"等。五是巧言。如别人送给你东西，心里还是想要的，嘴上却说："你怎么这么客气。"六是轻言。如说一个人死了，常常用一个人"去"了代替。七是反言。如广州人不说"气死我了"，他们说"激生我了"。如此等等，不一而足。

应该说，避讳字对于汉字的发展还是产生了很大的影响，残字、别字、异体字、多音字等，都与其有关。

四、年号 谥号 庙号

在我国历史上，从建立夏朝开始到最后一个封建王朝清朝，大概

共经历了20[①]个王朝。从公元前221年秦王嬴政始称"皇帝"，到1912年清朝最后一位封建帝王宣统退位，历时2132年的封建时期内共有352名身登"九五之尊"的皇帝。若把秦始皇以前的春秋、战国时代和西周、东周朝代的各位王（121位）、公（217位）、侯（23位）算进来，再加上周以前的夏、商60位王，中国历史上就一共有829位帝王。（参见刘瑞芳编著《中国皇帝史》）从某种角度来看，帝王的更迭史就是一部中国古代史的缩影。

"大江东去，浪淘尽，千古风流人物"。曾经威严天下，荣耀至尊的帝王们早已化作一抔黄土，留在孤冷的坟冢里，留在史书的记载中。这些帝王有的名垂千古，流芳百世，如周武王、汉武帝、唐太宗、康熙；有的遗臭万年，留下千古骂名，如夏桀、商纣王、周厉王、汉灵帝等。帝王的更迭伴随着中国古代社会和封建社会历史的发展，尤其在中央集权的封建社会，诸多史料都是以帝王为中心书写的。我们在阅读历史的同时也会发现，皇帝的代称可不止一个，比如永乐帝、明成祖、明太宗都指的是同一位皇帝——朱棣，而且这位皇帝还有一个需先深吸一口气才能读完的称呼"体天弘道高明广运圣武神功纯仁至孝文皇帝"。朱棣还不是最特殊的，很多皇帝的称呼比他还多还长。有那么多那么长的称谓，是皇帝们特别爱给自己起名字以显示自己贵为天子的身份吗？当然不是。这些都是我国古代帝王不可缺少的称号。以朱棣为例，永乐是朱棣当政时期的年号，明太宗和明成祖是庙号，体天弘道高明广运圣武神功纯仁至孝文皇帝是后人给他的谥号。年号、庙号、谥号这三种称号伴随着古代君王生前死后，并有着各自不同的用途和来历。当今媒体文化发达，古代帝王们早已走出史册和博物馆，平易近人地"活"在各类影视剧当中。弄明白这些称号，就不会被形形色色的历史剧里的帝王名称整懵了。

年号

年号是中国古代封建皇帝用以纪年的名号。汉武帝是第一个启用年号的皇帝。在他之前只有年次没有年号，纪年就从帝王即位开始算

---

① 《朝代歌》：三皇五帝始，尧舜禹相传。夏商与西周，东周分两段。春秋和战国，一统秦两汉。三分魏蜀吴，二晋前后延。南北朝并立，隋唐五代传。宋元明清后，皇朝至此完。

起，比如周文王二年、三年……下一任帝王再重新纪元。《汉书·武帝纪》里记载了汉武帝于公元前122年"行幸雍，祠五畤。获白麟，"并以此吉祥之兆纪年，年号元狩，这一年即元狩元年，以后类推元狩二年、元狩三年……汉武帝又将没有年号的前18年补追为建元、元光、元朔三个年号，每6年一个。元狩六年，汉武帝在山西获得一尊三足宝鼎，认为是祥兆并以此纪年，改年号为"元鼎"。从此中国历史逢新王即位，改朝换代，基本上都要变更年号，以显示奉天承运，上顺天意，下合人心，年号成为帝王正统的标志，称为"奉正朔"。从汉武帝到辛亥革命推翻帝制，在我国历史上一共出现过708个年号。

图14：朱棣（1360—1424）明宫廷画师绘

确定年号是神圣和严肃的，关乎国运兴衰，所用的字都必须具有吉祥含义，期冀帝王在位期间能四海升平，国泰民安。如：表示受命于天的应天、天兴，表示神圣祥瑞的如意、神历，表示更始自新的开元、皇初，歌颂文武德行的大德、淳化，祈求安宁平顺的永宁、咸宁等。据张联荣统计，708个年号共用字251个，其中使用次数最多的是"天"字。在《尔雅·训诂》中："天，君也。"古代帝王被尊称为天子，是上天之子，受上天庇佑，秉承天意治理万民。"天"字在年号的使用中多达71次，其次是表示开始之意的"元"字（47次）。年号一般用两个字，也有四个字的。如天佑民安（西夏崇宗李乾顺）、大中祥符（宋真宗赵恒），更有6个字的如天授礼法延祚（西夏景宗赵曩霄）。

图15：汉武帝（前156—前87）明万历《三才图绘》刻本

此段内容参考何九盈等《中国汉字文化大观》。

年号并非一成不变。明代以前，一个帝王不止一个年号，新君继位，天赐祥瑞（像汉武帝获得宝鼎）、军国大事、灾异，或者希冀国运继续昌盛（汉哀帝因觉汉家历运中衰而改年号），等等，都会成为更改年号的理由，称作"改元"。汉武帝在位44年用过11个年号。唐高宗和武则天是使用年号最多的皇帝，唐高宗在位34年使用过

图16：清圣祖爱新觉罗·玄烨（1654—1722）清宫廷画师绘

14个。684年，武则天先后立废李显（年号"嗣圣"）、李旦（年号"文明"），最后取而代之（年号"光宅"）。三改年号，折射出这一时期政治的动荡不安。所以，年号不仅标示君王的在位时间，还能间接反映当时的社会形势。武则天在位21年共使用过17个年号。年号使用时间最长的一个是清圣祖爱新觉罗·玄烨的年号"康熙"，时间达61年。

当然，年号也有重复的，涉及诸多原因。在分裂的历史时期，一些国家会使用别国年号以示藩属、臣服，如五代十国时期，楚国使用后唐年号。有的则刻意模仿前朝，带着追慕情节；也有的自以为是原创发明，结果早被前人抢占先机。宋太祖赵匡胤称帝，想有个前无古人的年号，众大臣集思广益建议改元"乾德"。不料，乾德三年在后宫中发现一面刻有"乾德四年铸"的铜镜，经翰林学士窦仪解释，原来乾德是前蜀王衍使用过的年号。

谥号

中国人自古以来都很重视死后的名声，尤其是天子、诸侯等有地位有声望的人，要在其死后依据他们的生平事迹追加一个特殊的称号，这就是谥号。汉武帝、汉哀帝里的"武"、"哀"，就是刘彻和刘欣的谥号。刘彻在位时开创汉武盛世，各领域都有建树，最突出的还是他南平百越，北破匈奴，东并朝鲜，西征大宛，奠定了中华疆域的版图，按《逸周书》的《谥法解》中"克定祸乱曰武"的记载，用"武"为这位英明神武的帝王定谥再合适不过了。除"武"外，还有"神""文""恭""宪""明""孝""懿"等都是带有褒奖色彩

的谥号。而汉哀帝刘欣的"哀"字在《谥法解》里释为"恭仁短折曰哀",正是对汉哀帝25岁即英年早逝的一种同情之意。此外还有一类谥号是带有批评的,如动祭乱常曰"幽"(如烽火戏诸侯的周幽王姬宫湦),好内远礼曰"炀"(如隋炀帝杨广,炀是由唐朝定的谥号,夏王窦建德谥"闵皇帝",杨广之孙杨侗谥为"世祖明皇帝")等。所以,不难看出,谥号因人行为的善恶而分为褒、贬、平三类,体现劝善惩恶的目的,同时也看出定谥人的好恶情感。对于被定谥号的人来说,仅此一字便定荣辱,关系到生前死后的评价。

图17:苏轼(1036—1101)清 叶衍兰 绘

谥号起源于周代,不过到了秦朝,秦始皇认为谥是"子议父,臣议君"(《史记·秦始皇本纪》),因此废除,汉代重新启用谥号。帝王后妃的谥号由臣子议定,臣子及其他人的谥号一般由朝廷赐予,带有浓厚的封建等级色彩。《白虎通义·谥》载:"谥者,别尊卑彰有德也。"谥号多用一字,也有二三字的,如三国时期的诸葛亮谥号"忠武",宋代大文豪苏轼谥号"文忠"。对谥号的解释也往往有多种,比如谥号"文"字就有经天纬地、学勤好问、慈惠爱民、锡民爵位、道德博闻、愍民惠礼等含义。"私谥"是由亲属、门生或朋友定的,如不为五斗米折腰的陶渊明谥号"靖节",是由南朝诗人颜延之定的。中国封建王朝的最后一个谥号是1927年清朝末代皇帝爱新觉罗·溥仪所赐的"忠悫"。享有者,王国维。

古代临葬定谥,不管谥号褒贬,由谁来定,都是在人死后追加的,活着的人是没有谥号的,也无法知道。所以电视剧《康熙王朝》里,康熙的祖母孝庄太后自称"孝庄"就不对了,因为"孝庄"是她死后的谥号。

尊号是表达对帝后的尊崇而给的称号。

图18:王国维(1877—1927)

如果说谥号非皇家专属，那尊号就是皇家特权的显示了。我们在看历史题材影视剧的时候，有时会发现在"太上皇""太后"前面会加上一大串歌功颂德的吉祥词汇，如唐玄宗曾被称"开元圣文神武皇帝"等，这就是尊号了。

尊号起源于秦朝，到唐玄宗时形成定制，并且字数有增无减。有的尊号是在帝后在世时起的，也有的是逝后追加的，而且尊号可以不断添加，用的都是极尽美好的词汇。尊号和谥号经常混淆在一起，所以对帝后来说，生前所加的是尊号，死后所加的可以看作谥号了。如康熙皇帝给祖母上的谥号为"孝庄仁宣诚宪恭懿翊天启圣文皇后"，简称孝庄文皇后，经雍正、乾隆累加后称为"孝庄仁宣诚宪恭懿至德纯徽翊天启圣文皇后"。

庙号

尊号，不仅皇帝有，皇后也可以有，但庙号就只有帝王才可拥有。庙号，是帝王驾崩后在太庙里立室祭祀时追尊的名号，是一种崇高的政治待遇，一般由群臣议立，始于商代。庙号都是褒扬赞美的，由两个字组成，其中固定有一字为"祖"或"宗"，如汉高祖、唐太宗。《史记·孝文本纪》载，"始取天下者为祖"，每个朝代的第一位皇帝即开国君主都用"祖"，如宋太祖；他的后代帝王则称"宗"。有一个特例是明成祖朱棣，他在"靖难"后登基，逝后庙号太宗，明世宗认为他有重奠帝业的功德而改尊成祖。按照"祖有功、宗有德"的标准，起初庙号并不是每个皇帝都有，比如西汉先后有12个皇帝，称祖、宗的只有5个，不过唐代以后，皇帝死后都有庙号了。

庙号和谥号一样，都是逝后追加的称号，所以电视剧《情剑山河》里李从善给李煜的信中称赵匡胤为太祖皇帝也是不对的，因为太祖是赵匡胤死后定的庙号，他活着的时候是没有庙号的。当然也有例外，三国时期魏国曹睿还在位期间，官吏们就议定了他的庙号，曹睿也欣然接受，成为历史上唯一一位知道自己庙号的皇帝。

因此，我们会发现历史题材影视剧里《汉武大帝》用的是刘彻的谥号，《康熙王朝》《雍正王朝》《戏说乾隆》用的又是年号了。其实这里有一个约定俗成的叫法，对唐代以前殁世的皇帝一般称谥号，如周宣王、汉文帝，唐以后则多用庙号，如唐太宗、唐玄宗、宋太祖等。到了明清，不论在位长短，一个皇帝只用一个年号，比较固定，就用年号来指称了，如爱新觉罗·胤禛在位年号雍正，称为雍正皇帝。

五、女书习俗

　　女书习俗是一种罕见的女性文化"密码"，它有着独一无二的文字符号体系，其中隐藏着一个个神奇、美丽而又感人肺腑的故事和传说，诠释着中国闺阁中女性的精神家园。

　　女书习俗，主要流传在湖南省江永县东北部的潇江两岸，以上江圩镇的16个村为中心，遍及潇浦镇、允山镇、铜山岭农场、黄甲岭乡等地。随着女子出嫁，东到江华瑶族自治县，南到桃川镇，西到千家峒瑶族乡，北到道县祥林铺镇等一些村寨，也有女书的踪迹。另外以前在广西的一些地方也流传着女书习俗。

图19：湖南省江永县的女书

　　女书习俗，最为直观的表现是女字，俗称"女书"。与世界其他古文字相比，它具有四大独特之处：一是只在妇女中传承使用，世代沿袭；二是汉字的变体，主要记录当地方言（永明土话）并按照方言"同音同字"的方式构成。基本女字有300多字；三是字形奇特，行款由上至下，由右向左，笔画纤细均匀；四是女书在妇女特定的节日或民俗中传承，作品人死书焚、陪葬送终。

　　女书既指"女书"文字，也指用"女书"文字撰写的作品。女书作品几乎都是诗歌体，每句字数固定，大都是七言诗，少数五言诗。书写在做工考究的精制布面手写本（婚嫁礼物）、扇面、布帕、纸片上。这四样也分别叫作三朝书、歌扇、帕书、纸文。也有绣在布带、手帕等与女性生活息息相关的女红物件上的。女书所记述的都是妇女的事，包括婚姻家庭、生产劳动、社会交往、女红艺术、文化娱乐、风俗习惯、宗教信仰、道德情操等方面，系统地反映了上江圩镇及其邻近一带女性的精神追求，凸显了她们在旧时卑微社会地位下叙述心

声的渴望。

在女书的流传地中，妇女们常常将女字作为装饰花纹，运用到传统的女红之中。她们将女字的修长及菱形的结构在女红中运用自如。因此，专家学者一致认为女红应该是女书产生的根源，妇女们在世代相传的女红技巧中得到了某种启发，并根据它的形态创造了"女字"。

自传是女书文化的核心，体现了女人的自我意识。在女书之乡，女人都有自己的自传，会写女书的自己写，不会写女书的请人写；已死去却没有自传的，家人会请人补写。《胡慈珠自述》《高银仙自述》《义年华自传》都是有影响的自传。

女书书信是女书传承地的妇女之间较为常用的女书作品。从前，江永乡村妇女中流行结拜姊妹的习俗，结拜关系一经建立，姊妹间便会频繁往来，她们会用女字写信，互致问候。女书书信成为她们之间的精神纽带，同时也是结拜姊妹们的"礼物"。

三朝书是女书中的经典作品，是江永乡村女子婚后第三日"三朝回门"时，新娘的女伴送给新娘的礼物。"三朝书"有固定的内容和格式，一般线装，封面为家织棉布。前三页用女字书写祝贺之词，后面十五页为空页，用来留给新娘书写。"三朝书"内会夹存妇女刺绣经常使用的针、线及刺绣的样图，是装帧最讲究的女书作品。

记事书主要是用女书文字记录的本地历史上发生的一些重大事件，也有女书传人用女书创作的各种故事。如记载了太平天国起义军经过永明（江永）的事迹；《三十三年日本》记录了抗日战争时期日本侵略者在当地犯下的种种罪行。这些女书作品是女书传人及普通妇女了解社会、表达心声的工具。

　　祈祷文是女书传承地妇女与她们所信奉的神灵——婆王之间交流的文书。从前，江永城郊允山乡的花山上，有一座花山庙，传说唐朝时会女书的谭氏姊妹在此山坐化成仙。每年农历的五月初十到十五日，本县及周边的妇女往往会带着香烛、供品，及用女字书写心愿的巾帕、纸页，前来祈祷，顶礼膜拜后烧掉。

　　学习女书虽没有专门的学校，却有专职教师。女书的传承空间内都使用同一方言，一语二文，男人写男字（方块汉字），女人写女书。女人的一生都实践着相同相似的民俗：结拜姊妹、过"斗牛节""庙节"、结婚"坐歌堂"、"贺三朝"、婚后"不落夫家"，这些日常生活和特定的节日或民俗为当地妇女提供了女性聚集的时间和相对独立的空间，她们才能按照互教互学的传承方式，一代又一代地传承下去。

　　代代传承的女书形成了相对固定的读唱方式。一种是吟诵，即似

图22：女书习俗"斗牛节之赛技艺"

图23：女书习俗"坐歌堂"

读非读，似唱非唱，婉转低沉，极富感染力。大多使用在阅读传统的女书作品及自传作品，类似于汉语中的"读"；另一种是吟唱，其借鉴了湖南的民间小调，用当地的方言，按照不同场合需要进行演唱，或高亢，或诙谐，曲调变化相对多，用以表现演唱者内心的感情色彩。吟唱的方式使用的场合比较广泛，每年新出嫁姑娘的坐歌堂是女歌的一次"复习"，也是女书作品进行创新的一次大好机会。

女书习俗是一种独特的文化"活化石"，对于研究人类文字和文明的起源、女性文化和文明的发展历程等，都具有重要的研究价值。2002年3月，"女书"被列入"中国档案文献遗产名录"；2005年10月，"女书"以"最具性别特征文字"被收入《世界吉尼斯纪录大全》；2006年6月，"女书习俗"列入第一批国家级非物质文化遗产代表性名录。

六、文字崇拜

在世界各民族中，都不同程度出现过文字崇拜现象。远古的时候，只有祭司和巫师才有权利通晓文字，因此文字是神力和权力的象征。文字崇拜的主要表现是文神信仰、敬惜字纸、慎用文字、岁末祭书和文字巫术等方面。

文神信仰

科举促进了对文神的信仰，因为士人读书应试经常肩负着整个家族的共同愿望。一旦科甲有名，他们就有了政府所赋予的政治、经济、法律特权来维护家族的利益。正如顾炎武所言："一得为此生员，则点于编氓之役，不受侵于里胥，齿于衣冠，得以礼见官长，而无笞捶之辱。故今之愿为生员者，非必其慕功名也，保身家而已。"（《生员论》）在科举考试中的成败，成了继续保持家族门第的重要条件，所谓"一士登甲科，九族光彩新"，所谓"一第知何日，全家待此身"。唐末王定保说："三百年来，科第之设，草泽望之起家，缙绅望之继世。孤寒失之，其族馁矣；世禄失之，其族绝矣。"（《唐摭言》卷九）所以参加科举考试的过程中，除了读书人本身的努力，他们往往还希望借由神灵的力量，祈求榜上有名，因此对于考试相关的文神的崇拜信奉，成为一件众人的事情。

文昌信仰

文昌帝君既是天上的星星，也是地上读书人心中最崇拜的明星。文昌帝君在民间信仰中又称为文昌星、文曲星或文昌公。《史记·天官书》中说：在北斗七星之上有六颗星，上将、次将、贵相、司命、司中、司禄，这六颗星合称为文昌宫。旧时民间还传说晋朝时候四川梓潼县大孝子张亚子是文曲星。张亚子战死沙场，当地百姓尊他为雷神，给他立了一座庙，以后他逐渐成为梓潼县的"梓潼神"，是玉皇大帝派来掌管文昌府和人间禄籍功名的。后来，人们将梓潼神与文昌星合二为一。元代仁宗皇帝时，封梓潼神为"辅文开化文昌司禄宏仁帝君"，简称"文昌帝君"。至此，文昌帝君"职司天上文章府，专照人间翰墨林"的角色定下来了，专业主文运，成为读书人和民众共同的偶像。

民间相传农历二月初三是文昌帝君的诞辰日。明清时，在这一日各地官员都要去文昌祠祭拜，读书人也在这一天烧香祷告，昼夜笙箫，称为"文昌会"。清代文昌诞节纳入了政府祀典，《清史稿》记载礼官为文昌帝君议定祭祀的礼仪。

由于政府的提倡，文昌信仰更加普及化。世人不只崇拜供奉他，

本节文字参考宋本蓉：《明清惜字塔——惜字文化的建筑遗存》，《紫禁城》，2008年第10期。

还给他配了两个侍从，天聋和地哑。因为文昌掌握的是天下读书人的命运，是天机，而想知道这种天机的人有很多，所以就给了文昌两个不会泄密的侍从。

文昌信仰不仅在中国大陆、台湾、香港、澳门有重要的影响，并且对国外也产生了广泛的影响。国外接受文昌信仰最为显著的是朝鲜、韩国和日本。15世纪中期，朝鲜已经开始供奉文昌帝君。至今，朝鲜和韩国的图书馆里收藏有大量的文昌帝君经诰，日本也收藏有大量的文昌经诰。琉球群岛的人普遍崇拜文昌，几乎所有读书人家都设有文昌帝君神位，张贴文昌帝君像，建有多处敬奉文昌帝君的文昌宫，或在神庙（如妈祖庙）中设文昌殿，供奉文昌帝君塑像。

文昌信仰在南亚和东南亚备受推崇。菲律宾首都马尼拉有一座佛寺，寺内有富丽堂皇的文曲星宫。越南于1414年设文庙，1434年仿照中国实行科举取士制度。

在中国，书坊业把文昌帝君奉为祖师神，据说是因为秦始皇焚书的时候，文昌帝君把书藏到了二酉山中。北京的琉璃厂书坊云集，这里曾经建有两座以文昌帝君命名的会馆，馆中都有文昌殿，供奉文昌帝君。刻字业把文昌帝君奉为祖师神，另外说书的人也将文昌帝君奉为祖师神，学校和私塾也普遍祭祀文昌帝君。

图24：魁星

魁星点斗

传说魁星主管文人的考运，他右手握着的那支笔专门用来点取科举士子的名字，一旦点中，文运亨通、官运亨通，所以科举时代的读书人都想求得魁星的青睐。

魁星的形象也很不一般。左手托一元宝，右手握笔高举，右脚踏于鳌头之上，左脚则后跷做踢斗状，这个形象刚好和"魁"字的字形相合。魁星为什么站在鳌头上？古时皇宫正殿的台阶正中石板上，雕有龙和鳌的图像。如果考中进士，就要进入皇宫，站在正殿下恭迎皇榜。按规定，状元要站在鳌头之上，所以有"独占鳌头"之说。宋代周密在《癸辛杂识》中就有当时考中状元，朝廷"送镀金魁星杯杵（盘）一副"的记载。

魁星其实就是天上的星星，它是二十八星宿之一，是西方白虎七宿中的第一宿，包括仙女座九颗星和双鱼座七颗星。

明朝时，科举考试实行"五经取士"。"五经"就是《诗》《书》《礼》《易》《春秋》儒家崇奉的五部经书。每经所考取的头名称之为"经魁"。在乡试中，每科的前五名必须分别是其中一经的"经魁"，故又称"五经魁"或"五经魁首"。此外，科举考试中，进士第一名称状元，也称作"魁甲"；乡试中，举人第一名称解元，也称作"魁解"，均是第一的意思。

天下的读书人都是魁星的粉丝。俗传阴历七月七日是魁星的生日，粉丝们在这天要为魁星庆生。按照程序，在这天要玩一种"取功名"的游戏。以桂圆、榛子、花生三种干果，代表状元、榜眼、探花。一人拿着这三种干果往桌上撒，如果某种干果滚到某人面前停下来，某人即是状元、榜眼或探花；如果干果都滚偏，就意味着大家都没有"功名"，要重新再撒，称"复考"。这样撒一次，饮酒一巡，称"一科"。一直玩到大家都有"功名"为止。

敬惜字纸

敬惜字纸是一种文化现象，就是对写有文字的"字纸"尊敬爱惜，看到被丢弃的字纸应该捡拾起来，如果字纸被污损了，要用清水洗净，按期放在惜字塔中焚化并保存字纸灰，以示珍重。每年定期将累积的字纸灰清出，虔诚献祭，演戏敬神后，将字纸灰装到专门的盒子里，带到能通到大海的河流边，倾入水中。因为人们相信海的尽头与天相通，文字可以从这里到达天上，到达仓颉所在的地方。

明清之际，敬惜字纸的风习广泛流传。《红楼梦》第五十八回有这样的记载：藕官正没了主意，见了宝玉，又正添了畏惧，忽听他反掩饰，心内转忧成喜，也便硬着口说道："你狠看真是纸钱了么，我烧的是林姑娘写坏了的字纸。"

清代文人曾衍东曾画一幅《敬惜字纸》的条屏，题诗云："惜字当从敬字生，敬心不笃惜难成；可知因敬方成惜，岂是寻常爱惜情。"

惜字会和惜字塔是敬惜字纸的产物，使惜字的观念更直观，更通俗化，也更具可操作性。惜字塔的出现早于惜字会。

惜字塔是专门为焚化写有文字的字纸而建造的塔。为避免践踏字纸而特设的火化字纸的建筑物，在四川叫"字库""惜字宫"，在台湾呼"字纸亭""圣迹亭"。敬惜字纸的习俗，在琉球非常盛行，惜字塔则称"焚金炉"（汉字写作"焚字炉"）。其他名称还有"敬字亭""惜字阁""惜字炉""化纸炉""敬文亭""敬圣亭""字纸亭""字炉"，等等。各地称呼不一样，但它们都有相同的用途，都是用来焚化字纸的。

四川省有成都市大慈寺的字库、邛崃市牟礼镇的兴贤塔、凉山州德昌县仓圣宫字库等170余座惜字塔；湖南省有长沙市望城惜字塔、长沙市石常乡惜字塔等；陕西、江西、贵州、云南、重庆、湖北、安徽、广州、台湾等地区都有惜字塔。云南丽江曾经建了七座惜字塔，贵州开阳县龙岗镇布依族聚居的大荆村有清道光十年（1830年）修建的惜字塔。琉球群岛那坝市玉城村有焚字炉。马来西亚的闽中凤山寺目前还保留着一块光绪乙酉年的"敬惜字纸碑"。日本长崎"唐四福寺"之一的圣福寺中，有"惜字亭"。

惜字会是惜字塔向民间推广过程中应运而生的一种善会，

图25：四川省凉山州德昌县仓圣宫惜字塔

惜字会的主要功能是以募捐的方式筹款，善款用来雇人定时收拾字纸，或向人买字纸，并建焚化字纸的惜字炉，这些字纸定期焚化，并由会中派人将字纸灰倒入海中。惜字会还有其他的施棺、施药、济贫穷寡妇、拾骸掩埋等各种善举。惜字会在清代中晚期大量出现，对当时的社会和民众生活有重要影响。

惜字会雇人捡拾字纸，在捡拾过程中用什么工具、什么方法，都有章程规定。比如工具有：铁钳，专揭高处字纸；铁铲，铲下难揭字纸；篾箩，盛字纸用；棕帚，刷湿贴纸所用；竹筒，盛水以湿字纸；絮袄，拾字工御寒所用，用一斤多新棉做成；笠帽，防雨用；草帽，防晒用；钉鞋，雨中所用。如此装备齐全的拾字用具，使得整个拾字过程显得神圣而庄重。

民间认为如果敬惜字纸、焚化字纸，来世就能不做文盲。读书人在书桌旁放一个字纸篓，不用的字纸扔在里面。等用扁担挑着字纸竹箩筐沿路拾字纸的老人到来，再把字纸倒给老人，带到惜字塔去焚化。

在明代，大约是15世纪晚期时，托文昌名扶乩降笔而成的善书，流行于士绅间并逐渐普及。这类善书统称为"阴骘文"，其作用是劝人行善积德，以求本身及子孙科举高中。善书内容除了一般的济贫救危、修桥铺路之外，就是必须敬惜字纸，甚至警告人不要弃毁字纸，否则易延祸子孙，招来杀身之祸。

辛德勇在《惜字律二种》一文中提到的其中一种惜字律叫《惜字新编》，卷末列有出资印送此书的信士的姓名和印送数目，一次就印行6970部。古代用木版刻印书籍，这已是天文数字。惜字律在民间流传之多之广，于此可见一斑。

《文昌帝君惜字功律二十四条》记载的是怎样惜字纸，功多少。比如其中的两条是这样的："平生以银钱买字纸至家，香汤浴焚者，万功，增寿一纪，得享富贵，子孙贤孝。平生偏拾字纸至家，香水浴焚者，万功，增寿一纪，长享富贵，子孙荣贵。"其他还有，"以字纸焚香炉中者，五功，得享吉祥。代人收采浴焚字，万字一功，得享清福，劝人多惜报应如例。"《文昌帝君亵字罪律二十九条》和《文昌帝君惜字功律二十四条》相对，是对亵渎字纸的行为罪过的记载：

"将人钱买要浴焚之字纸，取用作践者，一百罪，夭折，子孙贫贱。骗人买字纸钱，不买字纸焚者，一百罪，定然恶病夭折。己身不敬字纸经书，又不训教子弟，递相轻侮者，一百罪，恶疮遍体，生痴聋暗哑。"这已经类似于咒了。

寺庙里专门负责捡拾字纸的称为"拾字僧"，焚化或保管字纸的地方叫"惜字林"。现在寺院中还有惜字的遗风，在北京的戒台寺里就要求把印有佛像和写有佛字的纸放进专门的地方，不允许乱扔。敦煌石窟17号窟中所藏文书大多是唐开元至天宝年间的乡籍、里籍及差科簿。文书背面写了一些佛典疏释、账契和牒状。可奇怪的是，既然佛教讲求的是"不立文字，教外别传"，那它为什么要惜字呢？桑良至教授认为那是人们丢弃的，无效的或作废的经济文书交给了寺庙，当时的人们十分敬惜字纸，认为敬惜字纸是减灾消难的一种美德。所以他认为敦煌石窟很可能是全国最大的"惜字林"，聚集的是拾字僧拾来的和老百姓无用但不忍抛弃而送来的"字纸"。

敬惜字纸的活动，儒、释、道都参与了，在惜字的善书中，也一再强调"三教同源"。文昌帝君是道教的神祇，许多惜字组织多与文昌祠连在一起，甚至惜字会就设在庙祠里，并且在庙宇和道观里常可见到惜字塔。

敬惜字纸的风习还流传到了海外。由于1838年中国册封使林鸿年的倡导和琉球王府的奖励，敬字习俗在琉球群岛很快普及开来。敬惜字纸的习俗如今在美国的华人社区仍流行。

慎用文字

慎用文字与敬惜字纸相似，却更侧重于劝导人们在写字时要下笔矜慎，不要损害别人。慎用文字是要确保文字不出现在不妥当的地方和不用来做不合道德伦理的事情。

清张允祥著《广惜字说》，认为"公门最宜为善"，因为"一字之加，胜于三千之刑，可不慎欤"？所以"凡下笔有一时快意，他人永无生路者，此字当惜"。他认为，"惜字不徒惜字于字，而惜字于心"，所以做惜字十则。在《惜字良规》中，有《惜字宜戒七则》《惜字广意六则》《惜字正诠十二则》，是慎用文字的内容。

确保文字不出现在不妥当的地方。《惜字宜戒六则》：一戒勿将字纸糊窗裱柜抹棹拭秽封罐包物；一戒勿将字纸捻绳扎物燃灯吸烟；一戒勿将字纸换物卖钱（卖作纸筋还魂纸者罪过犹大）；一戒勿抛弃有字笔管碎碗；一戒寿挽帐联勿书墨字于上（宜作金字或另纸粘贴，免日后改用以致亵字）；一戒勿将所拾字纸仍置墙隙致与未拾者同。

确保文字不被用来做不合道德伦理的事情。《惜字广意六则》：一不可撰淫词艳曲坏人心术，流害无穷；一不可谤毁圣贤，亵渎经籍；一不可集书为艳体文割书做歇后语（用戒语割去末字谓之歇后语及借引经书取供笑谑）；一不可出恭看书秽手揭书；一不可将书做枕；一不可偷废书札。此外，《惜字正诠十二则》记载，有关人性命者、有关人名节者、有误人功名者、有离间人骨肉者、属人闺阃阴事及离折婚姻者、谋人自肥倾人活计者、凌老贫欺孤寡者、挟私怀隙故卖直道毁人成谋者、唆人构怨代人贺词者、颠倒人是非使人衔冤者、托诗讥讪人者、刺人忌讳发人阴私终身饮憾者，都是需要慎用文字的地方。

清代冯至在《惜字三宜》中还列举了除弃掷以外的九条不恰当地对待文字的方式，"一曰无端铭刻古圣贤于所慎重之器；二曰无端织绣篆组丛害女工，奇巧殊于备典；三曰无端标记牙签、湘帙、卷册攸殊；四曰无端招贴白板朱书；五曰无端造作；六曰无端丰厚围屏挂轴；七曰无端节省；八曰无端咀嚼；九曰无端欺隐"。

费孝通先生在《我对自己学术的反思》一文中说："纸上写了字，就成了一件能为众人带来祸福的东西，不应轻视。……我一生对字纸太不敬惜了，想写就写，还要发表在报章杂志上，甚至编成了书，毫不经意地在国内外社会上流行。"又说，"文章千古事，并非虚语。一个人的思想一旦写下，通过文字媒介，送入了别人的头脑，也就成了社会事实，发生社会影响，因而有功罪可论。"费孝通先生希望学者能平心静气，慎用文字。

岁末祭书

文字崇拜还有"岁末祭书"的活动，岁末祭的还有司书之神长恩。

岁末祭书自唐朝开始已深入文人生活之中了，明清的藏书家沿袭了岁末祭书的的习惯。明朝藏书家李鹗（1557—1603）每见一异书，虽倾家荡产也设法购回,得书后则焚香肃拜。岁末祭书的还有清代苏州人黄丕烈(1763—1825)。叶昌炽有诗描写黄丕烈祭书:"得书图共祭书诗,但见咸宜绝妙词。翁不死时书不死,似魔似佞又如痴。"当代著名藏书家傅增湘(1872—1949)有"残腊祭书之会"。每逢除夕,将读过之书列于香案,整衣而拜。直到2005年还有岁末祭书的行为。这次岁末祭书的主持者是美国普林斯顿大学瑞典籍的艾思仁(J.S.Edgren)博士,他在岁末的那天邀请友人来家聚会,并观赏他所收藏的珍本古籍。

与祭书习俗相应的是禁忌女子触摸字书的习俗。清代谢坤的《春草堂集》记载,嘉庆年间,宁波有一酷爱读书的女子钱绣芸,为了能到天一阁读书,自己做主嫁入范家,但她万万没有想到,当自己成了范家媳妇之后还是不被允许登阁读书。

岁末祭的司书之神,名字叫长恩。据说在除夕的时候,呼长恩的名字并且祭祀他,他就能保佑书籍不会被书虫蠹鱼蛀坏,也不会被老鼠啃咬。

李汝珍所著的《镜花缘》中,有这么一段描写,玉芝道:"此鱼如此之长,若吃东西,岂不要三四天才到腹么?"……红红道:"适因'衣鱼'二字,偶然想起书籍往往被它蛀坏,实为可恨。丽春姐姐最精药性,可有驱除妙方?"潘丽春道:"古人言,司书之仙名长恩,到了除夕,呼名祭之,蠹鱼不生,鼠亦不齧。妹子每每用之有效。但遇梅雨时也要勤晒,着听其朽烂,大约这位书仙也不管了。"

看来这个司书神长恩的工作就是不让老鼠和蠹鱼损坏书籍,而他也并不是让所有的书籍都不被老鼠和蠹鱼损坏,人们不勤动的书籍,他也不会管的。老鼠和蠹鱼难道是在督促藏书的人们读书吗?而长恩也只是保护那些人们要读的书吗?

清代著名藏书家庄肇麟将自己的书室命名为"长恩书室",傅以礼命名自己的书斋为"长恩阁",希望书神长恩可以守护自己的藏书。对于藏书家来说,书若安好,才是晴天。

蠹鱼因为专心吃书,所以被读书人赋予了各种形象。

传说有种叫"脉望"的神奇东西,就是蠹鱼所化,吃了可以成仙。唐人典籍《原化记》记载:"唐建中末,书生何讽,尝买得黄纸古书一卷。读之，卷中得发卷，规四寸，如环无端……据《仙经》曰：'蠹鱼三食神仙字，则化为此物，名曰脉望。'"据说读书人若得了脉望，应该在夜晚拿了它对着星斗祈祷，然后吃了它，立刻就会飞升成仙。清末上海有"脉望山房"，专营石印典籍。现在江苏省常熟市古城区还有"脉望馆"，这是明代万历年间赵用贤、赵琦美父子的藏书楼。关于"脉望"，可能是读书人的一厢情愿，是失意的读书人或得意的读书人各怀着不同心态创造出的读书致用的一种美丽幻想。

可是还真有那么实诚的人。唐尚书张易之子，知道蠹鱼吃"神仙"二字就会变成脉望后，就写了许多"神仙"字样装在瓶子里，再捉了蠹鱼放进去，让蠹鱼吃"神仙"。本来"书中自有黄金屋，书中自有颜如玉"已足够平生发梦的了，再加上"脉望"一说，那羽化登仙的诱惑，岂不是让书生们更加精神恍惚？

在《红楼梦》中，贾宝玉嘲弄那些醉心于功名利禄的人是"禄蠹"，禄蠹这个名字很有创意，蠹鱼是依赖书籍为生的，禄蠹当然就是指那些一心扎进仕途经济并依赖功名富贵为生的人了。

清代赵翼《蠹鱼》诗云："归里间无事，仍寻乱帙繁。蠹鱼走相告，此老又来翻。"作者翻书，惊动藏身其中的蠹鱼，蠹鱼奔走相告："快跑，这老头儿又来翻书了！"这里的蠹鱼是如此可爱，读书的作者也平和，并不曾看出不和谐，看来是爱屋及乌了。

鲁迅先生写过一篇《祭书神文》。他在1901年的除夕夜，举酒高呼，请书神驾着蠹鱼，带着脉望，携着漆妃（墨）和管城侯（笔）来自己的客堂欢聚，他将为书神献上淡酒菊菜，朗诵《离骚》。在鲁迅先生笔下，蠹鱼居然成为书神的座驾，这应当算是蠹鱼最帅气的形象了。

书、书神、蠹鱼、读书人，虽有各种小恩怨小纠结，终究还是在文字的光辉照耀下和睦一家亲了。

文字巫术

人们相信文字具有神奇的力量。传说唐太宗过海，遇到波浪滔天，太宗御书"免朝"二字，字落海中，风平浪静。字谶、测字、符咒都是汉字文化中非常独特的文化现象。

字谶

字谶，即人们认为某些汉字能预示未来之事。字谶产生并在中国长期存在源于人们对文字的崇拜。

字谶的案例，我们现在能见到的多在汉代以后。人们相信文字隐含着神秘的天意。从汉至清，每逢社会动荡时，就会有这种性质的文字预言出现。《后汉书·五行志》记载，献帝践祚之初，京都有童谣曰："千里草，何青青。十日卜，不得生。" 这首童谣实际是字谶。"千里草"为"董"，"十日卜"为"卓"，暗示董卓将以臣凌君，"青青"暗指董卓权倾朝野，却又迅速败亡，落个"不得生"的结局。

洛阳桥是我国现存最早的跨海石桥。河北赵州桥、泉州洛阳桥、北京卢沟桥、潮州湘子桥被称为中国四大古桥。传说宋代书法家蔡襄出守泉州时，想在洛阳江上修一座大桥，但因波涛翻滚无法动工。一天在一篇《海神颂》的封套上发现了一个"醋"字，蔡襄大喜，说：这是海神叫我们在二十一日酉时动工。因为"醋"字可拆为"酉、廿、一、日"四字，将其加以组合，便是"廿一日酉时"。据说动工那日海潮果然退去，顺利修好了洛阳桥。

在众多关于字谶的记载里，其实有时候更像是在玩文字游戏。字谶产生的真正根源是汉字本身的品格再加上人们的文字崇拜观念。这是由汉字有别于拼音文字的表意本质所决定的。如果把字谶作为一种文化现象来看，它的巧解妙释里闪烁的是文字的精妙和思想的慧黠。

测字

测字也叫"拆字"，任意说出或者写出一个字，测字先生进行分合增减，推断出吉凶祸福的结论。

测字在魏晋时期发展成为术士们专门从事的一种职业。《隋书·经籍志》载有《破字要诀》一卷；清代文人周亮工编纂而成的《字触》就是一本测字专书。古代典籍中有关测字的零星记载，更是繁多。

有一个故事，清梁绍壬的《两般秋雨庵随笔·测字》记载：崇祯末年，流寇信急。一夕，遣内臣易服出禁，探听民间消息。遇

我们的文字

一测字者，因举一"友"字询之。问："何占？"曰："国事。"曰："不佳，反贼早出头了。"急改口曰："非此'友'字，乃'有无'之'有'。"曰："更不佳，大明去其半矣。"又改口曰，"非也，'申酉'之'酉'耳。"曰："愈不佳，天子为至尊，至尊已斩头截脚。"内臣咋舌而还。三个不同的字测出一致的结果，确实令人叫绝。当然，测字先生肯定不是什么神仙，他不过是发挥了相士察言观色的本领罢了。一个太监再怎么化妆也掩不住他的特征，太监问"国事"，背后肯定是皇帝了。不过，测字先生能在瞬间将"友""有""酉"三字拆解，也算敏捷了。

测字以文字为卜，预测未来，与文字崇拜现象密不可分。因为对文字的崇拜，人们选择汉字作为预测手段，相信文字包含着上天的信息，相信文字在冥冥中传达着天意。

符咒

最早在春秋战国时期就出现了符咒，符是书画在特定纸帛上的文字或变形的文字。人们认为这些文字具有法力，有遣神差鬼的神奇力量。咒是语言，通过念诵达到治病驱邪的目的。

东汉中后期，出现了道教的符箓，把文字或变形的文字及图像用墨或朱砂书画在特定的纸帛上，人们相信这种符文真具有通天地迎鬼神百求百应的功能。

符箓的用途很广，避凶趋吉、美梦成真都求助于符箓。农村盖房子上大梁或安门时，常要在梁上或门上贴"太公在此"或"太公在此，诸神退位"的红纸条，用来避凶趋吉。读书人梦想科举高中，就有了科举符：上面"早科昌"，下面用雷字压三个鬼字。举着神行符就可日行八百里，拿着缩地符就能改变空间，渡水符使人在水上行走如履平地，点石成金符把石头变成黄金。

人们相信念诵的语言也是具有神奇力量的。至今民间还有流传，如："天皇皇，地皇皇。我家有个夜哭郎。走路君子念三遍，一觉睡到大天光。"治牙疼可以念："虫是江南虫，身是赤勇子，合向草中藏。自何来咬人？牙齿钉在梁南头，一钉永年死。急急如律令，敕摄。"先叫牙疼人咳嗽三声，然后写七个虫字，在香炉上度过后，钉在南墙上。

重修字库序

字为天地之灵秘，圣贤之精英，文曲诸星金光俯瞩，惜之者赐以禄位福寿，报无或爽。礼城南旧有字库，系前任鲍二尹创建，俾礼人皆知惜字，其功锯矣。但遭庚戌地震倾圮。现任赞侯邓召士民而谓之曰：惜字之法，莫良于字库，且可以培风起秀。余本欲聚财重修，奈现奉委督工，罕有暇日，尔等盍代为经理乎？士民等承示募化，约得钱二百余千，增其旧制，焕然为礼州之大观。将见，奎斗正照，文运天开，科名仕官鹊起蝉联。则侯之有功于名教，有功于礼地，讵不与鲍侯后先辉映也哉！因乐而为之序。

咸丰元年仲夏

注：
礼城：即今四川省西昌市北23公里的礼州镇。礼州西山设县，名苏示，元代设礼州，属罗罗司宣慰司，清代为西昌县分县。
庚戌地震：1850年，道光30年8月初7晚子时
惜字正诠十二则：
一下笔有关人性命者此字当惜。一下笔有关人名节者此字当惜。一下笔有误人功名者此字当惜。一下笔有离间人骨肉者此字当惜。一下笔属人闺闱阴事及离折婚姻者此字当惜。一下笔谋人自肥倾人活计者此字当惜。一下笔凌老贫欺孤寡者此字当惜。一下笔挟私怀隙故卖直道毁人成谋者此字当惜。一下笔唆人构怨代人贺词者此字当惜。一下笔颠倒人是非使人衔冤者此字当惜。一下笔托诗讥讪人者此字当惜。一下笔刺人忌讳发人阴私终身饮憾者此字当惜。

来源：《惜字良规》民国元年中秋1912年郑寿昌刻本，第12页。

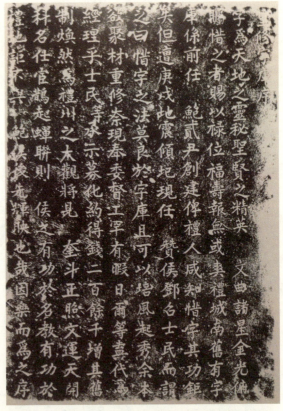

图26：四川省西昌市礼州镇字库碑文拓片

消寒图

图片说明：

　　从冬至那天开始计算，一共度过九九八十一天，就能迎来暖风拂面的春日了。古人将气候变化的智慧，融入各种版本的"九九歌"中："一九二九，相逢不出手；三九四九，围炉饮酒；五九六九，访亲探友；七九八九，沿河看柳。"冬天是农闲的日子，喝酒取暖、与朋友谈天说地，一天天数着度过寒冷难捱的日子，盼望着万物复苏的春天来到，人们便发明了"消磨寒冬"的"日历"——《九九消寒图》。

　　最早的九九消寒图，是在白纸上绘制九枝梅花，共八十一朵，一朵对应一天，一天染红一朵，当春红开满枝头，就是青草茵茵之时。

　　此幅九九消寒图，选自故宫养心殿寝宫道光御笔。由每字九画的九个字组成，用双钩空心字体，每过一天，填实一画。题头"管城春满"四字，管城是笔的雅称，意思是，手中的笔能唤醒春意。"庭前垂柳珍重待春风"，柳，因取"留"的谐音，自古就以柳表示珍重挽留之意，示人珍惜春光、勿负芳华。每填一笔，不妨以"早晴晚阴""移花入屋"三五小字标注在侧，或是天气、或是心情，来年翻看，另有一番滋味。

第五章
文字与文学艺术

为什么贾宝玉说林黛玉看的琴谱是天书？

汉字从产生之时起，其形体本身就蕴含着艺术美的特质，有着独特的审美特征和丰富的艺术表现形式。汉字之美，源于自然万象之美。东汉的许慎在《说文解字·序》中说："古者庖牺氏之王天下也，仰则观象于天，俯则观法于地，视鸟兽之文与地之宜，近取诸身，远取诸物，于是始作《易》八卦，以垂宪象。"书中还说，"皇帝之史仓颉见鸟兽蹄迒之迹，知分理之可相别异也，初造书契。"《世本》《吕氏春秋》《荀子》《韩非子》等也有类似记载。我们当然不能认同八卦为汉字的前身和汉字为仓颉一人所造的说法，但以上记载却道出了汉字的造字过程，汉字是先民们受"鸟兽蹄迒之迹"的启发，吸取了自然万物（包括人自身）的形态而来。

一、文以字点睛

图1：甲骨文
"雨""虹""舟"

图2：明 宋旭
《寒江独钓图》

鲁迅曾赞叹我们的汉字有三美：意美感心、音美感耳、形美感目。自古以来，汉字始终保持着形、音、义的一体性，这一特点让汉字具有强烈的代入感和传达力，让我们在识字的同时能够在脑中展开灵动的视觉或听觉联想，甚至可以形成通达五官的完整感受。比如"雨""虹"和"舟"等字的字形，保留了原初图像性的生动，将所指事物直观地带到我们眼前。又如流水潺潺、鸟鸣啾啾、雨声滴答、炮竹噼里啪啦……诸多拟声词汇将声音留住，不仅让人闻其音而知其意，更引人联想到山涧流水的静谧、鸟儿婉转低鸣的憨态、连绵细雨的朦胧、喜庆节气的热闹。还有唐朝诗人柳宗元的一首五言绝句《江雪》："千山鸟飞绝，万径人踪灭。孤舟蓑笠翁，独钓寒江雪。"前三句写景状物摹人，勾勒出一幅老翁冬钓图。日常来讲，垂钓那可是一件悠闲惬意的事情，但冬天垂钓却是不常见的，柳宗元更选用"鸟飞绝""人踪灭""孤舟"等词一再塑造、强调"蓑笠翁"的独自一人。读到这里，我们真仿佛看到一位老翁在万籁俱寂的环境中孤身垂钓的背影。然而，最后一句的首字"独"，统摄全诗"孤景"并将景入心，把全诗营造的高寒冷清打入观者心野，让人在瞬间穿越到孤冷幽寂的情境中，同时也感受到作者那仕途失意、清高孤傲的心境。不错，那位独钓老翁正是作者对自己的比喻。这首诗字面为画，字内表心，寥寥20字传递的内容和情感让人无法言语，这就是我们的汉字，音短而意绵长，字形固却境无穷。

汉字的使用和表达讲求的是一个意味，取之于心而住之于手。中国文学的表达在具有审美情感特征的同时，更关乎字里话外的那些事。由汉字书写为代表的中国文学带来的阅读体验是整体的、情境式的，也正是这种妙用促成中国文学，特别是古典文学重于"言志"的特点。

如何言志，很重要的一点就是如何遣词炼字了。有个很平常但很奇妙的事情，不知大家有没有注意到？我们都在使用相同的汉字进行书写，从表面上看仅仅是汉字的不同排列，却形成了千差万别的表达和风格，如李白的极致浪漫，杜甫的沉郁顿挫，鲁迅杂文的犀利如刀，朱自清散文的真挚细腻，徐志摩诗文的风格明媚……更令人叫绝的是，同一个字经不同人之手，竟可表达千种风情。

仍以古典文学为例。先说《滕王阁诗》，唐朝文学家王勃前去参加南昌都督阎伯屿在滕王阁举办的宴会，主人家本想借机炫炫自家女婿的文采，提出给滕王阁做个序，众宾客也都会意，一边倒地说不才不才，不敢当不敢当，气氛那是相当的和谐。不料年轻气盛的王勃还

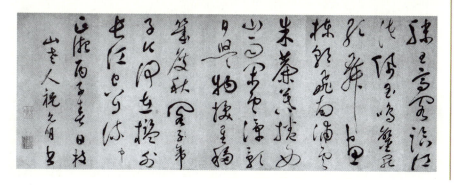

图3：明祝允明草书《滕王阁诗》：滕王高阁临江渚，佩玉鸣鸾罢歌舞。画栋朝飞南浦云，珠帘暮卷西山雨。闲云潭影日悠悠，物换星移几度秋。阁中帝子今何在？槛外长江空自流。

不懂得啥叫"看气氛"，于是横插一杠，揽了下来，这让主人家十分尴尬，非常不满。气愤之余，都督以更衣为由离席避开，只让小童传报写作进程，结果王勃才华横溢，挥毫泼墨，妙语层出，震惊四座，都督越听传报越是惊喜，直接现身现场亲自观摩，直夸"天才也"。（《新唐书·文艺传》）这个故事我们从小就耳熟能详，高考必备诗句之一"落霞与孤鹜齐飞，秋水共长天一色"，就是在这个时候留下来的。

不过，这里想谈的不是这句千古绝唱。不知各位有没有看过《王勃之死》这部电影，里面有个非常精彩的桥段：王勃写完《滕王阁诗》后获赏千金，离席而去，都督手捧墨迹未干的文章久久回味，读至滕王阁诗最后一句"阁中帝子今何在，槛外长江　自流"，发现空了一个字，百思不得其解，其他人也猜测不出应填什么字合适。于是，都督命书童极速追赶王勃询问，王勃只是会心一笑，在小童手上不沾点墨写下一字。滕王阁里的众人看着小童伸出的空空如也的手，全都愣住了。顷刻，有人高呼称绝，王勃空出一字的地方就是一个"空"字！而就这一个"空"字，开阔了全诗的宏大境界，道出了盛衰无常，天地自然万物的永恒不因任何人或事而停止的感慨，引人回味、共鸣，"不着一字，尽得风流"，用在这里评价是最恰当不过的了。

王勃的"空"，空得浩大，荡气回肠。那么请看杜秋娘的《金缕衣》："劝君莫惜金缕衣，劝君惜取少年时。花开堪折直须折，莫待无花空折枝。"这里的"空"字，又是另一番风味了。诗文中用花来比喻少年好时光，也用折花来劝人莫负大好青春，因而尾句"空折枝"的意境创造，让全诗不现一个悔字，却让人油然而发莫等"老大徒伤悲"的感叹，而已是"老大"的人，读到此处恐怕已是"悔"字满心了吧。同是一"空"字，这个空，却沉甸甸地压在心头；同样是表"无"这层意思的空，却因人而异，因心境的不同传达出截然相反的感受。这就是我们的汉字，一词一景，一字一境界。

当然，这只是一个简单的同字同义的例子。汉字里有相当多的多音多义字，同一字形的一个音或一个义就可和别的字组成褒贬不同的词语。所以，字音字义的多元，造就了字组合的万千变化，也为表达不同心境、情感、意味提供了多种可能。辛弃疾《水龙吟》里"待燃犀下看，凭阑却怕，风雷怒，鱼龙惨"中的风雷是自然现象之风和雷，而李清照《永遇乐》"如今憔悴，风鬟霜鬓，怕见夜间出去"里风鬟则形容蓬乱的鬓发，风在这里不是实指，而是修饰性的，大家应该都有过被风刮乱发型的经历，所以看到"风鬟"就不难由己及人地联想到此时作者的凌乱发型了。同样是雪的意境使用，关汉卿《窦娥冤》里的六月飞雪是冤情的呼喊，苍天的良心；纳兰性德《忆江南·恨因谁》里的"昏鸦尽，小立恨因谁？急雪乍翻香阁絮，轻风吹到胆瓶梅。心字已成灰"中，急雪和昏鸦、梅花、心字香一起表达出思念无限的愁苦，看出立窗之人的寒心凄苦。所以说，汉字的意境不是锁定的，而是与使用的

图4：李清照（1084—约1151）清人绘

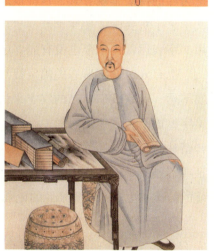

图5：纳兰性德（1655—1685）晚清 杨鹏秋 绘

人结合在一起。这种现象不仅在古代文学里有，在现当代文学里也非常多见，这里就不一一列举了，有兴趣的人可以在阅读的时候稍加留意，就会发现字里行间还有很多这样有趣的事情。

汉字不只是语言表达的工具，汉字的表达超出文法规范。汉字从产生之初就是表意的，是艺术化的文字，是对所指代对象的再现与表现的统一体。《易传·系辞》中概括"观物，取象，比类，体道"的方法，揭示中国传统思维的过程，也可认为是对汉字创作过程的概括。汉字成为有意味的形式，也影响了使用汉字进行文学创作的人，形式的意义在于表达内容，音和义隐藏在字形之后，需要反复体会、琢磨字内的深意，字外的玄音，形成了中国文学重"字"的传情达意的特点。

该段观点参考王清林《文字与文学的关系面面观》，《学习与探索》，1991年第2期。

也许正是汉字造就了中国古代文化的繁盛，现今表达的多元，我们应该感谢它，让我们能尽情抒发情感，并将这些情感和优美的诗句、篇章代代流传下来。

其实，不仅中国，其他国家和民族也很看重"字"所包含的情感。如朗吉努斯（Longinus）在《论崇高》里写道："没有任何东西能够像恰到好处的真情流露那样导致崇高，这种真情通过一种'雅致的疯狂'和神圣的灵感涌出，听来犹如神的声音。"

在媒体多元化的今天，包括汉字在内的世界各种文字依然是各国各民族文学表达的基础，尽管计算机、互联网、手机等超越了文学以纸为媒的传统呈现方式，也促成新形式的文学、文化的诞生，如网络文学、手机文学，使文学获得更加多样的发展可能。但是，我们依然用文字表达着，至今也没有能够超越文字的表达形式诞生。

也有人对文字形态的固定提出质疑，认为会束缚文学的发展，其实不然。就拿我们自己的汉字来讲，正如前文所言，汉字是有灵性的文字，能引人联想、思考、求索、了悟，它可以用作记录事实，也能传情达意，它并不固化某一样东西，不是枷锁，不是束缚。最有力的证明应是对活态文化遗产的记录吧，在这里文字最突出的作用不是意境的传达，更多的是实录性的记载。

众所周知，民间文学是靠口口相传的，人活动范围的地域性让它们具有鲜明的地域、民族特色，通过用文字记录、音像采集等方式，让绚丽多彩的民间故事、传说、神话、史诗迈出了家族的门槛，跨越了地区和民族。汉字的表意性特征在记录这些灿烂文化遗产的时候，充分展现了各地区各民族文化那天然去雕饰、质朴无华而又溢满真情的动人姿态，令世人动容，为之惊叹。将这些宝贵的活态文化遗产以汉字为媒记录下来，集结成册也好，发布到网络论坛也好，其目的在于让人们去发现，去了解，去喜爱，也希望有更多的人去传承，去守护，这才是用文字记录文化遗产所要言的"志"，而不是为了一锤定音，给某一类传说或故事定一个权威版本。

不仅汉字，中华大地上传承着丰富多彩的文字，我国55个少数民族中的53个有自己的民族语言，使用人口6000多万。其中22个拥有民族文字，使用人口3000万左右。维吾尔、哈萨克、乌兹别克、柯尔克孜、塔吉克等民族大部分作家使用母语写作，流传着用本民族文字书写成的优秀文学作品。如藏族的传记文学《米拉巴日传》、蒙古族的《蒙古秘史》等。

我们的文字，留住了声音，留住了记忆，留住了精美的古典文学，传承着繁荣的现代文学，它们不仅点睛文学，更是我们观古赏今的眼睛。

二、文字之趣

汉字不仅具有记录人们行为、思想、情感的功能，还有一定的趣味性。人们利用汉字形、音、义合一的特殊结构和字间独立、构词灵活的特点，与不同的语言文学形式如诗词、楹联、字谜、绕口令等相结合，创造出了多样的文字游戏，给人们的生活增添了趣味。

诗词

诗词是重要的文学表现形式之一，以严格的韵律、简练的语言、缜密的章法，表达作者丰富的情感。在我国的诗坛中，回文诗、离合诗、宝塔诗、藏头诗等诗体，属于杂体诗。

回文诗

回文是汉语的一种修辞方式，即顺读、倒读都成句，且意义完整。"人人为我，我为人人"，即为常见之例。什么是回文诗呢？回文诗是指以一定的形式排列，反复回环均可成诵的诗，其实质是一种文字游戏。回文诗究竟产生于什么时期，目前无法确考。唐代吴兢《乐府古题要解》中说："回文诗，回复读之，皆歌而成文也。"这是对于回文诗这种诗歌形式的简明解释。南朝文人刘勰《文心雕龙·明诗》中说："回文所兴，则道原为始"。他认为，回文诗的最早作者，可能是道原。不过，是否确有道原其人，不得而知。相传晋代傅咸和温峤都作有回文诗，可惜均已失传。唐诗中更为多见，陆龟蒙（字鲁望）《晓起即事因成回文寄袭美》和皮日休（字袭美）的《奉和鲁望晓起回文》就是唱和之作。

现存的回文诗中，以西晋苏伯玉之妻所作《盘中诗》为最早。苏伯玉赴蜀久而不归，居于长安的妻子为表思念之情，将诗写于盘中。

全诗168字，从中央起句，回环盘旋而至四角。

诗曰："山树高，鸟啼悲。泉水深，鲤鱼肥。空仓雀，常苦饥。更人妇，会夫稀。出门望，见白衣。谓当是，而更非。还入门，心中悲。北上堂，西入阶。急机绞，杼声催。长叹息，当语谁。君有行，妾念之。出有日，还无期。结巾带，长相思。君忘妾，未知之。妾忘君，罪当治。妾有行，宜知之。黄者金，白者玉。高者山，下者谷。姓者苏，字伯玉。人才多，智谋足。家居长安身在蜀，何惜马蹄归不数。羊肉千斤酒百斛，令君马肥麦与粟。今时人，知四足。与其书，不能读。当从中央周四角。"《盘中诗》情真意切，甚是动人，尤其是回环往复的结构方式，令人称奇，自问世以来，历代诗家争相仿效，白居易、王安石、苏轼、秦观、汤显祖等著名文人，均有回文诗佳作传世。

宋魏庆之《诗人玉屑》："回文体，谓倒读亦成诗也。"如皮日休的《奉和鲁望晓起回文》：

孤烟晓起初原曲，碎树微分半浪中。
湖后钓筒移夜雨，竹傍眠几侧晨风。
图梅带润轻霭墨，画藓经蒸半失红。
无事有杯持永日，共君惟好隐墙东。

此诗倒读便是：

东墙隐好惟君共，日永持杯有事无？
红失半蒸经藓画，墨霭轻润带梅图。
风晨侧几眠傍竹，雨夜移筒钓后湖。
中浪半分微树碎，曲原初起晓烟孤。

据说清同治帝御用茶壶上刻有一首连环回文诗，顺读倒读皆可得一首五言绝句，可谓我国回文诗中的又一精品。

落
花　雪
艳　　飞
舞　　　芳
风　　　　树
流　　　　　幽
雾　　　　　红
香　　　　雨
迷　　　淡
月　霞
薄

　　回文诗的巅峰之作，是前秦（350—394）时窦滔之妻苏蕙为挽回丈夫之爱所做的《璇玑图》（亦作《回文旋图诗》或《织绵回文璇玑图》）。此诗织于锦缎之上，共841字，纵横各29字。唐武则天《织锦回文记》说它"五彩相宣，莹心耀目，其锦纵横八寸，题诗二百余首，计八百余言，纵横反复，皆成章句"。宋元间有一个叫起宗的僧人，以意推求分为10图，得诗3752首。明代学者康万民尽终身之力著

图7：《璇玑图诗》《回文类聚》卷七　清刻本
国家图书馆藏

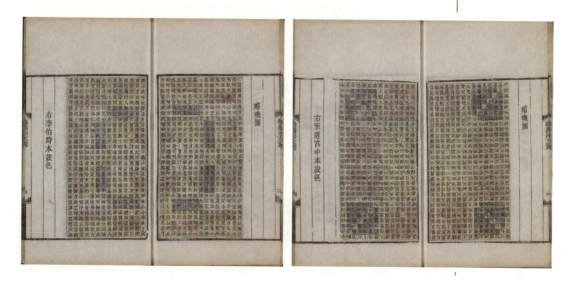

《〈璇玑图〉读法》一书，研究出了纵、横、正、反、斜向、交互、退一字、迭一字等12种读法，且有三、四、五、六、七言不等，得4260首诗。真可谓一幅《璇玑图》，千首《璇玑诗》。

一代文豪苏东坡，一生留下了许多脍炙人口的佳作，也留下了许多动人的故事。在民间流传着很多他与苏小妹作诗、作对的故事。相传这对兄妹正在湖上游玩，接到秦少游捎来的家信，打开一看，原来是一首叠字回环诗：

> 静思伊久阻归期，久阻归期忆别离。
> 忆别离时闻漏转，时闻漏转静思伊。

苏小妹被丈夫的一片深情所感动，触景生情，便以少游诗体，也作了一首回文诗，诗曰：

> 采莲人在绿杨津，在绿杨津一阕新。
> 一阕新歌声漱玉，歌声漱玉采莲人。

苏东坡一边为妹妹的才华高兴，一边诗兴大发，也提笔写了一首：

> 赏花归去马如飞，去马如飞酒力微。
> 酒力微醒时已暮，醒时已暮赏花归。

三人唱和之作足见苏门才情。据考证苏东坡并没有这么一个才思过人的妹妹，苏小妹只是民间才女的化身。不管真也好，传说也罢，回文诗的故事却成为诗坛佳话。

经过历代诗人的不断创新，回文诗的形式也在不断发展，形态更加多样，使唐代文学更加丰富多彩。据学者研究，回文诗主要有连环回文体、藏头拆字体、叠字回文体、借字回文体、诗词双回文体等类型。回文诗这种诗歌形式的产生与发展，从一个侧面反映了汉字的独特魅力。

离合诗

　　离合诗是一种隐语诗，种类很多，常见的有把字形的偏旁或一部分拆离，然后再合成另一字，先离后合。清人王兆芳在《文体通释》中说：离合诗"分离字形之半而两交潜，并合成本字，属词而为诗也。主于按字生情，明分暗并"。宋代叶梦得认为离合诗"始于孔北海"（《石林诗话》）。孔北海就是"建安七子"之一孔融，他写的《离合郡姓名字诗》是一首著名的离合诗。全诗共22句，离合成"鲁国孔融文举（孔融字文举）"六个字。

　　渔父屈节，水潜匿方。与时进止，出行施张。吕公饥钓，阖口渭旁。
　　九域有圣，无土不王。好是正直，女回予匡。海外有截，隼逝鹰扬。
　　六翮不奋，羽仪未彰。龙蛇之蛰，俾也可忘。玟璇隐曜，美玉韬光。
　　无名无誉，放言深藏。按辔安行，谁谓路长？

　　此诗如何得到"鲁国孔融文举"呢？以前四句为例。第一句"渔父屈节"，还看不出意图；第二句"水潜匿方"暗示"渔"字的偏旁"水"潜藏了，剩下"鱼"字。第三、第四句"与时进止，出行施张"，暗示"时"即古"旹"字的偏旁"出"（近似）远行了，离得"日"字。第一、第二句离出的"鱼"与第三、第四句离出的"日"合成"鲁"。其余五字，依此类推。

　　常见的离合诗是利用汉字特殊的构字法，拆字成诗，以宋代刘一止《山中作拆字语寄江子我郎中》最为典型。

　　　日月明朝昏，山风岚自起。石皮破仍坚，古木枯不死。
　　　可人何当来，意若重千里。永言咏黄鹤，志士心未已。

　　诗中"日""月"为明，"山""风"为岚，"石""皮"为破，"古""木"为枯，"可""人"为何，"千""里"为重，"永""言"为咏（詠），"士""心"为志。

　　另外，还有一种离合藏头诗，就是把离合诗和藏头诗结合起来，最著名的是白居易的《游紫霄宫》。

离合诗类似于春秋时代的瘦辞，战国时代的隐语，魏晋以来的谜语，在文化娱乐活动中，颇有雅趣。但是，由于现在使用规范的简化汉字，要写好离合诗，或者能够猜出离合诗，需要掌握繁体字、古今字等文字知识，也要有深厚的传统文化的积累。

宝塔诗

宝塔诗是杂体诗的一种，是一种摹状而吟、风格独特的诗体，原称"一字至七字诗"，也叫"一七体诗"，最早见于隋朝。宝塔诗形如宝塔，始于一字句或两字句的塔尖部分，向下延伸至十字或十五字，字数逐层增加，构成等腰三角形。"宝塔诗"按形状可分为单宝塔诗、双宝塔诗和变形宝塔诗。清代吴敬梓的《呆》就是单宝塔诗。

呆

秀才

吃长斋

胡须满腮

经书揭不开

纸笔自己安排

明年不请我自来

宝塔诗还有双塔对峙的结构形式，叫双塔诗。双塔诗左塔不用一韵到底，由右塔押韵，从字数上也不只是一七言形式，而是更多。双塔诗的形式更为多见。唐代元稹的《茶》可谓经典。

茶

香叶 嫩芽

慕诗客 爱僧家

碾雕白玉 罗织红纱

铫煎黄蕊色 椀转麹尘花

夜后邀陪明月 晨前命对朝霞

洗尽古今人不倦 将知醉后岂堪夸

唐末五代道士杜光庭，赐号传真天师，一生著述颇丰。相传其所作《怀古今》，是双宝塔诗中最长的作品，达240字，从一字句递增到十五字句，均为双字句，不愧为宝塔诗中的绝品。

还有一种宝塔诗叫变形宝塔诗。变形宝塔诗每行并非依次递增，而是不规则递增，还有的递增到一定程度开始递减，形成如塔影临水倒映的形象。如清代王有光摘吴越俗谚俚语，用塔之对顶的形式排列的《阴阳》就很有特色。

阴阳

天地大

黑白分明

傍早做人家

你叽呱我也叽呱

穷不读书富不教学

读书造化不读书告化

清明不拆絮到老不成器

告化子遁走猢狲就没戏耍

要知未来路径须问过来人家

图活三千年不知天知地知

有书不苦读不如睁眼瞎

黑眼乌珠难见白铜钱

男大当婚女大当嫁

善恶到头终有报

前船是后船涯

事上无难事

有德终发

回味甜

由他

由于宝塔诗句式参差不齐，格律严谨，后人即以"一七令"将其命名为词牌。宝塔诗对现当代新诗的创作有很大影响，冰心、胡适、闻一多等在创作新诗时都曾采用过宝塔形式，诗歌具有独特的形式美。

藏头诗

藏头诗是古典诗歌中杂体诗之一，又称藏头格。一般认为藏头诗有三种形式：一是前六句都是所寓之景的描述，直到最后一句才点明主题；二是将诗头句字暗藏于末一字中；三是将所说之事分藏于诗句之首。第三种最为我们所熟知，每句的第一个字连起来读会有特别的含义，体现出作者巧思和读者的慧心。

藏头诗在民间流传甚广，在古典戏曲、小说等作品中也时有所见。《水浒传》第六十回"吴用智取玉麒麟"中，就有一首立下大功的藏头诗，诗曰：

> 芦花丛中一扁舟，
> 俊杰俄从此地游。
> 义士若能知此理，
> 反躬难逃可无忧。

这首诗四句字头连缀起来就是"卢俊义反"四字。这首诗充满了玄机，实际是吴用和宋江为让卢俊义上梁山而施的计策，用藏头诗为卢俊义"造反"制造舆论。由于梁山的有意传播，藏头诗果然成了官府治罪的证据，最后本不想"入伙"的卢俊义不得不投奔梁山。一首诗就将卢俊义"逼"上了梁山，可见藏头诗的威力。

有一种复杂的藏头诗，每句的第一字，都隐藏于前句的末一字，即取句尾一字的局部作为下句首字，全诗最后一句末字的局部又是该诗第一句的首字。这种藏头诗叫离合藏头诗或拆字藏头诗，相传始于白居易，《游紫霄宫》即为代表作：

> 水洗尘埃道未尝，
> 甘于名利两相忘。
> 心怀六洞丹霞客，
> 口诵三清紫府章。

十里采莲歌达旦，

一轮明月桂飘香。

日高公子还相觅，

见得山中好酒浆。

诗中首句首字"水"为诗末尾字浆的"水"部，首句末字"尝"字拆字成"甘"为第二句句首，第三句首"心"为第二句末"忘"之部首，余亦类推之。

楹联

楹联因古时多悬挂于楼堂宅殿的楹柱而得名，又称对联、门对、春贴、春联、对子等。楹联，俗称对联，以两组形式相对、内容相关的语句为表现形式的一种文字应用形式。因为楹联采用两组相对的形式，所以我们称为"一副对联"，以"副"为量词。楹联的特点是上下联字数相等，语意停顿处平仄相对，对仗工整，上下联内容相关连，能表达一个完整的含义，并且具有审美意义，这也是它与一般的对偶辞格的区别。2006年，楹联习俗列入第一批国家非物质文化遗产代表性项目名录。

从格式和意义的角度来说，楹联种类繁多，单以字数分类为例。

一字联：墨（对）泉。此对中上半部分分别为"黑"和"白"皆属颜色且意义相反；下半部分分别为"土"和"水"皆属五行之列。从字的结构和意义来讲都对应准确。

三字联：水底月（对）镜中花。

六字联：竹雨松风琴韵（对）茶烟梧月书声。

七字联：天增岁月人增寿（对）春满乾坤福满门。此为春节春联作品中的常见之作。

相声作品中多以对联为题材，并风趣地总结对联规则为：一三五不论，二四六分清；天对地雨对风，大陆对长空；雷隐隐雾蒙蒙，山花对海树，赤日对苍穹；开市大吉，万事亨通；平仄平仄平平仄，仄平仄平仄仄平。苏东坡说"天下无语不成对"，意为只要对得巧妙，任何一句话都可做对联。清人纪晓岚机智风趣的对联佳作流传民间，有一轶事讲他一位医生朋友曾给他出一上联，若纪晓岚能对出下联，药费诊费则全免，上联为：膏可吃药可吃膏药不可吃。纪晓岚立即对出：脾好医气好医脾气不好医。对联对仗工整，既指出医生的缺点，又有促其改正之意，一语双关。

山海关孟姜女庙有副对联，相传是南宋状元王十朋所撰，即"海水朝朝朝朝朝朝朝落，浮云长长长长长长长消"。这副对联利用汉字多音、多义的特点，"朝""长"各出现七次，用词平中见奇，读音随义转换，节奏鲜明，意蕴开阔，成为千古妙对。

楹联史上也有篇幅长者，云南滇池大观楼的长联堪称古今天下第一联，为清朝孙髯翁所做，共180个字。

上联：

五百里滇池，奔来眼底，披襟岸帻，喜茫茫，空阔无边！看：东骧神骏，西翥灵仪，北走蜿蜒，南翔缟素，高人韵士，何妨选胜登临，趁蟹屿螺洲，梳裹就风鬟雾鬓，更苹天苇地，点缀些翠羽丹霞，莫辜负，四围香稻，万顷晴沙，九夏芙蓉，三春杨柳。

下联：

数千年往事，注到心头，把酒凌虚，叹滚滚，英雄谁在！想：汉习楼船，唐标铁柱，宋挥玉斧，元跨革囊，伟烈丰功，费尽移山心力，尽珠帘画栋，卷不及暮雨朝云，便断碣残碑，都付于苍烟落照，只赢得，几杵疏钟，半江渔火，两行秋雁，一枕清霜。

字谜

字谜是一种典型的文字游戏，也是汉语特有的文化现象，利用汉字结构中的笔画和偏旁复杂多变的特点，从汉字的形、音、义等角度出发，运用离合、会意、象形等多种方式创设谜面。字谜在我国有悠久的历史，流传面广，种类繁多，变化无穷。南朝宋鲍照曾有《字谜诗》云："二形一体，四支八头，四八一八，飞泉仰流。"钱振伦注曰"井字"。因为"四八一八，合则五八，五八，四十也"，可见汉字之妙。

字谜可以利用汉字结构创设谜面。如"上头去下头，下头去上头，两头去中间，中间去两头"打一字，谜底为"至"。拆"去"

字即可，"至"的上头是"去"的下头，"至"的下头是"去"的上头。"至"的中间是"去"的两头，"至"的两头是"去"的中间。"表里如一"打一字，谜底为"回"。"七十二小时"打一字，谜底为"晶"。

字谜也可利用汉字的意义创设谜面。如"乙"打一俗语，谜底为"说一是一，说二是二"。"乙"字发音与"一"相近，其意义又表序数第二。

陕西省华县有填字谜接龙游戏，是一种变异的射覆①游戏。这种游戏小到三五词语，大到几千词语连接。谜图的制作中先根据词语的排列将纸面分成方框，限制填字谜的走向，不填字的方框涂墨，填字的方框留白。要根据文字要求填写空格，如必须填写名词，不得用偏僻名词等。华县填字谜接龙游戏于2011年入选陕西省第三批非物质文化遗产代表性项目。

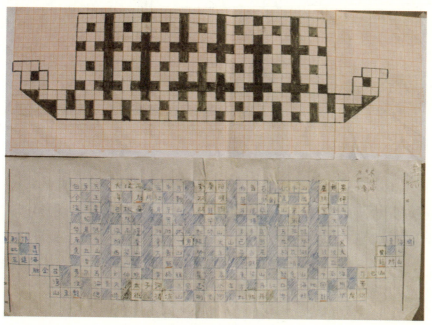

图8：表现龙文化的船形填字谜图

① 射覆是古时学习《易经》的占卜者为了提高自己的占筮技能而玩的一种高超而又有趣的游戏。"射"是猜度，"覆"是覆盖，就是随便将一种物件（或多个同类物）用瓯盂或是盒子隐藏，让射者通过占筮等途径，指出所藏者究竟是什么东西。后来射覆演化成猜谜游戏，也成为一种酒令。覆者先用诗文、成语、典故等隐喻某一事物，让射者猜度，用隐喻该事物的另一诗文、成语、典故等揭谜底，或是某人做一首诗，打某物，对方必须根据此诗来射诗中所指之物。射覆一词开头，四面开花，首尾相接，连接不断，气势宏大。

绕口令

绕口令是一种民间喜闻乐见的语言游戏，其特点是将音调易混淆的字组合成句，句子反复且重叠，却意义完整。游戏者要一口气准确而迅速地念出，其趣、其妙就在于绕口。

绕口令的产生可以追溯到上古时期的黄帝时代。《弹歌》中有"断竹，续竹，飞土，逐肉"，相传为黄帝时所作。据考证，这也是较为接近原始形态的民间歌谣。其中已有双声叠韵词，系绕口令的基本成分。因此，有人认为，早在文字出现以前，绕口令可能已经出现。

绕口令往往读起来节奏感强，语言拗口，极易出错，却妙趣横生。如"黑化肥发灰，灰化肥发黑。黑化肥发灰会挥发，灰化肥挥发会发黑"。有些绕口令将同音不同形的汉字排列组合，虽然语音绕口但语义清晰明了，如"妈妈骑马\马慢\妈妈骂马，妞妞轰牛\牛拗\妞妞拧牛"。绕口令因其难读、易错，极能锻炼人的反应能力和语言能力，经常练习能使人思维敏捷、口齿伶俐，因此说绕口令成为相声演员的必修课，也是以语言表达为职业者所必需的训练方式。

语言学家赵元任曾利用汉字的表意优势，用"shi"音的四个声调和不同字形写出了一篇《施氏食狮史》，来说明汉语语音和文字的相对独立性，如只看字形，故事完整而有趣，但要读出来就似绕口令般拗口，而且晦涩难懂。

施氏食狮史

石室诗士施氏，嗜狮，誓食十狮。氏时时适市视狮。十时，适十狮适市。是时，适施氏适市。氏视是十狮，恃矢势，使是十狮逝世。氏拾是十狮尸，适石室。石室湿，氏使侍拭石室。石室拭，氏始试食十狮尸。食时，始识十狮尸，实十石狮尸。试释是事。

三、汉字的审美

汉字具有独特的艺术魅力。汉字的美是一种自然之美，象形之美，这种美早在甲骨文特别是其象形字中就有充分的体现。

美与善

商周时代的象形文字本身就是一种概括抽象的艺术形式，因此，

图9：华县填字谜

我们从当时的"美" 字，可以窥见当时人们对于美的理解。事实上，"美"字在先秦时代，其含义并不像今天这么广泛。在甲骨、金文中，"美"字的字形本义为戴羊头装饰的大人之像，与"善"相同，可会意引申为衣着装饰华丽的人即为美。商周的艺术品中就有不少牛、羊头形的青铜面饰和玉雕面饰，"羌"字也为人戴羊角装饰之像，它们既反映了远古的图腾信仰，也是一种时人对形式美的追求。后来，在一些先秦古籍当中，又有所谓"羊大为美"、"味甘为美"的说法。这些都说明，最初美同直觉感官的愉悦有关。美又与善相遇，这意味着"美"已经开始上升为一种更高层次的理念，反映在艺术的创作上，就是美的内容与形式实现了与功利目的的统一，作品才成为美的艺术。中国先民早在史前时代就掌握了极富理性的形式原理和法则，并广泛运用于造型艺术的创作，商周艺术则进一步把这种和谐形式推向了更加复杂完美的境地。

美的形式

为了便于记识，殷商文字必须既简单好记又能书写美观。与现代汉字相比，殷商甲骨文具有了更多的象形性，可以从中体会到造字之初的艺术心理，这种源于图画又高于图画的文字本身就颇具历史及艺术研究价值。殷商甲骨文已经脱离了原始图画的幼稚形态，作为符号文字，它的造型美的形式体现在以下几个方面。

1. 雕刻手法

甲骨文是用利器刻在龟甲兽骨上的，堪称刀笔文字，刻者需要有高度的篆刻技巧。用铜刀或石刀契刻相当坚硬的龟甲兽骨已属不易，且要刻得规整而精美，字大者径逾半寸，字小时细如芝麻，要达到这样高度的艺术造诣，需要纯熟地掌握单字的结体与通篇的布局。故郭沫若先生在赞誉殷人书法时曾说："卜辞契于龟骨，其契之精而字之美，每令吾辈数千载后人神往。文字作风且因人因世而异，大抵武丁之世，字多雄浑，帝乙之世，文咸秀丽。细结构，回环照应，井井有条。固亦间有草率急就者，多见于廪辛、康丁之世，然虽潦倒而多姿，且亦自成其一格。凡此均非精于其技者绝不能为。技欲其精，则练之须熟，今用笔墨者犹然，何况用刀骨乎？……足知存世契文，实一代书法，而书之契之者，乃殷世之钟、王、颜、柳也。"这可谓是对殷人书法家绝佳的赞誉了。由于书写工具不同，许多甲骨文和金文的笔势有明显区别。甲骨文是用刻刀以点和线条的方折圆折来完成其结字任务的，笔画遒劲刚直的特征十分突出，堪称中国篆刻艺术的鼻祖。可以说，甲骨文先写后刻的书写方法开启了后世治印渡印上稿的先河，随手契刻的手法也可以视为印人随手刻治边款的雏形。

2. 字形构造

通过仔细观察，我们发现甲骨文的字形构造有以下几种特点。对称，就是字形讲求左右对称，以达到平稳整齐的状态；参差，这是在对称法基础上出现的为了显示特定意义而打破已形成的对称和平衡的一种方法；夸张，这种方法是为了强调字中的形象特点而故意夸大修饰其中一部分的方法；对比，指的是通过疏密或位置的对比达到区别一类事物的目的。这几个特点都是已进化为符号文字的甲骨文特有的。以下是针对殷商甲骨文及金文中典型字例字形进行的分析。

（1）近取诸身例

① 正面象形

正面像人之字，多半字形对称，对称就是四平八稳，不偏不倚，给人以整齐匀称的艺术美感。

大：大 林羲光文源谓"大 像侧立，大 像正立"。像首身两臂两胫之形，由成年的大人引申为大小之大。"大"字下部是分开的两脚，成犄角之势将整个字支撑起来，给人以顶天立地的美感。加上头颅的，义为颠，是大人，在商代已用为天地之"天"。

② 侧面象形

侧面像人之字，其构形有两方面作用：其一是反映人的特定姿势，如坐姿、站姿；其二是为了与其他表对象或工具之字结合为复体字方便，更有利于统一部首，看上去也错落有致。

人：大 《说文解字·人部》"像臂胫之形"，徐灏《说文解字注笺》云："大像人正视之形，大 像侧立之形。侧立故见其一臂一胫。"甲骨文中的"人"字画出人的前身和一臂一胫，如动物字的侧面，两足代表四足，这是中国古代造字者的一贯作风。从透视角度讲，这种以侧面两足绘形代替绘出全部四足的方法使字具有立体感，同时在书写上也能减少笔画，字形变得简约，意思却丝毫没有丢失，这是典型的"意到笔不到"的手法。这样做其实还是为了便于记忆和书写美观，毕竟多了两画会给刻锲增加一定困难，且字形过于臃肿有伤整饬。这种以简化繁的构字方式，在其他字形中都有所表现，反映出我国古代先民朴素的艺术思想。

③ 人体部位

表示人体部位的字，一般是将所表示部位突出显示，从头到脚可谓一应俱全。

头：甲骨文表示头的字有三个，分别为百、首、页。《说文解字·页部》："百，头也，象形。"又，"首页同，古文百也，川象发谓之鬊，鬊即《也。"李孝定"古文百，首、页当为一字，页像头及身，百但像头，首像头及其上发小异耳，此并发头身三者皆像之"。"正像人并突出其头首之形"。这正说明甲骨文造字讲求夸张，强调事物特点。

心：《说文解字·心部》："心，人心，土藏，在身之中，象形。"王筠《说文释例》："其字盖本从心，中像心形，犹恐不足显著之也，故外兼像心包络。"心脏内有分开的两横将其隔为四个空腔，上面两个是心室，下面两个是心房。这说明古人必然解剖过人的心脏，才会将心脏的内部结构了解得如此细致。

（2）远取诸物例

① 动物类：

鹿、兕：鹿，《说文解字·鹿部》："鹿，兽也，象头角四足之状，鸟鹿足相似，从匕。"鹿有大角，字中的角部分几乎占了整个字体积的一半，但它的角与"兕"（犀牛）字又有着外形上的区别，鹿有树枝般分叉的大角，兕的角却是尖头锥形的。纵观《甲骨文编》中"鹿"字的写法，有低头俯视状的，有抬头仰视状的，有回头环顾的，还有吐舌嘶鸣的，各种姿态惟妙惟肖。在古代，鹿由于温顺、繁殖能力强，成为各种食肉动物还有人类捕食的对象。为了保住性命，鹿必须时刻保持警惕，一有风吹草动就会马上探查周围情况。我们的祖先当然不会放过每一次观察这一猎物的机会，日久天长自然将其敏感多疑的形态记录到文字当中。这足以展现我国古代先民敏锐的洞察力以及对事物特征的准确把握能力了。

象、鱼：象，《说文解字·象部》："象，长鼻牙，南越大兽，三季一乳，象耳牙四足之形。"展示的是有长鼻大腹动物状，说其有大腹，并不是指这个字在甲骨上刻得有多大，关键在于疏与密的对比。"象"字、"豕"（表示猪）字都是有大腹的动物，只是象有长鼻以区别之，所以表现它们时都用中间留有较大空白的部分表示其身，给人以腹中有较大空间的感觉。至于"虎"字也有中空的腹部，但特意将脊背画出棱角以示较大的肩胛骨，是为了表现其善跑、矫健的特点。与"象"相反的是"鱼"字（《说文解字·魚部》："鱼，水虫也，象形，鱼尾与燕尾相似。"）。它的字形很繁复，身体上多有网状花纹，但其目的不在于表示其体形之小，而是说明鱼类身上都长有复杂的用于保护自己的鳞片。在这一点上可以清楚地看到古人善于利用疏密让人产生视差的方法表现不同的概念。

犬、豕：犬，《说文解字·犬部》："禽，走臭而知其迹者犬也。"豕，《说文解字·豕部》："豕，彘也，竭其尾。故谓之豕，象毛足而身后有尾。"犬与豕，一厥尾，一垂尾，一腹瘦，一腹肥。王国维："腹瘦尾拳者为犬，腹肥尾垂者为豕（《诂林》，1585，1552页右）。"另外，从甲骨文中的指事符号可以看出先民造字时善于抓事物最显著的特征，这与后人在美术技巧上的速写法有相似之处。如"豕"，甲骨文作"豕"，即去势之"豕"，意在突出动物的雄性特征。而"豕"用"○"突出雌性特征，这种方法从艺术角度看着墨不多，却非常传神。

又除了"鹿"字直立、牛羊正面之外皆作侧书，这一点值得强调。我们的先民很早就有了章法意识。且不说甲骨文、金文的分行布白，仅就单字而言，这些侧书之所以如此，也有为适应章法而变化的因素。数千年来，中国文字一般以竖行直书为常，横行、曲行为变。前面说到的兽类字如果直立书写，必显横宽，使直行不能匀整，所以有必要侧书。侧书字一方面表明商代文字与图画的根本区别在于它具有符号性，另一方面表明古人书写的章法意识。如站在纯美术的角度观察，古人竟能想到将动物的形状竖起来表示，可见中国先民的构思多么大胆，多么离奇，多么富有想象力！一直为人们所津津乐道的19

世纪兴起的所谓西方的现代派、印象派、野兽派最具特色的表现手法，其实早在三千多年前中国先民的笔下就已经出现了。

②植物类

甲骨文中的植物象形字大多用简约的笔画表现植物各自的特点，在这里主要取与古代先民生活息息相关的农作物字例进行说明。

木、禾：木，《说文解字·木部》："木，冒也，冒地而生也，东方之行，从屮，下像其根。禾，《诂林》"禾，嘉谷也，二月始生，八月而熟。""禾"字是在"木"基础上产生的，作一株有直杆垂穗的谷类植物形。也许"禾"字只着眼于谷类植物的一般形态，不逼真地描写某一特定的谷类植物。但是在甲骨卜辞及先秦典籍中经常提到的"黍"字，《说文解字·黍部》："黍，禾属而黏者也，以大暑而种，故谓之黍"，就显得形象得多，"木"本身是一个很平稳的"架子"，表现了植物的根茎与枝叶，这个字的几部分笔画应该说缺一不可，已经精练到极点，而且枝叶根茎对称于主干两侧使其能够平稳。但是，无论是"禾"字还是"黍"字都是在这种平稳的基础上添加了不平稳的因素，也就是一边垂下的穗子，目的就是为了突出作物成熟时压坠枝头的样子。也就是说，是造字者首先创制了"木"字的平衡形态，又为了强调"禾"与"黍"的农业价值而有意破坏了这种平衡，这种破与立的结合已经远远超出了字中的象形价值了。为了更明确地表义，他们甚至在这株作物的穗下加上表示掉落下来的仁实颗粒，如"粟"字，可谓匠心独具。当然，也有用对称的垂穗表示作物的"来"字（《说文解字·來部》："来，象芒束之形，天所来也，故为行来之来……"）和"麦"字（《说文解字·麥部》："麦，芒谷，秋种厚埋，故谓之麦。麦，金也，金王而生，火王而死，从来，有穗者也，从夊。"）这可能是因为在商代，麦子"还是一种较为稀罕高贵的谷物"，故与其他作物有所区别，尤其是"麦"字下部作根部有特异之形。因为麦的根很长，有时竟达一丈之多，与其他谷类作物异象，这又是以事物特征造字的一个典型例子。至于商代处于次要地位的谷物——稻米中的"米"字，罗振玉谓"像米粒琐碎纵横之状，古金文从米之字皆如此作"。作几个小谷粒对称于一个横画状，由于小点可代表的事物甚多，为了与"少""小"等字有所区别，才在小点间加上横画，这更说明了甲骨文字不只是基于象形，更多的还是为了实现其文字符号的功能。

③ 无生命类

无生命类又可细分为"自然物象"与"人工物象"两类。下面分别讨论：

a. 自然物象

山、火：姚孝遂说："山与火字的形体基本上是有区分的。山字底部平直，火字底部圆屈。"甲骨文中画着三个山峰的"山"代表着绵延起伏的山的远景，这一点可能因为中国古代农业发达，文化诞生地在黄河下游的大平原上，也就是中原之地，商代人所称的中土。因为这一带少有高山，人们能看见的可能就只有远山了。但为什么山字最后定型是三个山峰而不是两个或四个？这可能是因为"三"在古代可表示虚数，数目很多的意思。在这一点上，与它外形相似的"火"字用三个焰舌表示火势之大可能也是按此意构形的。至于说"火"字为什么与"山"如此相似，这种相似会不会影响识别，作者以为盖古人原意欲将"火"字的三个焰舌画得更加圆滑，因为毕竟火焰不像山石一样有棱有角，只是在甲骨上难于刻出曲折的笔画，所以只在"火"字的可弯曲较大的下半部分刻得圆滑一些，以与"山"字作别。"山"字与只画两个山峰的"丘"字以数量区分，"丘"是小山的意思，所以必然在山峰数量上少于"山"字。

水，泉：水，《说文解字·水》："水，准也。像众水并流，中有微阳之气。"段玉裁注云："水之中尽为流水之像，两旁短画为断续之支流或其波澜。"甲骨文造"水"字，是平原上弯弯曲曲的河水，加四点是表示其中有水，点是水波或支流，曲线是河，有许多水字偏旁只有河，不再加点。"泉"字加点也是同样的意思。泉，《说文解字·泉部》云："泉水原也像水流出成川形。"从"水""泉"二字可以看出平原和山区的不同。"泉"字在"水"的基础上加了表示山谷或涵洞的外框，用一横或两横表示泉的源头位置，并且明显可以看出泉的源头是一潭面积较大的水，从山中水道流出后变成了狭窄的溪流。这个字在方寸间表示出这样明显的对比，不仅字形上没有累赘，反而将泉水从发源到流出山谷的过程表现得栩栩如生，不能不惊叹我们先民的智慧和艺术表现力了！

田："田字其中像阡陌形"，山中可种的只是梯田，不过一个长条，分界不过分段。大平原上是阡陌相接的井田，每一个豆腐干方块儿代表一百亩。

行：《说文解字·行部》云："行人之步趋也从彳从亍。"李孝定谓"古文象四达之衢"。甲骨文中"行"字是一条大道两侧有对称的两条小道，中间是十字路口，可以四通八达，表示着"大道荡荡"，"其直如矢，其平如砥"。

石：《说文解字·石部》云："石，山石也，在厂之下，口象形。"甲骨文的"石"字作支在墙角的磬形。黄河下游的大平原上，既没山也没石头，所看见的石头是从远处运来做成乐器的石磬，所以就借磬形作为石字。

前面所举的田、行、石三字有一个共同的特征，即虽有形可像，但又难状其形。这类字与其说是具象的，毋宁说更具有抽象性，但古人采取以部分代整体，借它物寓此物的方法将难写之景巧妙表现出来了。

b. 人工物象

服饰

衣：段玉裁的《说文解字注》云"像覆二人之形"；按："衣无覆二人之理。段先生谓覆二人则贵贱皆覆。其言亦纡回不可通。此盖像襟衽左右掩覆之形。"甲骨文"衣"字，作有交领的衣服的上半部的形状。交领的形式不受身材肥瘦的限制，都可以使衣服贴身。交领应该是最能表现衣服特征的部分了，故古人提取这一部分，省去衣服的外围轮廓，既简约又好认。小篆的"衰"字作一袭衣服的边缘参差不齐的样子。为表示对死者哀戚之心意，丧服不缝边纯以表示无心为美，所以"衰"是丧服。甲骨文"裘"字作皮毛显露在外的皮裘形。小篆"表"字，作毛隐藏在衣内之服装状，与"裘"之显露其毛者大异其趣。稀罕毛皮的价格高昂，是显示其美丽和权势的理想东西。但人们又怕穿着时脏污它，因此在古代就形成了一种特异的习惯，即美丽的皮裘要加以掩盖，但又要显露其一角以炫耀其美。毛皮之裘要加表面的掩护才可外出，故"表"才有表面、表扬等意义。总之，从衣之类的字，在造型上都是抓最突出的特征——衣领，在其上加一些笔画可表示皮衣，寥寥几笔，形神出矣。

玉佩：黄，《说文解字·黄部》："黄，地之色也。"王襄："由字形瞻之，中有环状之物，是佩之体，即双珩之所合成。"甲骨文的"黄"字，本义是璜，像一组玉佩之形。中间是主体的环，环下则为垂饰的衡牙及双璜。这个字可谓丝毫不落地将璜的形状再现于文字之中了，可见璜的意义必定重大。作为玉佩的重要零件璜，是龙山文化早期才开始大量出现的。龙山时代正是社会阶级开始分化、演进以及确立的时期。其时代约在4800年前，与传说中的黄帝时代略一致，两个社会的背景也相当。黄帝于战后创衣制，于带上悬吊玉佩增饰，以显示其悠闲与地位的举动，也很符合那时阶级已分化的背景。佩的佩带和不战的思想有直接关系。后人命名这位创建人为制度的君王为黄帝，就是因为他以璜佩来表示不战的用心，并以之区分阶级，强固社会的秩序。由于显示君王悠闲的形象有其重要的政治动机，故演成除了遭遇丧事，君王有时刻佩玉不离身的风气。在商周时代，除其本义外，璜还被借用为颜色的黄。黄字的造型也是采取抓轮廓的方法，以简代繁。

饮食器具

由于盛有食物或饮料的器具必须平稳且要有适当的容积，所以这类字的字形大都是有腹平稳对称的。这类字都是有形可具，其造字从平面设计角度看，也都是勾画整体轮廓加以标志物为特征的。如：

鼎：罗振玉"像两耳腹足之形"，作圆腹或方腹有耳有足的煮食器形。它本身就是一个灶，是传统的煮菜器具，几乎每天都少不了。由于菜肴的种类比黍饭的种类多，使用鼎的数量肯定比煮饭的多，是食器中最重要的。故礼仪演成有列鼎之制，以数量表现阶级的高低。

豆：《说文解字·豆部》："豆，古食肉器也，从口象形。""豆"字作圆形圆足的进食器形。

爵：《说文解字·鬯部》："爵，礼器也，像雀之形，因侧视，柱砥显其一，繁简之体不一……"作有流之圆腹、支足温酒器形，器沿并有支柱可挟持提起。

尊：《说文解字·酉部》："尊，酒器也，从酉，又以奉之，或从寸作尊。""尊"字则作双手捧酒樽之形，是用于祭祀的酒器。表双手动作的还有采矿劳动里的"弄"字，作于山中玩弄挖到的玉石之意。从字形可以看出当时的那种得到劳动果实的喜悦。可以说，双手捧物之形的字都表现了人们特定的心情，或小心翼翼、恭恭敬敬，或如获至宝、欢天喜地。

美之解读

通过对以上字例的分析，商周甲骨文字造型的艺术美可以归结为以下几个特点：

1. "优美"之美

优美在中国美学史上也叫阴柔之美，无论古今中外，人们对优美的形式特征的描述基本一致。具有完整、和谐、纯净、娇柔等形式特征的事物，常常被人们称为优美的事物。康德曾说，优美的事物总能给人一种美感，这种美感特征可以概括为一种始终如一的愉悦之情。美感是美的对象作用于主体神经所产生的一种舒适，是主体体验到的快适与喜爱之情，美感具有心理和生理上松弛舒畅的效果，是主体内心的一种满意之情。

甲骨文造型的优美表现在：

第一，规范形式之美。商周甲骨文的创作美学观出于主观与客观统一的理念。一方面是把创造的基础置于规范和谐的比例尺度之中；

原字	原篆	隶定	出处
近取诸身		大	甲一○一一一
		人	甲八一一
		页	甲九一一
		首	甲九一一
		心	金七一二
		兒	甲九一一二
		鹿	甲一○一三
		象	甲九一一三
远取诸物		鱼	一一一四
		牛	甲二一三
		羊	四一一三

原篆	隶定	出处
	豕	甲九一九
	犬	甲一○一五
	木	甲六一一
	禾	甲七一三
	黍	甲七一五
	粟	甲七一○
	米	甲五二四
	麦	甲五二四
	米	甲七一六
	山	小屯·殷虚文字乙编 九一○三
	火	甲一○一
	水	甲一一○
	泉	甲一一○
	田	甲一三一九

原篆	隶定	出处
	行	甲二一二八
	石	甲九一八
	衣	甲八一九
	黄	甲一三一○
	鼎	甲七一二
	豆	甲五一九
	尊	甲一○一二三
	爵	甲五一六
	美	甲四一一四

图10：引字表

另一方面强调这一尺度必须服从于字义主题和社会功能的需要，强调形式要服从于"善"的追求。

第二，象征之美。商周甲骨文的本质美学特征是要求形式必须服从于字义主题，这是将意念凌驾于形式美之上，我们不妨将其称为象征性的和谐美。

第三，动态之美。在众多的甲骨文字中，不论是抽象的或是纯粹的形式，乃至写实的形式，都强调气韵生动和形象传神，造字者不仅自觉地尽可能采用多样活泼自由的造型，而且力图通过参差手法在平衡的构图和严谨的格局中表现形式的动态魅力。这一切都是使用和谐、协调的方式完成的。

第四，多重之美。艺术形式是为了满足社会功能的需要，这就决定了艺术美具有多重的意义。就甲骨文字的造型艺术来谈，它具有洗练美、整齐美、匀称美、变化美、参差美、章法美等多重性，在准确表达人们思想观念的同时，追求字形上的比例匀称、均衡，构成一种永恒的和谐美。

2. "崇高"之美

美学界对崇高做出深入研究的首推博克。他说："凡能引起苦痛或危险观念的事物，即凡是能以某种令人恐怖，涉及可恐怖的对象的，或类似恐怖那样发挥作用的事物，就是崇高的一个来源。"崇高给人一种苦痛或危险、恐怖或惊惧的心理感受。在中国美学史上，崇高被称之为"阳刚之美"，类似于康德所说的"力量的崇高"。康德曾提出："对自然的崇高感就是对我们自己使命的崇敬，通过一种'偷换'（subreption）的办法，我们把这崇敬移到自然物上去（对主体方面的人性观念的尊敬换成对对象的尊敬）。"

甲骨文象形文字中的一些动物字，夸张了其表示力量的獠牙、爪、角，且基于祭祀的需要，一些牲畜以头骨的正面特写定字。还有一些图腾、图徽类的字如龙、凤等，虽然不是现实事物的象形，但也是由现实事物融合、转化的结果。这些字都有着祈求吉祥或震慑被统治者的作用，具有强烈的神秘感和一种狞厉的美，显示出超越一切的权威。这些字的变形后来被铸造刻饰在商代青铜礼器上（如饕餮纹），线条错落凸出，深沉雄健，再加上青铜礼器厚重沉稳的造型，使其具有一种巨大的威慑力，折射出一种无以言表的宗教理念，足以显示出甲骨文独特的崇高美。

3. "中和"之美

"中和"是儒家追求的审美理念，是儒家文化大风格的结晶，也单称"和"。其作为美学范畴主要具备这样几个特征：第一，性质各异的东西在一起，产生矛盾统一的效果；第二，侧重于"中"的方面，即要求审美对象对感官的刺激要适度，不要太过或不及，要"乐而不淫，哀而不伤"（《论语·八佾》）。这种无"过"与"不及"的"中"或"中庸"，也是儒家思想的主要内容。

甲骨文造型的中庸之美，表现在文字的实用性与艺术的象征性的结合，使商周艺术形式具有十分广泛的适用性。几何学是古希腊人审美的基石，那些具有和谐比例的图形以及追求写实的透视是艺术家设计的原则和理想，这些在商周文字中也有所体现。可是，商周的甲骨文造字者并没有像他们那样把司空见惯的几何图式以及透视原则奉为圣典，这正是因为他们书写的是文字而不是图画。在先民的文字设计中暗含着中庸的尺度，从甲骨文匀称、整齐，长中有短、短中有长的章法美中可以很清晰地看出这一点。他们懂得使用夸张但不滥用这种手段，总是能够适可而止，以调谐和谐为终极目标。文字的构形同中国其他古典造型艺术相得益彰，可谓万变不离其宗。从建筑到雕刻，从绘画到书法，中庸精神已延绵数千年，中庸的准则已在中国人的心中占有永恒的地位，中庸之美已融入中国文化的骨髓与血液之中。

四、汉字与书法

当然，文字一旦产生，又有它自身的发展规律。在历史长河中，源于自然之美的汉字不断得到丰富，并发展成为一门独特的艺术形式。

从字体说起

汉字在长期演变的过程中，逐渐形成了几种主要的字体，每种字体都有着各自独特的形体特征和审美意味。

甲骨文是殷商时期刻写在龟甲、兽骨上的文字。甲骨文是成熟的汉字,是我国目前能见到的、最早的、成体系的汉字。甲骨文字除了少量的用毛笔书写之外,大部分是用刀在较坚硬的甲骨上契刻而成。其笔画大都尖细劲挺,直笔、斜笔多,圆笔、曲笔少,基本上没有"点"画("点"都被刻成了极短的线),转笔方折,棱角分明。甲骨文的字体呈长方形,上紧下疏,其主要风格特征是清丽秀美。在结构字形方面,写刻者开始运用对称、平衡、挪让等艺术手段。在笔画的组织上,注意其长短、疏密的合理安排。甲骨文文字的排列取纵有行、横无列的方式,行气清晰。字形虽然有肥有瘦,有大有小,但错

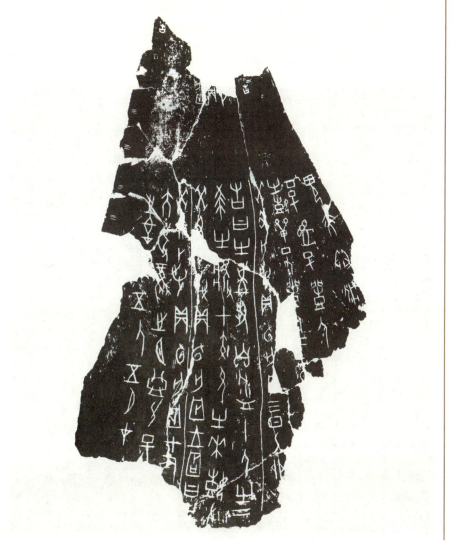

图11:甲骨文

落有致、自然天成。

金文主要是指商周时期铸刻在青铜器皿上的铭文。商代的金文与甲骨文的风格没多大区别，只是字形稍大，笔画更为粗壮，曲笔、圆笔也运用自如。尤其要指出的是"点"画的形态，很圆、很大、很突出，这可能与金文由范铸而成有关。西周是青铜器发展的鼎盛时期。这一时期，金文的风格变化很大，或雄浑凝重，或清秀隽美，或工整严谨，或恣肆奔放；有的章法茂密，有的布局疏朗。最具特色的是笔画，质朴圆劲，浑厚饱满，婉丽通畅。大盂鼎、散氏盘、虢季子白盘、毛公鼎等是这一时期的代表。金文对书法发展产生了很大的影响，后世书法家所强调的"中锋运笔""笔笔中锋"和所崇尚的"古朴""篆籀气""金石气"等审美意味均源于此。

小篆也叫秦篆。小篆在秦代被定为标准字体，并向全国推行。小

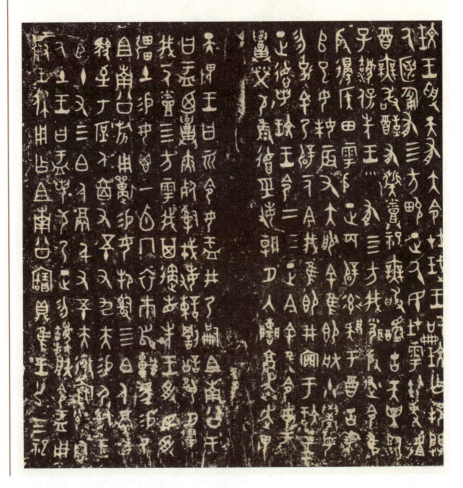

图12：西周《大盂鼎铭文》

篆比甲骨文、商周金文减少了象形的意味，开始走向纯符号化。小篆笔画简净凝练、圆润流畅。字形体态修长、均衡对称，整体布局严谨统一。"圆劲古雅，停匀婉通"是小篆的主要审美特征。

一般认为，隶书在战国后期已基本形成。隶书是由篆书逐渐演化而成的。西汉中期以后，隶书逐渐成熟，并取代了小篆的正体地位。在东汉晚期，隶书的发展达到了顶峰。隶书变篆书的曲笔为直笔，变方笔为圆笔，并增加了粗细的变化。在结构上，隶书将小篆的长方形变为横扁形。清代书法家钱泳说："篆用圆笔，隶用方笔，破圆为方而为隶书。"（《书学·隶书》）成熟的隶书在笔画上有一些突出特征。一是"长横"，长横藏锋起笔形成"蚕头"，在收笔时出锋形成"雁尾"。二是"撇"，撇极力向左下伸展。三是"捺"，捺极力向右下延长，形成"雁尾"状。这里需要指出的是，在同一字中不能出现两个"雁尾"。隶书给人一种展翅欲飞的动态之美。

在各种书体中，最能激发书家艺术创造激情的就是草书。草书有三种形态：章草、今草和狂草。章草成熟于汉宣帝、元帝时期，盛行于东汉。章草是隶书的草写法，其点画，如长横、捺和点都保留着隶书的基本特征，都有波挑。字形近于扁方，章草布局是字字独立，古朴典雅是章草的审美特征。今草大约形成于魏晋时期。今草的笔画较章草更为简略，字形趋于竖长，成为楷书、行书的快写法。狂草盛行

图13：《汉史晨前后碑》

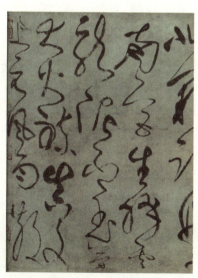

图14：唐 张旭《古诗四帖》

于唐代，张旭、怀素是当时的狂草大家。狂草的特点是结构的变形与夸张和笔画的连绵环绕。"草贵流而畅"（孙过庭《书谱》），草书的美主要体现在线条上。飞动流畅、气势连贯、节奏感强是草书艺术美的重要特征。

行书是介于草书与楷书之间的一种字体。行书成熟于东晋时期。行书分为行楷与行草两种，唐张怀瓘说："兼真者谓之真行，带草者谓之行草。"（《书议》）。王羲之和王献之是这一领域公认的圣手。行书的特点是结体简捷流便，大小参差点画相互顾盼，起止运行节奏感强。

图15：唐 褚遂良《雁塔圣教序》

楷书也叫"正书""真书"，它是五体书（篆书、隶书、草书、行书、楷书）中成熟最晚的一种字体。楷书发展于魏晋南北朝，最终成熟于唐代。楷书最大的特点是形体与点画的严正及规范。楷书有着较为严格的形式规定。《书谱》说："隶欲精而密。"精确、严密，这是古人对楷书的基本要求。楷书的结体方整而多变，能在静止的点画结构中体味到飞动的神韵。楷书的用笔惯用中锋，一波三折，筋骨齐全，血肉丰满。

书写之美

书法以汉字为媒介，汉字的书写，直接生发了中国特有的艺术门类——书法艺术。因此，我们可以说汉字是中国书法艺术的母体。中国书法不能脱离汉字，中国书法也脱离不了汉字。中国书法艺术有着独特而丰富的形式美，这种形式美同它的母体汉字一样，都来源于自然万象美。东汉蔡邕在《九势》中说："夫书肇自然，自然既立，阴阳生焉，阴阳既生，形势出矣。""书肇自然"即明确指出了书法的艺术形态美来源于宇宙自然美。唐代张怀瓘在《六体书论》中说："臣闻形见曰象，书者，法象也。"这里进一步指出，书法要取法自然万象，要"囊括万殊，裁成一相"。也就是说，将自然万象美的因素，提炼、升华为书法这一艺术形态。

书法艺术的美，来源于宇宙自然美，又要体现宇宙自然美。书法不直接摹拟客观物象，不再现具体的自然、生活场景。书法表现的是自然万物的结构关系、意象态势和书法家的精神境界、思想情怀与审美感悟。正如美学大师宗白华先生所说："中国书法，是节奏化了的自然，表达着深一层的对生命形象的构思，成为反映生命的艺术。"（《中国书法艺术的性质》）书法的形式，就是生命的形式。

因此，书法家将神、气、骨、筋、肉、血等生命特征转化为艺术审美意味，并表现于书法创作之中。苏东坡说："书必有神、气、骨、肉、血，五者缺一，不为成书也。"清代书法家朱和羹强调："作字以精、气、神为主。""神"或者说"神采"是指能够体现人的旺盛生命力的精神风采。体现在书法上就是指笔墨点画间的精神意蕴，它是书法作品的艺术魅力所在。南朝书法家王僧虔指出："书之妙道，神采为上，形质次之，兼之者方可绍于古人。"（《笔意赞》）他首先强调"神采"的重要性，同时主张"神采"与"形质"二者应兼而有之。"气"在书法中表现为字里行间生机勃勃的气势和通达流畅的韵律。"气韵生动"是书法艺术美的一个基本标准。

相对于"神""气"而言，"骨""筋""肉""血"等则更属于书法的审美范畴。"骨"在书法中呈现沉稳、刚健、劲挺的阳刚之气。"筋"具有连接、韧健、含忍的生命力量特征。"筋"和"骨"紧密相连。清代文学家刘熙载在《艺概·书概》中指出："字有果敢之力，骨也；有含忍之力，筋也。"我们常说"颜筋柳骨"，这一方面是指颜、柳书法各自具有的独特风格特征；另一方面是主张在书法创作中，"筋"和"骨"应兼而有之。"肉"在书法中主要体现用笔的提按轻重与水墨的浓淡干湿。"肉"有肥瘦之别，美的、健康的形体之肉是肥瘦适度的。南宋姜夔在《续书谱·用笔》中指出："用笔不欲太肥，肥则形浊；又不欲太瘦，瘦则形枯。"元代的陈绎曾说："水太渍则肉散，太燥肉枯……墨太浓则肉滞，太淡则肉薄。粗即多累，积则不均。"（《翰林要诀》）"血"在书法中给人的感觉是水墨饱满、润畅淋漓、气色充盈。

笔法与点画

书法艺术的美是通过用笔、用墨、点画和章法结构等艺术手段来实现的。"点画"也被称作"线条"。有人说"书法是线的艺术""线是书法的灵魂"。

书法线条之美的第一个突出特征是生动、有力；第二，要有很强的立体感；第三，要有情感；第四，节奏感要强；第五，相互呼应；第六，要灵活、富有变化等。这些不同情态的线条，是通过不同的笔法来实现的。历代的书法家都非常重视笔法，他们在长期的书法实践中，总结出了许多的运笔法则，如藏峰、中锋、侧锋、圆笔、方笔，逆向运笔、一波三折、藏头护尾、转折、提按、疾涩，等等。笔法决定着线条的质感和节奏。下面我们分析一下几种主要的笔法。

藏锋、中锋

历代的书法家都重视藏锋与中锋的运用，有的书家甚至主张"笔笔中锋"，因为中锋能使书法的点、线产生浑厚圆劲、含蓄蕴藉、立体感强的艺术效果。

露锋、侧锋

露锋与侧锋在书法中能呈现一种劲险、凌厉、明快、洒脱的审美趣味。清代的朱和羹有"侧锋取妍"之说，但侧锋用不好，会使书法的点线乃至整幅作品产生一种轻薄之态。

方笔、圆笔

一般圆笔出于藏锋、中锋、转笔等，圆笔多用于篆书、草书。方笔则出于侧锋、露锋、折笔等，方笔多用于楷书和隶书。圆笔给人的感觉是婉通流畅、珠圆玉润，方笔给人的感觉是果断、干脆。

逆笔、顺笔

逆笔与藏锋的方法大致相同。逆笔的行笔方式是欲右先左、欲下先上。这样能使点画沉涩、饱满、劲健。顺笔，有顺势行笔之意。在书法作品中，顺笔起着笔意连贯、笔势流畅的作用。

疾、涩

疾笔的特点是迅疾、畅快。涩笔的特点是迟留、沉着，也就是能留得住笔。涩笔能使线条产生苍茫、老辣的审美意味。

书法结构

结构包括结字与布局，布局也叫章法。中国古代有一个很重要的审美范畴——和。"和"是中国传统文化体系的主导意识，强调事物的多元调和并存、差异互济互补以及多样和谐统一。

书法结构美的一个主要特征，就是整体和谐。书法结构中的粗细、大小、欹正、虚实、疏密等相对立的因素，经过书法家精心安排、艺术处理，形成了一个和谐的整体。

孙过庭在《书谱》中有一段精彩的文字，精辟阐述了书法的和谐统一之美。他说："至若数画并施，其形各异；众点齐列，为体互乖。一点成一字之规，一字乃终篇之准。违而不犯，和而不同；留不常迟，遣不恒疾；带燥方润，将浓遂枯；泯规矩于方圆，遁钩绳之曲直；乍显乍晦，若行若藏；穷变态于毫端，合情调于纸上，无间心手，忘怀楷则。"

在这里，孙过庭从点画、字形这些基本形式元素入手，对书法整体结构的和谐统一之美做了详尽的分析，众多并列的笔画，在书写时要形态各异；粗细长短、紧密疏松要互有区别，但不能杂乱无章、相互触犯。一个字开始第一笔的形态、意趣应成为这个字的基调；一幅作品也应以第一个字的风格、仪态为准绳。众多的点画、字形不能孤立存在，必须互为照应、相互联系、相互制约、相反相成，有机地服从、统一于整体风格，于变化中趋于和谐，并在和谐中体现多样的变化。在笔法的运用上要丰富而生动，"一画之间，变起伏于峰杪。一点之内，殊衄挫于毫芒"。要掌握好运笔的"疾"与"迟"；控制好墨色的"燥""润""浓""枯"的层次变化。另外，还要处理好"方"与"圆"、"曲"与"直"等几组相对立的关系范畴。

书法风格

书法艺术的风格同其他艺术门类的风格一样，是人的精神品格的显现。书法家因性格、气质、秉性、审美趣味和社会、生活环境的影响，在长期的书法实践中，会形成各自不同的风格特征。书法的风格类型很多。如"典雅"，典雅体现着一种文雅脱俗、纯真古典的审美特征。我们从王羲之、王献之、赵孟頫、文徵明等这一脉的书法作品中，均能体会到那种纯正、不入俗格的典雅之气。再如"雄浑"，提起雄浑，马上就能想到颜真卿的书法，雄强博大、体格壮伟、厚重深沉，体现着一种壮美的阳刚之气，同时也显现着颜真卿忠贞坚毅的人格魅力。还有"朴拙"，朴拙主要是指质朴无华、稚拙天真的审美意

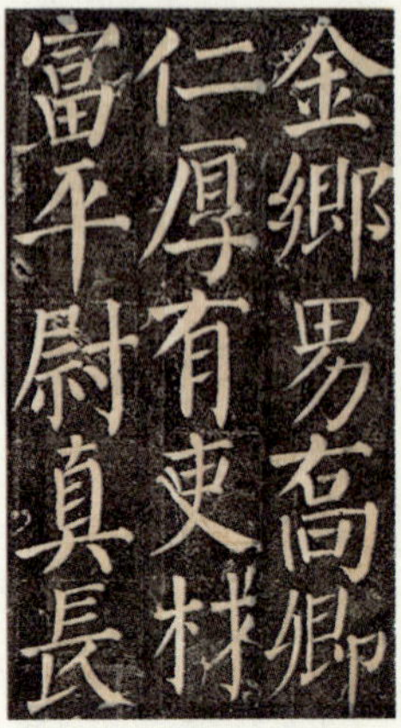

味。朴拙体现着真率、自然、不做作、不轻浮、不追时尚的人格精神。这种风格很大程度上是受道家守拙、抱朴思想的影响。再有"神奇"，神奇的特征是新颖超长、奇异独特。"志在新奇无定则"（唐代许瑶《题怀素上人草书》），具有神奇风格的书法家是不守常规、不循旧习的。王羲之、欧阳询、颜真卿、怀素、赵之谦、吴昌硕等历代富有创新精神、开一代新风的书法大家都具有这一艺术品格。书法艺术的风格类别还有很多，自然、精巧、超逸、劲健、简约，包括狂怪，等等。风格的多样并存，是中国书法艺术繁荣、发展的必要前提。

书法具有明显的时代特征，不同时代，其书法风格也不尽相同。

汉代以碑刻、崖刻居多，故汉代书法的整体风格是静穆端严、质朴恢宏，体现着一种阳刚之美。

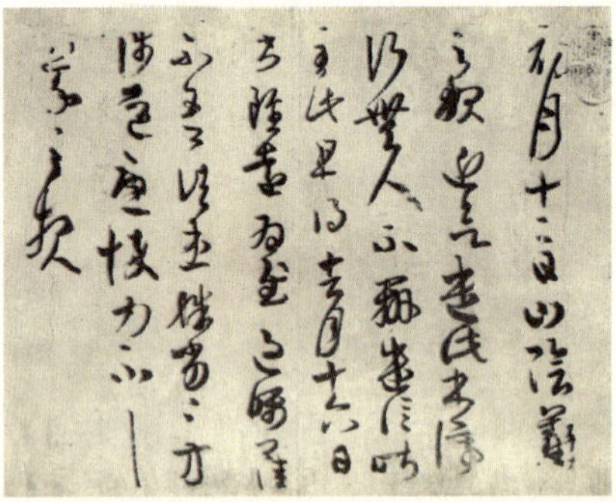

魏晋南北朝时期的书法以"韵"取胜。以王羲之为代表，作品呈现骨力与韵味和谐统一的中和之美，其境界含蓄蕴藉、潇洒平和。

唐朝是一个伟大的时代。唐朝尚"法"，所以唐代以楷书成就最高。雄强、劲健、壮伟、奔放、法度谨严是其主要的风格特征。

唐朝初期的书法家崇尚晋人风度，以太宗李世民为代表，朝野上下尤其推崇王羲之。虞世南、欧阳询、褚遂良、薛稷是这一时期的代表，他们都长于楷书，也都取法王羲之。所以"志气平和，不激不厉"（孙过庭语）的"中和"之风在初唐盛行。

中唐是唐代书法的鼎盛期。这一时期的代表书家是颜真卿、怀素、张旭、李邕等。他们分别在楷书、草书和行书领域里做出了突出贡献，并成为后世的楷模。尤其是颜真卿，他以变法创新的精神把楷书推向了一个新的高峰，其风格端庄凝重、浑厚庄伟、雄强博大，集中体现了盛唐的时代精神。

图16：唐 颜真卿《勤礼碑》

图17：东晋 王羲之《初月帖》

宋代书法以"尚意"著称。宋人注重表现个人意趣和个性情怀，宋代书法的基本审美格调是"率意"。宋人主张"无意"，倡导"无法"。"宋四家"的代表人物苏轼在《论书》中说："书初无意于佳乃佳尔"，并放言"我书意造本无法，点画信手烦推求"。因为"无法"、因为"信手点画"，故宋人在楷书领域鲜有佳绩，行书则得到了很大的发展。

元代的书法以赵孟頫为代表，风格清丽秀媚，温文雅致。赵孟頫主张"师古"，以王羲之、王献之为楷模，力追晋人书风。他还提出了"用笔千古不易"的理论。赵氏功力深厚、技术纯熟，其作品尽显精熟、工巧之美，但也偶有甜腻、俗媚之态。整个元代在赵体书风的影响下，呈现一种阴柔之美。

明代一方面承续着赵体书风的阴柔之美，同时出现了以董其昌为代表的萧散疏淡的书风，董氏在理论与创作两个方面身体力行，大力倡导"淡"的境界；另一方面，由于草书（尤其是狂草）的繁荣，出现了狂放、恣意、以势取胜的风格倾向。明人写狂草用笔粗率，尖锋、露锋、偏锋的运用较为随意，使书法的点、线棱角毕露、剑拔弩张，其代表书家是徐渭。明代的狂草也失于"狂怪"与"粗俗"。

清代书法以"质"为审美特征。清代碑学兴起，书法家在帖学的基础上临习古代碑刻，强调碑帖互补、刚柔相济、不事雕琢，呈现"古质""朴茂"的审美特征。清代审美风尚的代表人物是邓石如和尹秉绶。邓石如的突出成就是使篆书在清代得以复兴，他在篆书的创作方面也取得了辉煌的成就。他的篆书作品结体严整秀美，线条凝炼、圆润流畅并富于变化。尹秉绶书法的突出成就是隶书，其风格特征是古拙浑厚、气势宏伟。另外，以"狂""怪"为特征的书风在清代也有所发展，其代表人物是傅山、金农、郑板桥等。

图18：清 邓石如 "令人自醉大抵黑白善恶只宜"　图19：清 尹秉绶 "清诗宗韦柳 嘉酒集欧梅"

五、汉字与镌刻

在古代，汉字的表现形式除了书写，还有一种重要的表现形式，就是刊刻，我们今天称之为"刻字艺术"。书写用毛笔，刊刻用刻刀。这两种工具一软一硬，通过先民智慧的双手，共同把汉字带入了美的、艺术的殿堂。

古代刻字用的材料很多，有龟甲、兽骨、吉金（主要是青铜）、砖、瓦、石、木等。这里以材料分类，选一些主要的材料形式，做简要的介绍。

甲骨文

甲骨文字除了少量用毛笔书写和先写后刻之外，大部分是用刻刀直接契刻而成。刀法以单刀直冲为主，间有少量双刀刻法。文字的呈现形式均为阴文。甲骨文由于是用刀直接在较为坚硬的龟甲兽骨上契刻，所以，文字的线条大都尖细劲挺、流畅，直线多，曲线少。线的两端大都呈尖形，给人以明快、爽利的美感。转笔方形多、圆形少。甲骨文的字形呈长方形，清丽秀美。字体有大有小，字形有正有敧，极富动感。

甲骨文字的刻制者以刀代笔，刻写技艺娴熟，运刀得心应手，字体自然生动。总之，甲骨文字的整体特征是刀味多，笔意少。

吉金文字

在这里只介绍商周时期的青铜器铭文，因为这类文字数量多，风格特征也比较明显。

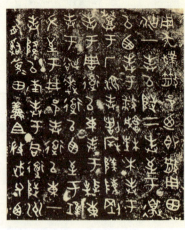

商周时期的铜器铭文大都与青铜器皿一起，制范浇铸而成。这种制作方法既能体现刻划的刀痕，又能将毛笔书写的笔迹较为真实地保留下来。金文的字体，无论是方形还是长方形虽然大小不一、肥瘦不同，但一般都较为严整，排列也较为整齐。也有的字体结构变形明显，章法排列有敧侧歪斜的，这大都是在制范或浇铸过程

图20：《散氏盘》西周晚期青铜器，因铭文中有"散氏"字样得名。清乾隆初年出土于陕西凤翔（今宝鸡市凤翔县），现藏于台北故宫博物院。

中的自然变形所致，却有着天然、稚拙的美感。

1978年，在河北省平山县中山王一号墓中出土的文物中，有一件战国中期的青铜器，即中山王方壶。此器铭文为凿刻而成，字体极富特色。其制作技艺十分精湛，堪称鬼斧神工，字体修长优美，笔画尖入尖出、纤细锐劲；转笔处，光洁流畅。布局整齐有序，通篇华丽光鲜，极富装饰意味。

商周金文风格雄健凝重，既保留了毛笔书写的意蕴，又呈现着刀刻的趣味，对后世书法家、篆刻家产生了深远的影响。

石刻文字

这里所说的石刻文字不包括刻帖，刻帖主要是复制名家法书作品。

目前我们见到的最早的刻石作品，是春秋时期秦国所刻的"石鼓文"。这件作品刊刻技艺十分精湛，笔画如盘钢刻玉一般，遒劲圆润。起止与转折处不露刀痕，准确传达了毛笔书写的意蕴，古朴浑穆，并呈现着浓郁的"金石之气"。在字体和书法上，人们称"石鼓文"为"小篆之祖"。其实，在刊刻技艺上，"石鼓文"也是后世此类书体刊刻的典范。秦代有几处重要的刻石，刊刻风格与"石鼓文"相似，但多已遗失，现存的原刻只有"泰山刻石"和"琅琊台刻石"，也都是残石。

石刻文字是最为丰富的一类文字。一是字体多，有篆书、隶书、行书、楷书。二是形制多，主要有碑刻、墓志、摩崖、造像题记和刻经等。三是数量多。石刻文字是毛笔与刻刀的共同产物，一般刻工的刻刀服从于书家毛笔的运笔法则，体现毛笔的书写效果，同时也体现"刀味"。这种"刀味"能弥补毛笔书写的缺憾，能增强书法的力度和气势，使文字的点画结构更富立体感，更有"金石气"。从现有的石刻文字资料来看，小篆、两汉时期的隶书作品和隋唐时期的楷书碑刻都很好地体现了毛笔书写的笔法和意蕴。魏碑、墓志、造像题记和一些砖刻文字则刀痕明显，字体呈现一种爽利、刚健的审美特征。

石刻文字体现着刻工的审美理念，这也是石

图21：《魏灵藏薛法绍造像题记》

图22：《正始三体石经》拓片

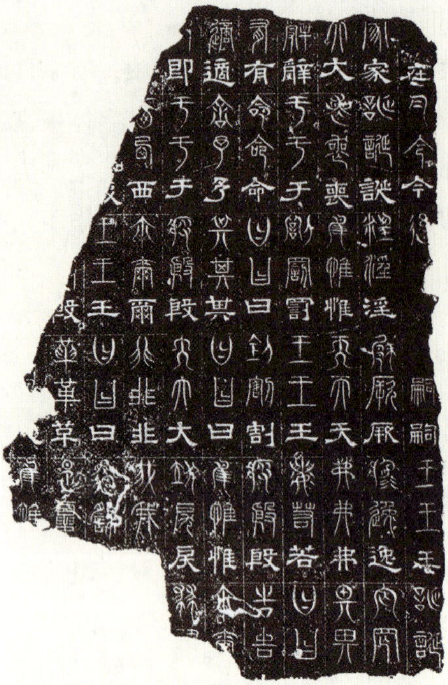

刻文字与刻帖的不同。

木刻文字

古代的木刻文字，集中体现在图书文献的雕版印刷方面。我国的雕版印刷技艺起源于唐代，雕版所用的材料主要是木板。雕刻成的文字均为阳文，这与以往的石刻文字、吉金文字、甲骨文字等阴文形式完全不同。图书刊刻采用的字体以楷书为主。楷书的特点是，点画清晰，笔法详备，结体方正端稳而不失变化。作为记录语言、传播信息的媒介，楷书这种平直的笔画、方正的结体，既利于写刻，又益于识读。

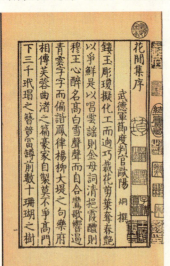

两宋是雕版印刷的黄金时期。宋版书的字体风格深受唐代楷书风格的影响。我们从现存的宋版书中可以看出，宋代的写手和刻工努力摹仿褚遂良、欧阳询、颜真卿、柳公权这些大师的书风，对“笔意”孜孜以求。如南宋建康版《花间集》，字体风格完全是颜体书法成熟时期的风貌，结体严整宽博，点画浑厚凝重，体现一种朴茂、沉静、强健的风格特征。

花間集序
武德軍節度判官歐陽 炯 撰
鏤玉彫瓊擬化工而迥巧裁花剪葉奪春艷
以爭鮮是以唱雲謠則金母詞清挹霞醴則
穆王心醉名高白雪聲聲而自合鸞歌響遏
青雲字字而偏諧鳳律楊柳大堤之句樂府
相傳芙蓉曲渚之篇豪家自製莫不爭高門
下三千玳瑁之簪競富罇前數十珊瑚之樹

图23：后蜀 赵崇祚编《花间集》

元代中后期的刻书，字体风格受赵孟頫书法的影响，圆活、秀媚、平和，并透着一种文雅之气。元版《茅山志》《松雪斋文集》等是这一风格的典型代表。

还有一种形式的木刻文字，就是在一些园林、古典建筑或庙堂的大门上方和两侧悬挂的匾额和对联。这种形式的刻字完全是书法墨迹的再现，有阴刻也有阳刻。这些匾额、对联大都为名家书

写，字体风格平和儒雅，镌刻非常精美。这种刻字的匾额、对联嵌挂在这种古典风格的建筑上，远远望去，浑然一体，呈现着一种自然的、整体的和谐之美。

六、汉字与篆刻

最能丰富体现汉字镌刻之美的是篆刻艺术。

项目名称：金石篆刻制作技艺
采访时间：2014年9月19日
采访地点：浙江省杭州市西泠（líng）印社
采 访 人：国家图书馆中国记忆项目中心孙韵

印章的名称和类别

我们现在所说的篆刻艺术，是由古代的实用印章逐渐演变、发展而来的。印章分为官印和私印。印章的名称很多，并具有时代的特征。秦以前的印章无论官印、私印皆称"玺"。秦统一六国，建立了统一的中央集权帝国后，规定只有天子的印章称作"玺"，一般人的印章只能称为"印"。汉代皇帝、皇后、诸侯王及王妃的用印皆称"玺"，一般官印通称"印"，也有称作"章"的。西汉中期以后，则出现了"印章"的称谓。在私印中又有"信印""印信""私印"等名称。唐以后，印章则有"宝""记""朱记""合同""押""关防""符""契""信""图章""图书"等种种称谓。

印章的材质有金、银、铜、玉、象牙等，明代以后则主要是石质印材。印章的印面形制丰富多样，有方形、长方形、圆形、椭圆形、葫芦形、菱形、连珠印等。印文的呈现形式分朱文（阳文）、白文（阴文）和朱白相间

图24：战国官玺平阴都司徒

图25：传世汉铜印 校尉之印章

图26：在西泠印社理事张耕源家中拍摄金石篆刻制作技艺

图27：赵之谦治印 回文印

三种形式。印章的制作方法主要是铸、凿、刻、雕琢等。金属印章（如铜、铁等）均为铸、凿，玉印采用雕琢的方法，明代以后的石质印章都是用手执刀镌刻。印章采用的字体以小篆为主，甲骨文、金文、战国文字、缪篆、鸟虫书、九叠篆、隶书、楷书，包括少数民族文字等均可入印。印文的排列主要采用先右后左、先上后下的方式，也有的姓名印如"某某某印"采用回文，即先右后左、再下再右的方式。

篆刻的篆法、章法、刀法

篆法、章法、刀法是一方篆刻作品应具备的三个基本要素，我们欣赏、品评篆刻作品也应从这三个方面入手。一方成功的篆刻作品，应该是篆法美、章法美、刀法美这三者的集中表现。

1. 篆法

篆刻艺术主要以篆书字体入印。所以，第一要了解篆书的形体结构，要准确无误地使用篆字。第二是要写好篆书，要有较高的篆书书写水平。只有对篆书的结体、笔势、笔意有深刻的领悟，才能更好地表现篆刻的美。因为一方优秀的篆刻作品，不但要有"刀"的趣味，还要呈现"笔"的意蕴。像邓石如、吴让之、赵之谦、吴昌硕等，他们有着深厚的书法功力，"刀味"与"笔意"在他们的篆刻作品中都得到了完美体现。第三是配篆，要协调统一，首先就是入印字体的选择与搭配要基本统一，不同时代、不同风格的字体不能杂糅在一方印章之中。再就是对印文字体的改造、变形，笔画的长短、粗细、转折的处理要与印章的风格一致，要符合篆刻美的形式。

2. 章法

章法也叫布局。篆刻的章法是指在印章中，文字和笔画排列、组合的方法。这种方法要符合印章的形式和篆刻艺术的内在规律。同书法一样，"整体的和谐"是对篆刻章法的一个基本要求。一方印章中，字形的大小、肥瘦和笔画的长短、粗细变化要适度。要处理好欹与正、虚与实、疏与密、动与静的关系。

3. 刀法

篆刻是书法与镌刻相结合的艺术，刀法是篆刻艺术的核心。刀法包括执刀法和运刀法两个方面。

常用的执刀法有两种：一种是三指包抄式，一种是捏拳式。

三指包抄式

以拇指、食指、中指三指为主捏住刀杆，无名指和小指紧贴中指（与执钢笔方法近似），其中无名指可抵于印石侧面，便于控制刻刀的力度和方向。这是一种较为普遍的执刀方式，多用于冲刀法。

捏拳式

其姿势如同握拳，用拇指抵住刀杆，其余四指将刀杆紧握在手掌中，刻印时主要用腕力。此方式多用于切刀法。

运刀法主要有两类，即冲刀法和切刀法。

冲刀法是刀杆侧斜，以刀角入石，运用指力和腕力进行从下往上或由右往左的冲刻。冲刀要求稳、准，要控制好力度和速度。

切刀法是刀杆略竖起，然后将刀刃的一角切入石中，继以刀刃徐徐切下，直至另一刀角切入石中，这样完成一次切刀动作。一般一根稍长的线条要用几次切刻的动作完成。冲刀镌刻的线条圆润、流畅，切刀镌刻的线条则表现沉涩、苍茫的美感。浙派印风以切刀为主，徽派印风则善用冲刀。

冲、切两种刀法，在实际应用中，一般是以一种刀法为主，辅以另一种刀法，冲、切结合才能达到理想的效果。

单刀、双刀

单刀刻法是指印文的每一笔画基本上用一刀来完成。这种刀法主要用于白文印。双刀刻法是指用两刀或两刀以上的方法将印文笔画刻出。刻朱文印时，是沿笔画两外侧下刀，留住笔画，去掉笔画以外的部分。刻白文印时，则沿笔画两内侧下刀，刻掉笔画，保留笔画以外的部分。

篆刻艺术的流派

篆刻艺术的流派兴起于明清时期。

从春秋战国一直到明代的两千多年里，作为权力象征和凭证信物的印章，一直以实用为主要目的。这种实用印章均以质地坚硬的铜和玉做印材，制作的方式是，先由识文习篆的下层官吏或文人篆写印稿，再交由文化素质较低的工匠浇铸或凿刻完成，整个过程属于工艺制作，很难表达较高的审美理想。一直到元末的王冕发现了花乳石、明中期的文彭发现了灯光冻石，并倡导以石质印章刻印，篆刻艺术遂得到了空前的发展，并形成了众多流派。其中成就较高、影响较大的有两大主要流派，即徽派（也称皖派、新安印派等）和浙派。从此，中国篆刻艺术创作迎来了一个高潮期，揭开这一高潮序幕的是文彭与何震。

文彭（1498—1573），字寿承，号三桥，长州（今江苏苏州）人。他是明代书画家文徵明的长子，曾任两京国子监博士，世称文国博。文彭被称为明代流派印章的开山鼻祖。文彭的篆刻取法汉印，从他传世不多的几方作品来看，白文印沉静典雅，朱文印清秀圆活，篆法自然流畅，用刀也富有变化。文彭的篆刻在当时就影响很大，他在篆刻史上的地位也非常重要。钱君匋先生认为，文彭"为后世的篆刻家指出了雅正的道路，在篆刻史上做出了继往开来的贡献"（《中国玺印的嬗变》）。

图28：文彭治印
文寿承氏

文彭的另一个贡献是发现了可以用来刻印的灯光冻石，并大力倡导以石章刻印。石质印章易于刊刻，从此，有篆刻雅好的文人、书画家可以自己篆写印稿，按照自己的审美理想，亲手操刀刻印了，从而促进了篆刻艺术的蓬勃发展。

在明代，与文彭齐名的是何震。何震（约1530—1606），字主臣、长卿，号雪渔，新安（今江西婺源）人。何震与文彭的关系在师友之间，但何震的作品风格与文彭差别很大。何震的作品取法甚广，先秦古玺、汉魏凿印无不涉猎。在刀法上，他善用冲刀（这也是徽派篆刻惯用的刀法），爽利泼辣。何震的篆刻艺术在当时享有极高的声望，有人称赞他为"秦汉以后，一人而已"（明程原《忍草堂印选》）。沙孟海先生认为，何震是前期徽派篆刻的代表。这一时期的徽派篆刻家还有苏宣、朱简和汪关。

图29：何震治印
柴门深处

苏宣（1553—？），字尔宣，一字啸民，号泗水，安徽歙县人。苏宣师事文彭并得到过文彭的亲授，在当时被誉为与文、何鼎足而三的高手。他治印，在刀法上冲刀、切刀并用，作品直追汉印，有一种浑朴、苍健的气度。

朱简，字修能，号畸臣，后改名闻，安徽休宁人，生卒年不详，主要活动于晚明时期。朱简受业于陈继儒，学问渊博。朱简治印，刀法以切为主，而且善于用短刀碎切的方法，使线条产生粗细、起伏变化和毛涩的感觉，他的作品以险峻取胜。

汪关，初名东阳，字杲叔、尹子，后得汉代"汪关"铜印遂更名关，安徽歙县人，寄居娄东，生卒年不详。汪关被称为明代"工笔"派篆刻的第一人。他直接师法汉印，刀法精妙，篆法严谨，章法稳健，给人以平和、儒雅的美感。

徽派后期的代表人物是清代的程邃。程邃（1602—1691），字穆倩，号青溪朽民，安徽歙县人。程邃力变文、何旧习，潜心于古玺、汉印。他的篆刻参合钟鼎古文，线条劲挺，章法新奇，令人耳目一新。继程邃而起的是汪肇龙、巴慰祖、胡唐，因他们都是歙县人，故并称为"歙中四子"。

在清代中期，西泠印人丁敬异军突起开创了浙派印风。丁敬（1695—1765），字敬身，别号砚林、钝丁、龙泓外史、孤云石叟等，浙江杭州人。丁敬的学养丰厚，他诗、书、画皆能，精鉴别，富收藏。他的篆刻在篆法、章法、刀法各方面都有新的突破，对篆刻艺术的发展有着重大影响。丁敬治印师法朱简，又取法秦汉。在刀法上，他大大完善了切刀法的艺术表现力，用"短刀细切"来表现线条的苍劲钝拙，其篆刻面目众多，章法变化生动，整体风格平正朴茂，凝炼苍茫。

丁敬之后，浙派的篆刻家有黄易、蒋仁、奚冈、陈豫钟、陈鸿寿、赵之琛、钱松等人。以上八个人因同籍钱塘，所以被称为"西泠八家"。他们的篆刻作品其共同特点是章法简洁，运刀以切刀法为主，挺拔苍劲，形成了浙派篆刻的独特风貌。

在清代篆刻史上另一位重要人物，即"邓派"印风的开创者邓石如。邓石如（1743—1805），原名琰，字顽伯，号完白山人，安徽怀宁人。邓石如的篆刻早年受何震、汪关、程邃等人的影响。他的冲刀和切刀两种刀法都运用得非常得娴熟。他善于以小篆入印，风格同他的书法一样，刚健婀娜、率真洒脱。后锐意变法，又参以秦汉碑刻和篆额文字入印，为"印外求印"开辟了新的途径。

邓石如的篆刻艺术直接影响了后来的吴让之、赵之谦、黄士陵、吴昌硕等篆刻大家。其中，吴让之是邓石如的衣钵传人。吴让之（1799—1870），原名廷飏，字熙载，后以熙载为名，字攘之，一作

图30：汪关治印
董其昌印

图31：邓石如篆刻 燕翼堂

图32：吴熙载治印 足吾所好玩而老焉

让之，江苏省仪征市人。与邓石如相比，吴让之的作品姿媚过之，少逊浑朴。但吴让之的刀法使转自如，在线条上能更生动地表现笔意，印文的立体感也很强。

赵之谦（1829—1884），字㧑叔，号悲盦，浙江省绍兴市人。他早年的作品，受到浙派的影响，后来又对秦汉玺印及邓石如的篆刻都有深入研究。他善于把古代铜镜铭文、货币、权量诏版、碑刻文字融入印中。他的白文印气势宏伟，朱文印婀娜多姿，在刀笔之间充盈着笔墨情趣。他刻的边款也独树一帜，把六朝造像、碑刻文字荟萃于印章边款之中，大大拓展了边款艺术的表现范围。赵之谦不愧为晚清杰出的篆刻大家。

黄士陵（1849—1908），字牧甫，号倦叟，安徽省歙县人。黄士陵早年师法邓石如、吴让之、赵之谦等，后又取法汉代铸印，风格古穆典雅。他还采用金文入印，章法颇具匠心。他的刀法刚健雄奇并善于用薄刃冲刀，线条爽利简约、洗练畅达。

吴昌硕（1844—1927），初名俊、俊卿，字昌石、昌硕，又号缶庐、老缶等，浙江省安吉县人。在近代艺术史上，他是一位集书、画、印三绝于一身，影响深远的艺术大师。吴昌硕的篆刻从浙派入手，后又取法邓石如、吴让之等。另外，对于古玺、汉印、封泥、古陶文、石鼓文、砖瓦文字，他都能化而用之。他的刀法颇有创新，擅长钝刀硬入和冲、切并用。另外，他对印边和界格的处理也颇具匠心，借边、搭边、破边、无边，随印变化，层出不穷。吴昌硕篆刻艺术的整体风貌是苍劲朴厚、高古雄浑，被誉为"吴派"。

图33：赵之谦治印 定光佛再世坠落娑婆世界凡夫

图34：黄士陵治印 黄绍宪印

图35：吴昌硕治印 破荷亭

七、文字与音乐、舞蹈

文字与音乐

自古以来，用来记录、传承音乐的乐谱形式各异。不同于西方传统的音乐记谱法——现今通行世界的五线谱，也区别于法国人发明、经日本传入中国的记谱法——用数字表示音高的简谱，古老而智慧的中国人利用其独特、发达的语言文字优势，选择了使用"文字"作为记录音乐的手段。

中国历史上曾经出现过的乐谱体系有：宫廷雅乐使用的宫商谱、律吕谱、古琴文字谱、古琴减字谱、唐代的燕乐半字谱、宋代的俗字谱、工尺谱、鼓谱、锣鼓状声字谱、二四谱等等。

其中，宫商谱主要有五声、六声、七声调式，其中以宫、商、角、徵、羽五声音阶为基础。律吕谱是一种用十二律名来记录音高的乐谱，十二律名依次为：黄钟、大吕、太簇、夹钟、姑洗、仲吕、蕤宾、林钟、夷则、南吕、无射、应钟。宋代姜夔的《白石道人歌曲》中《越九歌》的曲谱就是用"律吕谱"标注的。唐代的燕乐半字谱，相传源于西域龟兹乐。目前可见最早的燕乐半字谱是《天平琵琶谱》，为唐天宝六载（日本天平十九年，747年）的古乐谱，现藏于日本。近代在敦煌发现的《敦煌琵琶谱》写于后唐明宗长兴四年（933年），使用的就是燕乐半字谱。二四谱是一种古老的记谱法，一般用在流传于广东省潮汕地区及福建省漳州市一带的潮州弦诗、潮剧及白字戏中，以二、三、四、五、六表示音阶唱名。

现今使用较普遍的传统乐谱主要有古琴减字谱及工尺谱。

2003年11月7日，古琴艺术正式入选联合国教科文组织的人类非物质文化遗产代表作名录，是继昆曲后中国入选该名录的第二个项目，并于2006年经国务院批准列入第一批国家级非物质文化遗产代表性项目名录。

古琴，自古以来就是文人墨客陶冶情操、会友谈心的重要手段。诗人多以古琴为主题抒情言志。如李白的《幽涧泉》，诗曰：

拂彼白石，弹吾素琴。
幽涧愀兮流泉深，善手明徽高张清。
心寂历似千古，松飂飕兮万寻。
中见愁猿吊影而危处兮，叫秋木而长吟。
客有哀时失职而听者，泪淋浪以沾襟。
乃缉商缀羽，潺湲成音。
吾但写声发情于妙指，殊不知此曲之古今。
幽涧泉，鸣深林。

原来"诗仙"李白竟也是抚琴高手。李白借这首诗抒发自己弹琴的体会与感受，表达自己不流于世俗的孤高品格。寥寥几笔即刻画出抚琴人的潇洒神态、高超技巧与琴音的清朗神骏，同时也展示出李白的音乐欣赏水平。

现存的唯一一卷古琴文字谱史料是《碣石调·幽兰》，也是世界上现存最古老的琴曲乐谱，全谱共4954个汉字，原件现保存于日本东京博物馆。谱前小序称该谱传自南朝时期梁国的丘明（493—590），"碣石调"是指它的曲调形式，源于汉代"相和歌"瑟调曲中的《陇西行》，"幽兰"指的是乐曲所表现的内容。《碣石调·幽兰》保存了原始的古琴文字谱的记写方法，一个乐音往往需用几句话的交代和阐释。古琴文字谱包含的主要内容有：左手的几指，按某弦某徽位，即左手的指法和按弦位置可控制旋律的音高和音色；而右手的指法和演奏方式，则在一定程度上规定了乐曲的节奏和装饰音的使用。自《碣石调·幽兰》中摘录一句如下：

大指当九案徽，无名当十亦案徽，无名散打宫，食指挑徽，大指掐起，无名不动，无名散打宫，食指挑徽，大指当九打徽，抑上至八，便案角徽，疾全扶角徽，大指当七八间案徽，食指挑徽，大指抑上取声，抑上时轻指徐徐上末起，覆泛七蠲徽羽，一句。

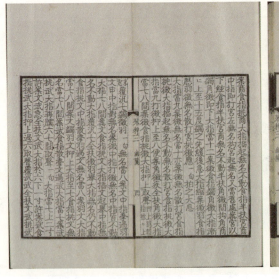

图36：《碣石调·幽兰》文字谱《琴学丛书》清宣统三年–民国八年（1911—1919）国家图书馆藏。

古琴大师张子谦及龚一先生曾在20世纪80年代对该句进行了译谱工作，翻译如下：

翻译：

左手大指按四弦九徽，无名指同时按四弦十徽。右手无名指打一弦空弦，食指挑四弦，接着大指将四弦捨起，左手无名指不动。右手无名指打一弦空弦，食指挑四弦。左手大指按四弦九徽，右手无名指打四弦，然后左手大指从九徽滑到八徽，按住三、四两弦，右手食指、中指疾速全扶三、四两弦。左手大指按在四弦七、八徽之间，右手食指挑四弦，左手大指滑上而得声。滑上时轻指徐徐上末起，左手大指七徽泛音，右手食指中指蠲四、五两弦。一句结束。

根据速度提示，同时译为五线谱：

在当时，这种准确而精密的"文字谱"记谱方式忠实地记录了旋律曲调的进行，许多琴曲靠它保存下来。但是，用十几个汉字表达一个乐音的记谱法毕竟过于繁琐。于是，自唐代开始，琴人逐步将文字谱简化为今天仍在使用的"减字谱"。减字谱的记谱形式源于汉字，却并非汉字。故有《红楼梦》中大家所熟知的桥段，贾宝玉笑称林妹妹看的是"天书"。简单地说，减字谱即为简化字，在一个高度缩减的方块字中，包含了演奏一个或几个乐音的弦名、徽位和左右手指法等信息。

以下是传世名曲《胡笳十八拍》中的一段。

我们可以直观地感受到，减字谱是由方块字和小字两部分构成，相较于文字谱，它的出现精简了记谱方式，缩减了记谱时间，极大地方便与促进了琴曲的保存和传播。用以下两个减字为例，可以更清晰地了解认知减字谱的内涵。

减字谱的方块字分成上左、上右、中、中上、中左、下等部位，

《红楼梦》第八十六回
受私贿老官翻案牍　寄闲情淑女解琴书：
……宝玉一面笑说："他们人多说话，我插不下嘴去，所以没有和你说话。"
一面瞧着黛玉看的那本书，书上的字一个也不认得。有的像"芍"字；有的像"茫"字；也有一个"大"字旁边"九"字加上一钩，中间又添个"五"字；也有上头"五"字"六"字又添一个"木"字，底下又是一个"五"字；看着又奇怪，又纳闷，便说："妹妹近日愈发进了，看起天书来了。"黛玉"嗤"的一声笑道："好个念书的人，连个琴谱都没有见过。"
……

参阅张子谦、龚一：《七弦琴谱的沿革及发展》，《音乐艺术》，1980年第3期。

小字部分分成续、旁注两部分。具体说来，方块字的左上角表示左手的指法，"夕"代表无名指；右上角表示徽分，即古琴上按弦的位置；中间表示弦名；下部表示右手的指法，共有"勾""抹""挑"等八种方法；中上、中左的"卜""氵"表示上、下滑音。小字部分的续部表示右手依照指法弹弦出音后，左手移动所改变的音高；旁注主要负责提示演奏速度和情绪，如上例中"爱乌丁"就是"缓急吟"的减字。

南宋时期姜夔作曲的琴歌《古怨》和元代《事林广记》中刊载的《黄莺吟》是现存较早的已发展成熟的减字谱。同时，《古怨》是现存最早的一首琴歌曲谱，刊于《白石道人歌曲》中。

《古怨》（片段）

芭苟芭苟芭苟芭五芭莄七篦

到了明代，不得不重点介绍一下洪熙元年（1425年）成书的《神奇秘谱》，它是现存最早的琴曲专集。编者朱权，是明代开国皇帝朱元璋的第17个儿子。书中共收录有64首琴曲，全部是编者从"琴谱数家所载者千有余曲"中精选出来的，其中很多琴曲都是历史上极具代表性和影响力的名作。《神奇秘谱》共分3卷，上卷称《太古神品》，收16首作品，包括相传为魏晋时期嵇康所传《广陵散》、唐代传谱

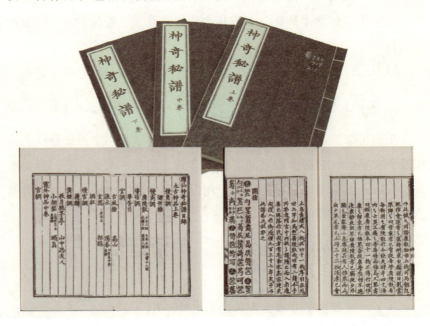

图37：《广陵散》谱 明《神奇秘谱》刊本 中央音乐学院民族音乐研究所编撰（影印本）国家图书馆藏

《高山》《流水》等。这些古谱当时已无人传授，但观其谱式和演奏风格都保存有明显的古代特征。中、下卷称《霞外神品》，收录有48首作品。其中有源于汉代的《楚歌》，有根据晋代笛曲改编的《梅花三弄》，有唐代流行的大、小《胡笳》，宋代浙派名师郭楚望的《潇湘水云》等。

值得一提的是，明代出现了一位著名的音乐理论家、律学家、天文学家朱载堉。他同样出身皇族，精通音律、善于钻研，对于乐谱及乐律学方面研究颇深，著有《瑟谱》《操缦古乐谱》《律吕新说》《律吕精义》《乐学新论》等，大部分收入《乐律全书》中，为我国古代乐谱的收集和保存做出了巨大的贡献。朱载堉最突出的贡献是创建了十二平均律理论，这不仅是古代乐律学的一座里程碑，也是世界科技史的一大发明。

随着雕版与木活字技术的逐渐成熟与普及，明清两代刊印了大量的琴谱，如明刊本的《神奇秘谱》《西麓堂琴统》《琴书大全》《风宣玄品》《琴谱正传》，清刊本《大还阁琴谱》《澄鉴堂琴谱》《五知斋琴谱》《天闻阁琴谱》等达一百多种。这些琴谱不仅记录了古琴减字谱的发展过程，而且较为系统地整理和保存了历代琴曲版本，使许多历史名曲得以流传延续至今。

再说大量应用于民间音乐中的工尺谱。工尺谱的发展与演变同样从未脱离文字体系。有学者认为，工尺谱约产生于唐末，其最初形态是汉字的正体字，宋代出现的俗字谱也是在工尺谱字基础上的一种变体形态，其目的主要是为了书写的方便和快捷。

工尺谱字与简谱的对应关系大致如下：

现今中国传统音乐中仍在使用工尺谱的剧种和乐种还有很多，如昆曲、西安鼓乐、福建南音等。

昆曲在2001年成为中国首个入选联合国教科文组织的人类非物质文化遗产代表作名录，并于2006年经国务院批准列入我国第一批非物质文化遗产代表性项目名录。昆曲是集中国传统音乐之大成者，对其

后出现的众多戏曲剧种产生了深远的影响。昆曲汇集了魏良辅、梁辰鱼等数辈曲家、剧作家、艺人几百年来的智慧与心血，凭借其独特的艺术魅力与耀眼夺目的艺术成就，毋庸置疑地占据了中国戏剧史上极其重要的地位。

昆曲保存了大量以工尺谱形式记录的乐谱。据《中国音乐书谱志》记载，清代至民国年间共计约有1071种昆曲曲本，有《九宫大成南北词宫谱》《吟香堂曲谱》《纳书楹曲谱》《碎金词谱》等。其中，《九宫大成南北词宫谱》是乾隆六年（1741年）和硕庄亲王允禄奉旨编纂的曲谱集，共5函，82卷，于乾隆十一年正式刊行。其中包括唐宋词、南宋唱赚、宋元诸宫调、北杂剧、元明散曲、南戏、明清传奇等不同时期的曲牌和唱段，共4466首，是研究中国传统音乐的宝贵资料。

西安鼓乐在2006年经国务院批准列入我国第一批非物质文化遗产代表性项目名录，2009年被联合国教科文组织公布为人类非物质文化遗产代表作。它主要流传在陕西省西安市，包括钟南山麓一带。与许多民间音乐一样，西安鼓乐通常会在冬闲、春节、夏收的时候，在集会、庙会等场合演奏。据1952年以来的调查，留存至今的西安鼓乐谱约有一百余本，全部为手抄本。目前发现最早的乐谱是由何家营乐社流传下来的标记有"古韶乐 大唐开元五年（717年）六月十五日立"字样的抄本，如果这部抄本的年代可信，西安鼓乐的可考历史将被提前至8世纪。其他较早乐谱，还有清康熙二十八年（1689年）的抄本和雍正九年（1731年）城隍庙的抄本。

翻阅西安鼓乐仍在保存的业已泛黄的历史抄本，我们会发现它的谱字形态并不完全统一，具有各种各样的变体。这是由于当地没有采用雕版或活字印刷的技术，西安鼓乐谱一直采用手抄的形式传承至今。现今流传的西安鼓乐谱一般使用的是俗字谱的记谱方式。

工尺谱：合 四 一 上 勾 尺 工 凡 六 五 乙 仩 伬 仜
俗字谱：厶 マ 、 乃 勺 人 丨 ∨ え 夕 夂 勿 㣻 厸 刈

南音在2006年经国务院批准列入我国第一批国家级非物质文化遗产代表性项目名录，2009年被联合国教科文组织公布为人类非物质文化遗产代表作。它的乐器形制、演奏方式、乐曲曲牌等都明显地带有唐宋音乐的遗风，是一个有着悠久历史传统的古老乐种，被誉为中国音乐史的"活化石"。

南音乐谱的书写方式、谱式概念等与一般的工尺谱不太相似，有学者称它为"自成体系的工尺谱"，但它们之间依旧存在着本源上的共通之处。南音早期的乐谱也以手抄本的形式流传，到了清代同治十二年（1873年）印刷出版了第一本指谱曲集《文焕堂初刻指谱》，之后又陆续刊行了近20部曲谱集。

参阅吴世忠：《自成体系的福建南音工尺谱》，《中国音乐学》，1992年第2期。

综上所述，中国传统文字谱的最大特征，就是只记录音乐旋律的骨干音和框架。在"欧洲文化中心论"的影响下，有许多人认为中国传统的古琴谱、工尺谱是"不够完备"的。但是，著名音乐理论家田青教授认为：随着人们对中国传统文化的进一步深入了解，随着世界范围内"文化多元论"的兴起，越来越多的人会认识到，中国传统的

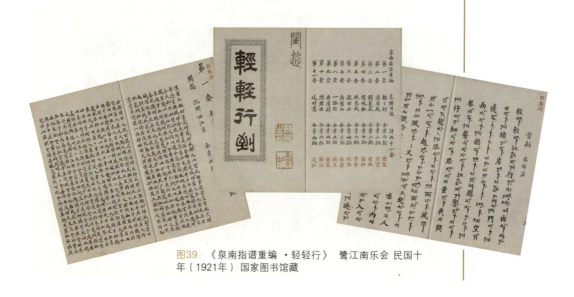

图39：《泉南指谱重编·轻轻行》 鹭江南乐会 民国十年（1921年）国家图书馆藏

记谱法，实际上是人类音乐文化传承中最具创造性、最自由、最尊重演奏家个人价值、最能体现音乐的动态构成和生生不息的生命本质的一种传承方式。

所以说，中国的传统乐谱的书写形式不仅体现了中国人对于文字的热爱与推崇，更表达了中国人自古以来注重个性、鼓励自我发挥与创新的开拓精神。正是在这种传统精神的鼓舞下，中国的传统音乐才呈现出流派纷呈的繁荣景象。

文字与舞蹈

音乐有曲谱，舞蹈有舞谱。凝聚了中国人古老智慧与文明的文字，不仅能够表现音乐的流畅旋律，也能记录舞蹈的优美动作。

在我国，最珍贵的舞谱实物当然是20世纪初在敦煌石窟中发现的晚唐五代时期的舞谱残卷。继1900年敦煌莫高窟被发现后，英国人斯坦因（Marc Aurel Stein）和法国人伯希和（Paul Pelliot）等将大量敦煌遗书骗购出中国，大批珍贵的敦煌文物流失海外，现多收藏于大英博物馆与法国国家图书馆等地。2014年9月9日，位于国家图书馆总馆南区的中国典籍博物馆正式面向公众开放。其中展出的一件珍贵藏品，就是一块9—10世纪的敦煌遗书中的《酒令舞谱》。在这块敦煌遗书残

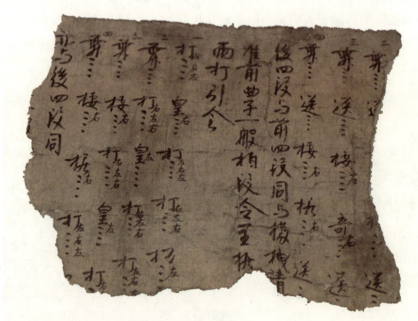

图40：酒令舞谱（9—10世纪）写本 国家图书馆藏

片上，只有几十个字的内容，却详细记载着舞蹈的具体动作和律动节奏。对为数不多的舞谱进行分析，目前学界一般认为敦煌舞谱是为古人喝酒时行令、罚酒而服务的。因为在敦煌舞谱中，只有为数不多的十几个动作字谱，如"令""舞""据""摇""曳""头""送"等，分别表现舞蹈的节奏和特定的动作。其中"送"字用得最多，且经常用于舞谱结束。学者分析，因为每到这个字的时候，即"送酒"之义，表示参与者要喝酒了。当然，敦煌舞谱的研究工作还在继续，我们期待着国家典籍博物馆的珍品也能早日为大家熟知、供大家进一步研究。

彭松：《敦煌舞谱残卷破解》，《敦煌学辑刊》，1989年02期。

到了明代，音乐家朱载堉的名字又将被提起。他虽生在皇族，却无心权术争斗，醉心于艺术和科学研究，为后人留下了丰富的精神遗产。他整理和绘制了大量舞谱，著有《六代小舞谱》《灵星小舞谱》等，大多收入他的《乐律全书》中。

简单回顾了历史上重要的舞谱作品，我们再来看一看现在仍留存于民众生活中的舞谱形式。在一些少数民族地区，仍保留着大量以文字记录舞蹈的舞谱文本。2014年10月，国家图书馆中国记忆项目中心

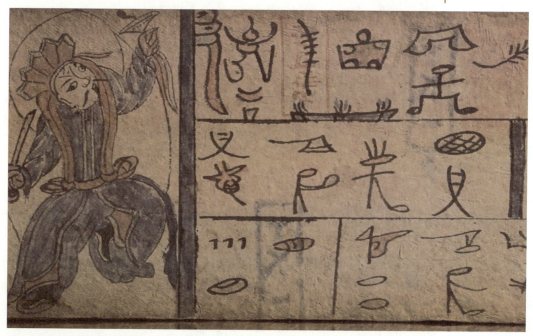

图41：东巴舞谱《舞蹈的出处和来历》 2014年10月27日，国家图书馆中国记忆项目中心赴云南省社会科学院丽江分院、丽江市东巴文化研究院拍摄。

赴云南省丽江市录制了"东巴书籍文献"专题文献片，收集并拍摄了大量纳西族东巴手持经书、舞谱举行祭祀仪式的影像资料。纳西族的东巴古籍文献在2003年被联合国教科文组织列入"世界记忆名录"。纳西族东巴古籍文献，主要由传统宗教祭司东巴记录纳西族起源的传说故事、人与自然和谐相处的理念、宗教仪式、医药、舞蹈、占卜等内容。其中，东巴舞谱主要是用东巴文字记录、说明舞蹈动作、造型、舞姿、步法、乐器、舞器使用方法及方位等内容。

随着国际文化交流的日益频繁，西方的舞谱体系逐渐传入中国，并对近代中国的舞谱发展产生了很大影响。1671年左右，法国芭蕾舞大师博尚（Beavchamp）发明了一种书面记录舞蹈动作的方法，并申请专利。18世纪初出现了弗耶（R. A. Foye）的记谱体系。20世纪初期，伊莎多拉·邓肯（Isadora Duncan）开创了具有独特新语汇的舞蹈，鲁道夫·拉班（Rudolf Laban）发明的新型舞谱为更多人所接受。

在西方文化浪潮的影响下，我国舞蹈界从20世纪50年代起，开始采用"舞蹈场记"的记录方法。20世纪70年代以后，随着我国舞蹈工作者对舞蹈记录法研究的不断深入，相继出现了"定位法舞谱"、"新舞谱"和"动作速画法"等一批研究成果。

文字的记录，维系着我们的血脉，联络着今人与古人超越时空的对话。尤其是中国传统的音乐和舞蹈艺术，基本采用口传心授的传承方式。许多古老的艺术形式在几千年岁月长河的演变中日渐改变，我们已无从知晓其原始的艺术样态。所以，对待历史上一切书于简牍纸帛的乐谱和舞谱，我们无比感激并珍惜。透过它们，我们仰望先人，赞叹中华民族博大浩瀚的艺术文化，以后人之力量，继续传承与发展，尽绵薄之力。

第六章
文字的记录与传播

为什么造纸术是中国人发明的？

一、文字的记录

在中华大地上，我们能读到的最古老的文字记录，是殷商时期刻于龟甲兽骨上的卜辞。周代开始大量在彝器（中国古代青铜器中礼器的通称，也称"尊彝"，如钟、鼎、樽、罍等）上镂刻铭文以遗后世，用石刻字彰正视听、宣纪颂功。627年，在陕西宝鸡岐山北坡的荒郊发现的石鼓是现存最早的石刻，被誉为篆书之祖。历经千年的传承和保护，10个石鼓现存于北京故宫博物院内。石鼓上的内容是用大篆书写的四言诗，描绘了君王狩猎的场景。称为石鼓，是因为石头被凿刻成圆柱形，此形状的刻石称为"碣"，汉代以后被长方形的"碑"所取代。

刀刻铜铸复杂费力，用笔蘸墨书写则是最方便快捷的记录方式。出土的甲骨上有用毛笔蘸碳黑书写的痕迹，证明当时除刀刻外，还有其他书写方式。虽然出土的竹简文物是战国时期的，但其实在甲骨书写时代，就已将文字写在竹简上了。甲骨文和金文里已有象形的"典"（甲骨文𣍐，金文𣍐）和"册"（甲骨文𣍈，金文𣍈）字。竹简的编装方式，是将30~50厘米长的竹条用线绳联编起来。1973年长沙市马王堆汉墓（西汉初期长沙国丞相利苍及其家属的墓葬）三号墓出土了二十余万字的帛书和竹简，内容涉及战国至西汉初期的政治、军事、思想、文化及科学等，其中的帛书是现存最早将帛用作书写载体的实物。

帛是一种丝织品。河南安阳殷墟中就出土了丝帛的残片，不过养蚕织造的技术比殷商更为久远，可以追溯到新石器时代。但将帛用于记录文字，依照现有的证据，只能锁定在战国时期。用于写作的帛有绢、锦、绮、罗等数种。比起竹简，以蚕丝织造的帛书质地轻盈柔软，可卷可折，便于携带和保存；表面光洁，书写清晰，便于阅读；织物表面吸水性能好，利于蘸取颜料书写；比起竹木，材料稳定性更高，利于传世。缣帛各方面品质多远胜过木牍竹片，但竹简很长一段时间是最普遍的书写载体，所以今天我们还在使用的"罄竹难书""学富五车""名留青史""杀青"等词，都是从竹简时代流传至今的。因为丝织品做工繁复成量稀少、价格昂贵，非王侯贵胄不可使用。只有文献经典、神圣祭祀和不得不使用缣帛的情况才会使用这种材料。"缣贵而简重，并不便于人"，两者都不是理想的书写载体。有没有一种材质能兼顾二者的优长，既廉价又易于书写呢？有，那就是纸！

需求就是创造的动力。纸的出现满足了人们对于书写的期盼；纸的改进与普及促进了绘画、传拓、纸艺等多种艺术和技艺门类的发

《墨子·兼爱》
何知先圣六王之亲行也？子墨子曰："吾非与之并世同时，亲闻其声，见其色也，以其所书于竹帛，镂之金石，琢之盘盂，传遗后世子孙者知之。"

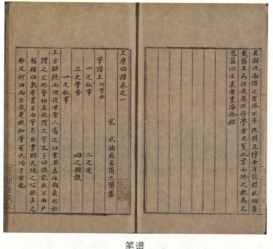

笔谱

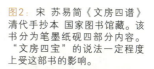
图2：宋 苏易简《文房四谱》清代手抄本 国家图书馆藏。该书分为笔墨纸砚四部分内容。"文房四宝"的说法一定程度上受这部书的影响。

砚谱

纸谱

墨谱

《石鼓歌》唐 韩愈

张生手持石鼓文，劝我试作石鼓歌。
少陵无人谪仙死，才薄将奈石鼓何。
周纲凌迟四海沸，宣王愤起挥天戈。
大开明堂受朝贺，诸侯剑佩鸣相磨。
搜于岐阳骋雄俊，万里禽兽皆遮罗。
镌功勒成告万世，凿石作鼓隳嵯峨。
从臣才艺咸第一，拣选撰刻留山阿。
雨淋日炙野火燎，鬼物守护烦㧑呵。
公从何处得纸本，毫发尽备无差讹。
辞严义密读难晓，字体不类隶与蝌。
年深岂免有缺画，快剑砍断生蛟鼍。
鸾翔凤翥众仙下，珊瑚碧树交枝柯。
金绳铁索锁钮壮，古鼎跃水龙腾梭。
陋儒编诗不收入，二雅褊迫无委蛇。
孔子西行不到秦，掎摭星宿遗羲娥。
嗟余好古生苦晚，对此涕泪双滂沱。
忆昔初蒙博士征，其年始改称元和。
古人从军在右辅，为我度量掘臼科。
濯冠沐浴告祭酒，如此至宝存岂多。
毡包席裹可立致，十鼓只载数骆驼。
荐诸太庙比郜鼎，光价岂止百倍过。
圣恩若许留太学，诸生讲解得切磋。
观经鸿都尚填咽，坐见举国来奔波。
剜苔剔藓露节角，安置妥帖平不颇。
大厦深檐与覆盖，经历久远期无陀。
中朝大官老于事，讵肯感激徒媕娿。
牧童敲火牛砺角，谁复著手为摩挲。
日销月铄就埋没，六年西顾空吟哦。
羲之俗书趁姿媚，数纸尚可博白鹅。
继周八代争战罢，无人收拾理则那。
方今太平日无事，柄任儒术崇丘轲。
安能以此上论列，愿借辩口如悬河。
石鼓之歌止于此，呜呼吾意其蹉跎。

此文为韩愈赞叹石鼓的价值，追溯石鼓历史，呼吁对石鼓加以保护而作。

展；而书写载体的改进，使笔、墨、纸、砚被誉为"文房四宝"，成为文化人的象征，沉淀成中国传统文化中的重要组成部分；纸的流传，让世界文化交流更为便捷，让人类文明得以长久保存。

造纸术

造纸术是震撼世界的创造。怛罗斯之战，是改变了世界书写史的一次战役。

唐玄宗天宝十载（751年），由于阿拉伯帝国阿拔斯王朝（即黑衣大食）的多年挑衅，唐朝大将高仙芝率领数万唐朝精兵长途奔袭，在今哈萨克斯坦境内的怛罗斯展开一场为争夺西域控制权的对战。对战结果是唐军败北，安西都护府损失惨重，后加上安史之乱，唐朝放弃了对西域的掌控，从此阿拉伯帝国完全控制了中亚地区。正是这场战役，让阿拉伯人意外收获了一项足以改变世界文明进程的技术——造纸术。

公元4世纪造纸术流入朝鲜，之后由鉴真东传至日本；越南大约3世纪就获得了中国的造纸术，造纸术在7世纪传入印度后南传到东南亚国家；8世纪因怛（dá）罗斯之战传入阿拉伯，之后的数世纪逐渐西传，直至非洲。12世纪阿拉伯人在西班牙建立了造

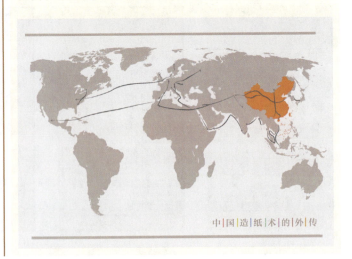

图3：中国造纸术的外传

中|国|造|纸|术|的|外|传

纸场，13世纪造纸术传入意大利，14世纪传入法国、德国，15世纪传入与欧洲大陆一海之隔的英国；美洲的造纸术16世纪由西班牙人和荷兰人传入，大洋洲直到17、18世纪才流传过去。截至19世纪，中国的造纸术已经传播到世界五大洲。中国又是何时发明了纸的呢？

纸这个字是糸旁，最初指的是缣帛。英文paper一词源于埃及用莎草横截面铺织而成的莎草纸papyrus。中英两种文字中的纸字来源各有不同，但今天指的都是同一种材质，即采用植物纤维，经过沤煮这一化学过程改变其纤维结构，后用细帘抄出的纸。在我国，纸起源于西汉，1986年甘肃省天水市放马滩出土的一幅绘有墨笔山水及道路图形的纸地图，年代应在西汉文景时期（公元前179—前140），是现存最早的纸质地图。但这一时期纸并未普及，直到东汉，蔡伦总结前人经验，用树皮、麻头等廉价易得的材料，通过搓、煮、捣、抄等方式，改进了造纸术，大大提高了纸张的质量和生产效率，为纸张取代竹帛奠定了基础，也为文化传播提供了有利条件。由于蔡伦的卓越贡献，后世尊他为我国造纸术的发明人。

图4：构树皮纸的制作

择襀　　踏碓　切番　抄纸

项目名称：楮皮纸制作技艺
采访时间：2014年4月29日
采访地点：陕西省西安市长安区北张村
受　访　人：张逢学
采　访　人：国家图书馆中国记忆项目中心满鹏辉

造纸术是中国古代四大发明之一。后世的手工造纸技术流程依旧遵循蔡伦的造纸技法，世界的造纸工艺也以蔡伦造纸术为蓝本。蔡伦的造纸术扩展了书写材料的原料来源，降低了成本，以树皮造纸，可以说是开创了木浆造纸的先声，同时推动了造纸技术的不断改革，使纸的品质不断优化，造纸逐步成为一个独立行业。到东晋仍是帛与纸并用的时代，东晋末年桓玄下令以纸代简："古无纸，故用简，非主于敬也。今诸用简者，皆以黄纸代之。"纸成为通行的书写工具，竹简退出了历史舞台。东晋开始创造了染潢技术。就是用黄蘗（niè）汁液浸纸，可以起到防虫蛀的功效，延长纸的寿命。南北朝开始，纸的需求逐步增加，致使产生了开发新原料的需求，创造了以藤皮、竹、草等为原料造纸的技术。各地就地取材，故有麻纸、楮皮纸、桑皮纸问世。隋唐时期，纸的用途扩展到绘画、传拓、装裱及印刷等，产量也大幅提升，并发明了将抄制成的"生纸"经过施胶、染色、涂蜡等方式加工成"熟纸"的工艺，还出现了由大幅纸裁成的适合写信的纸笺。宋代纸制品已经普及民间，随着印刷术的发展，印书促进了造纸业的蓬勃。世界上最早的纸币"交子"也出现在宋代。元代，各项生产技艺都受到了阻碍和钳制，造纸术也不例外。明清两代，造纸业得到了复兴。明朝起宣纸成为家喻户晓的名纸，清代竹纸居于手工纸的主导地位。

造纸术的发明，为文字的书写和传播提供了最方便、最廉价的载体。现存最早的纸卷书籍大都写于3世纪，有明确纪年的最早的纸质文献是西晋元康六年（296年）《诸佛要集经》残卷，现藏旅顺博物馆。唐代韩滉的《五牛图》则是现存最早画在纸上的绘画作品。纸具有良好的吸收性、耐久性，而且轻便、易裁剪，这些优点让纸成为留住人类文明有效的物质媒介，只要妥善保存就可流传千载。以纸为书传世，以纸画境写心，人们用文字、书画，记事言志，状物写景，传情达意。直到今天，纸仍是我们生活中无可替代的存在，从小时候第一次手触图画书开始，每个人就与纸、与它所承载的文字、文明结下了不解之缘。

中国现在还能看到多少手工造纸法？林林总总分布在全国的有十几种。手工造纸制作流程大致相同，不同之处在于用料，现在比较常见的有竹纸、皮纸和混料纸等几种。

竹纸品种繁多，江西铅山连四纸就是制作工艺最为复杂的一种以竹为原料的纸品。什么叫连四纸呢？纸有连二、连三、连四笺。连二、连三、连四是造纸时所用抄纸帘使用方法的名称。因连四法产纸最优、用途最广，因而称连四纸。它质地绵密细嫩、洁白莹辉，旧时，凡贵重书籍、碑拓、契文等多用之。我国历史上许多鸿篇巨著、珍贵典籍如《明史》、《四库全书珍本初集》等均采用连四纸印制。它也是国家图书馆典籍修复专用纸之一。因连四纸经常被作为记载历史文本的载体，从明代始又被称为连史纸。讲究以嫩毛竹为主要原料，经多次生物发酵，弱碱蒸煮，天然漂白，配以水卵虫、野生猕猴桃藤、剡藤、雌黄等纸药，手抄而成。江西铅山连四纸被称为中国最传统、最完整的纯手工古法造纸。但在本世纪初，这种造纸技术已经断档二十余年，随着国家非物质文化遗产普查、抢救工作的展开，在申报保护项目的过程中，连四纸制作技艺才在当地曾经从事过造纸工作的老人指导下重建复兴。

除了江西省铅山县，四川省夹江县、浙江省富阳市、福建省将乐县的竹纸制作技艺都是国家级非物质文化遗产代表性项目。

皮纸是利用植物表皮造纸，原料分为草本、木本。草本是指藤类，常用的有紫藤、青藤等，树皮原料主要因地制宜、就地取材，多为枸树（也作构树）和桑树。该工艺承袭自蔡伦的造纸法。造出的纸比较粗糙，不够白皙，微微泛黄，表面不够平整，看上去有细微杂质。优点是韧性好，不易扯断，无毒性而且不会被虫蛀，可以存放很长时间。当地将这种纸作包裹食物等用途，据说可以延缓食物变质时间。从国家级非物质文化遗产代表性项目名录中可以看到的造纸技艺里，使用枸树皮造纸的地区有贵州省贵阳市、贞丰县、丹寨县，云南

撕皮

粗磨

图5：桑皮纸的制作

省临沧市、香格里拉县，陕西省西安市长安区；除使用构树皮外，浙江省龙游县还使用山桠皮作为原料。利用桑树皮为原料造纸的是新疆维吾尔自治区吐鲁番地区和安徽省潜山县、岳西县。

　　藏纸主要原料是狼毒草根的外皮，狼毒草是一种当地生长在海拔4500米以上冲积扇地的植物，藏语叫"日加"，有毒性。每到夏天，造纸艺人从山上挖回狼毒草的根，趁新鲜好剥时除去黑褐色的外皮，取纤维质的内根皮放臼内捣烂，然后加碱入锅煮。煮时要放在露天，否则毒气熏人。太阳灶煮半天左右，取出捣成茸，然后放入大容器，用一根带四片木翼的木根搅动，搅成纸浆后即可舀入绷在木框上的纱屏内，铺开摊匀，阳光晒干，揭下，就成了一张藏纸。藏纸制作好后，色呈米黄，有光泽，稍厚，翻动时发出脆响，柔韧性好，在阳光下隐约可见草根纹路，拿在手中摇动时，能发出风的声音。西藏各大寺庙的藏经阁中都使用过这样的纸张。藏纸强度高，天然防蛀防腐，

图6：藏纸制作流程

不变色，质地坚韧耐折叠，不易撕破。但制作没有统一的量化标准，因为原料本身具有毒性，对造纸者身体有一定损伤。

采访时间：2014年9月16日
采访地点：西藏自治区尼木县雪拉村
受 访 人：次仁多杰
采 访 人：国家图书馆中国记忆项目中心满鹏辉

　　混料纸的代表是被誉为"纸中瑰宝"的宣纸。今天对宣纸的定义很严格，为之制定了国家标准。原料的主体定位必须是青檀皮和沙田稻草，不能掺杂任何其他原料。制作过程中用水必须是当地的山泉水。并且要遵循传统的制作方法，不能使用机械，需要手工操作。宣纸具有最佳的润墨性和渗透性，利用纤维组合，长短纤维相互补充、密度增大，使跑墨程度适宜，是书画的最佳用纸。宣纸分为三类：皮料比重占85％~95％的特净皮、占60％~80％的净皮和占50％~60％的棉料。三大类是指生宣，熟宣是生宣进一步加工而成，所以不包含在内。

　　制造一张宣纸需要一年时光。皮料和草料分别蒸料、扎捆晒干、腌沤、多次碱蒸、舂杵，制成料浆后和料，按照比例加入水槽，搅拌过滤后加入纸药，之后抄纸、榨纸、烘烤、曝晒，使水分收干，淋水后揭取，将纸在墙上焙干，以刀裁整，以"刀"为计数单位，一刀是100张。

宣纸的特点是以混合原料，使用石灰和纯碱等弱碱性溶液进行多次蒸煮、腌沤，再经过长时间日光漂白后制成的，在反复蒸煮和长时间暴晒后，缓和地改变原有纤维组织，去除杂质，以日光暴晒达到漂白作用的纸经久不泛黄，历久弥新，胜过当今工业造纸的化学漂白效果。其实不仅是宣纸，很多传统手工艺造纸，都担得起"纸寿千年"的美誉。

宣纸的品质，在一日日繁琐工序的流转和等待中孕育，更在工人的辛勤劳动与汗水里凝结。

皮料

草料的备料过程

① 青檀树

② 扒枯叶

③ 扎草把

④ 浆灰

⑤ 端料

⑥ 摊晒

合料制作

碓皮

踏料

袋料

抄纸

晒纸

剪纸

成品

图7：宣纸的制作流程

采访时间：2014年5月31日

采访地点：安徽省宣城市泾县

受 访 人：邢春荣

采 访 人：国家图书馆中国记忆项目中心范瑞婷

　　工人刚开始一进厂是做草胚，每天收枯叶，扎成小把。人工把草的结破开，因为加工过程中要水泡，水泡以后要石灰腌制。每个把子打成小捆的时候，不能打死结，要活结，把草钩到石灰水桶里面，然后一挑，结就自然开了。这个活结怎么打呢？两腿一夹，用大拇指往里一挤，每天这么做，做得大拇指流血，到了晚上，用白胶布缠起来，第二天解开又来干。直到最后做熟练了，手起了老茧就好了。

浆草完成后是担工，就是挑草，往山上挑，一锅草3500斤左右，每天4个工人合作挑上山，摊开，晾晒。这是前期原料的制作和准备阶段。

在捞纸和晒纸的时候，才真正是"水深火热"。"水深"是指抄纸的过程。捞纸时手长时间浸泡在水中，尤其冬天，温度不能太高，温度太高水里的成分容易挥发。水槽里加入了纸药，比如猕猴桃藤等，只能每一个槽备两个热水桶，手浸冷水时间长了在热水中缓一缓。因为是群体性劳动，大家站在一起，相互以体温取暖。

真正难挨的是晒纸时的"火热"。晒纸的土胚，就是土的火墙，一般来说做九张纸的大小。从头上第一张纸开始把九张纸晒完，基本上按照这种循环，九张纸晒到头，这边第一张纸就干了，就可以揭了。最传统的做法工人非常辛苦，柴一烧，整个焙笼里面灰尘、烟雾弥漫，人在里面简直没法待。然后慢慢开始烧煤，煤炭灰尘也很重，对人的健康有危害。而且温度一旦烧起来以后没法控制，所以有时候人在里面热得受不了，而一旦温度烧不够，揭下去纸又没有干。所以我们做了一些改造，把它改成蒸汽加热，对环境的污染没有了，根据生产的品种、厚薄的不同可以调整温度。即便如此，温度也在40℃以上。并且工作环境没办法优化，不能吹电风扇，因为晒纸不能有风，很薄的一张纸，风一吹纸飘起来，刷子一刷就刷破了。也不能用空调，如果温度降下来纸就烘不干了。

造纸不仅是体力活，也是技术活。宣纸行有一句行话，叫做"四五六一把抓，绵连带扎花"。

这是什么意思呢？"四五六"是纸的一种规格，就是四尺的、五尺的、六尺的，传统造纸最大的就是六尺。造四尺的比五尺的难度要小一点，五尺的又比六尺的难度要小一点。"绵连带扎花"是什么概念？宣纸品种里面绵连、扎花是最薄的一个品种，你想那个纸是湿的，那么薄，你用手把它牵下来，再把它贴上去，你没有一定的手艺是有难度的。所以说评价一个人在车间里面的手艺是好是坏，就是看"四五六一把抓，绵连带扎花"。而且还讲究成品率，就是捞出100张，至少要有95张成品，废品率允许在5%~8%，因为毕竟是手工艺，100张纸不能超过8张。捞纸也是一样，捞纸也有一个规定的废品率。

过去的纸棚里面没有女的，全是男的，为什么没有女的？得从一个顺口溜说起："剪纸的是先生，捞纸的是匠人，晒纸的是叫花子不像样。"

剪纸的为什么是先生呢？剪纸的要记账，就是捞纸捞多少，然后到晒纸变成了多少成品，全部有一个记账簿。过去就是剪纸的帮你算拿多少工钱。捞纸的是匠人，过去讲匠人就是做手艺，这个产品好坏就在纸浆，在做出的成纸。晒纸就是把它烘干，本身手艺简单，但环境差，太热，工人打赤膊，不穿衣服，穿个裤头，待在哪里就往那里一蹲，蹲在地下就吃饭，像叫花子一样。男的都不穿衣服，全部用袋料往腰上一系，所以纸棚里面没有女的，全是男的。

宣纸的精致不仅在工艺流程上，甚至造纸工具都特别细致讲究。

纸帘。帘子的原料很讲究，用苦竹铺成很细的面皮，然后抽丝，选粗细一样的圆丝，否则帘子编起来不平整，捞出纸来纸面也不平整。然后打帘、制帘，之后还有漆帘。帘子就是纸模，所以对捞纸来说是非常重要的一个工具。

斩竹漂塘

煮楻足火 荡料入帘

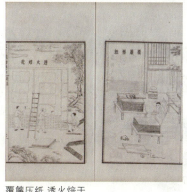

覆帘压纸 透火焙干

图8：明 宋应星《天工开物》此本采自《喜咏轩丛书》，国家图书馆藏。《天工开物》最初刊印于1637年，是一部关于农业和手工业生产技术的百科全书，总结了各个生产领域的知识。现国家图书馆藏有本书的最早刻本，系宋应星自刻本。图为竹纸的制作流程。

尚未揭露的最大历史秘密之一是，我们所生活的现代世界是中国和西方因素绝妙合成的结果。现代世界赖以建立的种种基本发明和发现，可能有一半以上源于中国，然而却鲜为人知。为什么呢？

——英R.K.G坦普尔《中国的创造精神》

刷把。晒纸的刷把也是比较讲究的，用松毛做的。每年秋季都要自己上山去选松毛，之后阴干，再做成扫把。扫把有一个刷桶，是用桐梓树的树干做的，因为桐梓树的中间是空的，把它砌一个槽，刷毛理好以后扎成一个小把塞进去，最后变成刷把。一般晒纸过程中必须要准备两把刷把。过去人家夸你这个人有本事，就说有两把刷子，就是从这儿延续下来的。宣纸晒纸必须要有两把刷子。

造纸术是中国奉献给世界的礼物，是撼动世界文明的创造。如果没有纸作为文字记录的载体，作为传播文明的介质，知识的保存、流传都不可能向着更便利、迅捷的方向发展。可悲的是，当培根称“造纸术、印刷术、火药、指南针彻底改造近代世界，并使之与古代及中世纪划分开来，比任何宗教的信念、任何星象的影响或任何征服者的伟业所起的作用都要大”的时候，没有人知道，这些发明来自于中国。在经历了西方文明的种种倾轧后，中国人习惯于仰视西方先进的技术，失去了对自己民族、自己文明的信心和骄傲。到了今天，让我们通过阅读这本书，重新认识我们的文字，了解我们独特又精湛的手工技艺，感受先人的智慧，继承民族的遗产，挖掘传统文化的精华，把那些失去了遗忘了的握回手中、纳入己怀吧。

中国墨

2000年前的希腊，嬉闹纷扰的海边集市，一位作家披着白色亚麻长袍漫步其中，他正巧看到有位小贩在兜售从遥远的东方海路运来的一种黑色小球，小贩推销说这件东西加水润湿磨碎是可以用来写字的。作家不禁想试试来自东方的颜料，便随意购买了一些。经过使用，他发现用这种颜料写就的文字黑得纯粹，时日久了字迹也不见褪却，甚至浸在水中数日也没有掉色。这种颜料就是墨，因为它从遥远的印度港口海运而来，所以称它“印度墨”。希腊人对“印度墨”啧啧称奇，认为罗马生产的最优质的墨也不过如此。就这样“印度墨”的传奇一

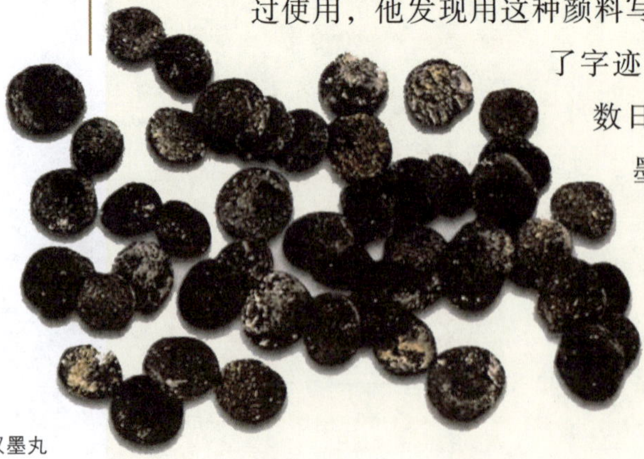

图9：西汉墨丸

直飘荡在西方。可是，他们忽略了一点，那并不是"印度墨"，它是中国墨。

世界各地的原始先民不约而同地使用墨作为书写与绘画原料，原因是不论天然石墨抑或烧成的碳都是日常生活中可以普遍接触到的黑色颜料。古埃及人用的兽骨焙烧而成的液体墨甚至早于中国墨的发明；古希腊人以干燥的酒糟或烧焦的象牙为墨；古罗马人的墨混合了碳、泥土、乌贼墨汁种种原料，这种墨可以以水拭去，他们还利用蚜虫卵造墨；阿拉伯墨主要成分是碳和松烟。

中国古墨自用于新石器时代绘画陶器纹样后，在制作工艺上又经历了不断发展创新，传说西周时造出了最早的人造墨。直至东汉以前，墨都做成2厘米左右的颗粒，叫做"墨丸"，使用的时候不能手持研磨，必须和水后用石杵压住研磨。东汉开始出现模制墨，制成了规则的形状，大小正可由书写人手持直接研磨，自此墨的基本形制确定下来。此时的人造墨工艺，是烧松烟取墨。最晚于南北朝时期，制墨

取烟

筛烟

称料

熬胶

和料

锤打

上模

晒墨

描绘

成品墨

者开始在墨中添加中药，使墨馨香宜人，更重要的是使其中用来粘合的胶质不至于腐烂变质，这样墨才得以长时间保存。宋代的制墨技术产生了突飞猛进的发展，在制墨原料上，以桐油和大漆为原料的油烟墨得到了广泛应用。清代，落榜书生谢崧岱发明了不必研磨就可直接使用的墨汁。不过直到今日，松烟与油烟依旧是最主要的两种制固态墨的原料。

中国的名墨是产于安徽省歙县的徽墨，歙县成为墨的最大产地从唐末就开始了。随着中原地区的战乱，大批士族文人和能工巧匠南迁。五代时南唐易水（今河北省易县）的制墨工匠奚超、奚廷珪父子，避乱逃至歙县（当时称歙州），发现它毗邻的黄山上有质量极好的古松，便扎根在此，以制墨为生。因其墨品质量优良，蒙后主李煜赐予国姓。安徽墨品制造传统保留至今。在我国非物质文化遗产代表性项目名录中，安徽省绩溪县、歙县、黄山市屯溪区都是徽墨制作技艺的申报单位，另有上海市黄浦区申报了以歙县清代制墨名家曹素功命名的徽墨曹素功墨锭制作技艺。

墨的制作步骤大致分为烧烟、筛烟、溶胶、锤炼、入模成型，此后还有描金装饰等。对国家级非物质文化遗产徽墨制作技艺代表性传承人汪爱军的口述采访过程中，汪爱军透露了很多"连徽州本地人都不知道"的业内人秘而不宣的手艺。

采访时间：2014年5月21日
采访地点：安徽省宣城市绩溪县胡开文墨业有限公司
受 访 人：汪爱军
采 访 人：国家图书馆中国记忆项目中心范瑞婷

　　首先起烟，再熬胶。烟和胶是原材料。一款墨是否能传世，写出的墨迹能否历久弥新，就在于这两种材料。起烟时要严格控制火苗和温度，而熬胶有很多工序，要控制好脱脂、黏度、透明度等很多指标。制胶使用牛皮熬制而成，需加入中药防腐，这样墨制成后不会散。之后是合料，古法制墨有句谚语叫：三分胶、七分烟、十万杵。意思是通过多次打锤，使胶跟烟更好地融合。打墨、下锤是成形过程，捶打需要掌握温度和质感。合料后要晒干，否则写在纸上的墨可能随着胶蛋白的氧化而脱落。

　　墨模的制作融合了木雕、书法、绘画等技法，有些题款和图案是专门延请名士或书画家题绘再缩小制模。模具要好好保存，需要每年秋冬时让木头脱水，防止木头腐朽。入模后就该晾墨了，晾墨不能在梅雨季节，空气湿度很高，容易变质。抽边的时候也有技巧，摆弄几下墨就变得边沿平整了，厚薄不一样的要返工。最后包装入库。每一道工序都有绝活。

　　松烟、油烟，包括地沟油都可以烧，墨是采集烧出来的烟炱（tái），这是指从烟囱分离下来的或被烟道气冲刷出来后落到烟囱周围的煤烟。碳化之后的部分我们叫它灰，所以烟跟灰是两种东西。烧制过程中不能让烟碳化掉，碳化了以后就形成颗粒，而烟是没有颗粒的。防止碳化的关键技术是控制里面的空气，因为任何物体离开氧气就没法燃烧。处理的方法是在烟房上安装一个窗户，一开始的时候关死，等烟房里面缺少空气时就要拉开一点窗户，放少量空气进来。烧的时候火苗越小，烟就越大。油烧得越少，烟出得就越多。古代把墨分得很细，好多老墨的横头上面都注明"顶烟"。这是用留在瓷顶上面的烟做成的墨，非常细腻，而稍微有重量、有点碳化的都掉下去了。

　　试验墨的品质可以看它溶不溶于水。拿一张干净纸，淡墨画上去的时候，整张纸看上去应该没有一点黑点。墨很黑，但是它很爱干净，稍微有一点点杂质，淡墨在宣纸上马上就会显出来。现在叫检测目度，新墨的碳黑，它的目度可能达到1200~2000度。目度用现在的科学说法就是白颜色的遮盖力。墨越细腻，遮盖纳米材料就遮盖得越好，感觉就越黑。

烟是越陈越好，搁个三年、五年再拿出来用。胶就需要新鲜一些。古代制墨讲究三分胶、七分烟，指的是胶和烟的比例，胶是一种蛋白，胶重会发白，发墨慢，胶少了墨易断，所以烟和胶要掌握一个比例。中国的墨用的是牛皮熬的动物胶，所以需要加防腐的中药，现在有的是用化学防腐剂，不然动物胶中有大肠杆菌，胶一败墨就碎掉了。泡制中药也有一个程序，不同的中药熬制上有前后顺序问题。

我们的墨用的是皮胶，很容易连带着脂肪，一旦脂肪脱不干净，墨研磨时就会打滑。日本的墨用植物胶，没有脂肪，全部是植物蛋白，墨不打滑，很好研磨。日本就地取材，用海藻造墨，熬制以后马上变成了胶，墨的密度、稀度也很好。但是海藻胶跟皮胶做出来的墨润色不一样，一笔写下去的扩散力不如中国墨。古代制墨还用过鱼皮胶，也叫广胶，是广东、广西用鱼熬制的胶。海洋动物的脂肪少、蛋白高，很适合用来做墨。

现在有的墨表面上结一层白。商家说这是墨霜，实际那是蛋白开始腐化了，也就是产生了霉菌。好的墨由中药防腐，是不可能发霉的。

正因为墨的制作必须加入中药，所以随着对墨药性的认识，墨的功能逐渐延伸，出现了专门治病的"药墨"，一代制墨名家胡开文，就以经营药墨而出名。关于墨有这样一件轶事。鲁迅儿时父亲患病吐血不止，请来的大夫诊断后开出药方，嘱父亲喝墨汁治病，墨汁也喝了，最终父亲仍然病情加重逝世。父亲的死因成了鲁迅心中永远的阴影。从此，中医在鲁迅心里成了道道地地的伪科学，中医大夫"都是有意或无意的骗子"。殊不知，墨确实有药用。三国时期开始就有加中药入墨的传统，明、清两代，药墨十分流行，同仁堂曾常年委托墨厂生产专门用于治病的药墨供应市场，其中一项主要效用正是创口止血和治疗大出血。以墨治疗出血是中医的传统处置方法之一，想来是儿时的鲁迅理解偏激了。直到今天，民间依旧流传着以墨当药的偏

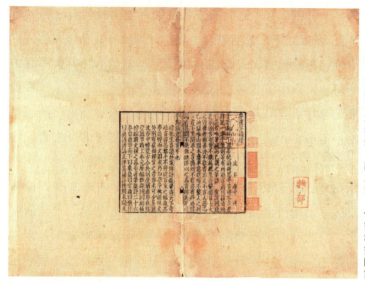

图11：宋 沈括《梦溪笔谈》以笔记的形式详细记载了我国古代特别是北宋时期自然科学达到的辉煌成就。此为《古迂陈氏家藏梦溪笔谈》二十六卷，元大德九年（1305年）陈仁子东山书院刻本，是《梦溪笔谈》现存最早刻本，为元代书院刻本佳品，国家图书馆藏。

方，对治疗小到蚊虫叮咬大到无名肿痛甚至腮腺炎都有奇效，将墨研好涂于患处，几日见效。

以中国墨绘画，即便不用彩墨，只用黑色，也有浓、淡、干、湿、焦五种层次，所以有"墨分五色"之说。加几笔就有几笔的层次感，立体又清晰，其他颜料达不到墨的这种效果。用中国墨写字，笔墨要跟着执笔者的心走，心到笔到、笔到墨到，这都是对墨的要求。

欣赏中国墨，可以观其色，可以听其声，可以闻其味。看看这块墨是不是油黑闪亮，表面干干净净；是不是容易研磨不打滑，好的墨，甚至在手心上哈气就发墨。听听它敲起来是否有金石般的清脆声响，敲是检验密度，密度高意味着材料细腻，墨成分细腻，就能紧紧抓附于纸张表面，墨迹永驻，光亮长存。墨中加入了冰片、麝香等中药，带着独特的墨香，宁馨千古不散。

用中国墨写中国的文字，用单一的墨表现自然万物。每一次研磨，多加一点水，呈现的都是不同的韵味。每一次创作，题材可以一样，内容可以相同，构图可以不变，但书写绘画时墨的浓淡不同，作品便呈现别样的风格。这就是墨带来的独特气韵。

蒙恬笔

毛笔，相传最早是由秦国大将蒙恬制作成功的，所以蒙恬有制笔祖师的美称。

《梦溪笔谈》中提到石油制墨：鄜、延境内石油，旧说"高奴县出脂水"，即此也。生于水际，沙石与泉水相杂，惘惘而出，土人以雉尾挹之，乃采入缶中，颇似淳漆，燃之如麻，但烟甚浓，所沾帷幕皆黑。予疑其烟可用，试扫其煤以为墨，黑光如漆，松墨不及也，遂大为之。其识文为"延川石液"者是也。此物必大行于世，自予始为之。盖石油之多，生于地中无穷，不若松木有时而竭。今齐鲁间松林尽矣，渐至太行、京西、江南，松山大半皆童矣。"

《长歌行》曹植
墨出青松烟，
笔出狡兔翰。
古人感鸟迹，
文字有改判。
尺牍知屈伸，
体道识穷达。

蒙恬（？—公元前210）是秦朝著名将领。他出身名将之家，自幼胸怀大志。公元前221年，蒙恬被封为将军，因破齐有功被拜为内史（秦朝都城的最高行政长官）。秦统一六国后，蒙恬率30万大军北击匈奴，收复河南地（今内蒙古自治区河套南鄂尔多斯市一带），修筑西起陇西临洮（今甘肃省岷县），东至辽东（今辽宁省境内）的万里长城，征战北疆十多年，威震匈奴。他是中国西北最早的开发者，也是古代开发宁夏第一人。

　　关于蒙恬造笔的传说由来已久，并且演变出不同的版本。最简单的故事是蒙恬感于用竹梃写字费时费力，所以潜心造笔，最后研制成功软头毛笔，自此蒙恬被奉为制笔祖师。另一个故事对造笔过程进行了更详尽的叙述。蒙恬一次野外打猎过程中打伤一只野兔，兔子尾巴淌着鲜血在地上画出的痕迹给了蒙恬灵感，便剪兔毛制为笔头，做成之后却发现兔毛富含油脂，不吸墨水，一气之下随手把兔毛笔丢在了水池里。过了几日，蒙恬无意中看见那支被扔掉的毛笔。捡起来后，发现兔毛好像漂白了。他用兔毛笔蘸取墨汁，竟然能流畅地书写。原来，池子里是石灰水，通过浸泡去除了兔毛的油脂，毛笔由此制作成功。

　　传说的第三个版本加入了神话色彩，将蒙恬的人生轨迹和造笔过程重叠在了一起。话说赵高隐瞒始皇死讯，篡改遗诏，假传圣旨赐死远在边疆的扶苏，囚禁辅佐扶苏的大将蒙恬。蒙恬被拘禁，只求一死，欲在尽忠前上书一封，苦于身边无刀笔，恍惚入梦，见两位少女跪在面前道："我俩在将军围猎时受将军活命之恩，不能救将军于危难，愿以死相报！"语毕一同撞壁而死。蒙恬惊醒，见面前倒落着黄鼠狼和狐狸的尸首，想起当年自己在一次狩猎时放生过这两只小动物，感慨不已，禽兽尚有感恩之心，比争权夺利的恶毒之人不知高尚几何。他轻抚尸身，指尖触到了狐尾柔而坚韧的毛，内心一动，便分别取下一撮狐尾毛和狼毫，束于木杆上做笔，用血书写下奏章后，自刎身亡。蒙恬死后，出于对将军的敬仰，百姓们纷纷开始仿制起蒙恬死前发明的毛笔了。

　　湖笔的制造地浙江湖州善琏镇的造笔传说中，除了蒙恬这位"笔祖"外，还"许配"他一个"笔娘娘"。传说中，蒙恬发明毛笔的地方就是在善琏。蒙恬随秦始皇东巡行至善琏，正巧救起名叫卜香莲的落水女子，二人互生爱意，交往过程中，两人开始用羊毛和竹竿制造书写工具，获得了成功。后蒙恬遇难，卜夫人隐居故里，传授乡民制笔三技。这个传说由来已久，被人津津乐道。汉武帝时封谥蒙恬，在善琏建立了祠堂，其地亦被称作蒙溪。祠堂中有蒙恬像，夫人卜香莲的雕塑侍立一旁，人们还塑造了两个孩童形象，据说是二人的孩子，分别取名"停停""搭搭"，当地方言"搭"是歇的意思，寓意笔祖造笔辛苦，要休息一下。

渐渐地，善琏成为著名的毛笔产地。善琏当地一直保留着"蒙公祠"，将蒙恬奉为"笔祖"，每当蒙恬3月16日生辰和9月16日忌日（一说9月16日为卜香莲生日），四方的笔工都会赶到善琏，进行祭笔祖活动。祭祀活动前一日，请和尚奏乐唱宣赞娱神，之后连演三天大戏。正式的祭笔祖仪式，在鸣炮锣鼓声后，领祭为蒙恬像开光、整冠、洗尘、净身、宣祭文、润笔。之后

图12：蒙公祠

百名笔工焚笔祭拜笔祖，护着蒙恬神像，鸣锣开道，游行街上。近年来，善琏镇政府将传统的民俗活动祭笔祖发展成了"湖笔文化节"中一项重要文化活动内容。

传说和民俗固然动人，可蒙恬是毛笔的发明人吗？

据考古研究，远在石器时代的陶器上，就有软笔绘制而成的符号，一些甲骨上的文字也有毛笔蘸墨和朱砂书写的痕迹。由此推断最迟在商周时古人已使用更适合在光滑硬物表面书写的软笔了。根据考古发现，现今最古老的毛笔出土自战国古墓。这支笔与现在的笔在制笔工艺上存在着差别。笔杆是实心竹竿，兔毛笔头用髹漆细线捆在笔杆上，绑绳上涂漆以起到保护细绳浸水不损的作用。即便如此，制笔用料都易腐朽，所以能存世至今的毛笔十分罕见。秦代的毛笔将笔头插入镂空笔腔内，并且开始外用短毫，以便于蓄墨，与今日所见毛笔

《弃故笔赋》晋成公绥

治世之功，莫尚于笔，能举万物之形，序自然之情，即圣人之至，非笔不能宣，实天地之伟器也。

第六章　文字的记录与传播　　　**205**

图13："天下第一笔"1954年出土于湖南省长沙市左家公山十五号战国楚墓

已经很接近了。所以，可以推断，自文字产生之初，笔已经随之创造出来了。所谓蒙恬造笔，并不是蒙恬创"造"了笔，而是改"造"出了更适宜书写的笔。

毛笔制作有其自身的发展过程。汉代毛笔尾端削尖，能插入头上的发髻，称作"簪笔"。北魏贾思勰《齐民要术》中记载了兔毫与黄鼠狼毫的"兼毫"笔的制作。唐代，书法艺术蓬勃发展，书法流派纷呈，毛笔也创制出不同规格。安徽省宣城市是当时的造笔中心。宣笔的制作传统保留到今天，宣笔制作技艺入选了第二批国家级非物质文化遗产代表性项目名录。

图14：善琏湖笔

唐宋时期，毛笔从选料到制作方法基本形成了完整体系。元代开始，经济中心逐渐南迁，浙江的湖笔逐渐取代了宣笔，湖笔的出产地就是传说中蒙恬造出毛笔的善琏。浙江省湖州市申报的湖笔制造技艺名列国家级非物质文化遗产代表性项目名录。除此两项外，国家级名录中还有白沙茅龙笔制作技艺、周虎臣毛笔制作技艺、扬州毛笔制作技艺等三项。

采访时间：2014年10月21日
采访地点：浙江省湖州市善琏湖笔厂
受 访 人：邱昌明
采 访 人：国家图书馆中国记忆项目中心丁曦

湖笔是中国最负盛名的笔种，它的制作过程具有代表性。第一步是笔料加工。湖笔原料主要有羊毫、兔毫、狼毫、鸡豪和混合用毛的兼毫。加工时要对动物毛进行拔取、分拣、归类，按照不同规格、质地、品质分拣成几十种毛料。第二步是水盆工序。指在水盆中对毛料进行浸洗、梳理，主要是加工笔头部分，这是湖笔制作中最重要的工序。分为浸、拔、抖、做根、联、选、晒、挑、切笔芯、搅、盖笔头等。"做根"是使用骨梳把上部的绒毛剔掉；"联"是将毛从长到短重新排序，排列成笔锋端基本平齐的长排；"选"是根据锋颖部分的长短，放置于笔的不同部位；"切笔芯"是从毛料到笔头的成形工序；"盖笔头"是卷成锥状笔芯，笔芯外再盖一层锋颖深的毛。第三步是结头扎毫。用丝线将笔头根部扎捆，涂融化的松香粘连。接着进行笔杆加工，笔杆最常见的为竹制，不过也有以名贵材料制作的传统，比如象牙、玉、漆和各种高贵木材，像沉香、紫檀等。之后的工序是笔头笔杆装配，经过车孔和镶嵌等工艺的笔杆和笔头之间用漆片融化后粘合。再对笔毛进行挑择整理后，蘸着六角菜的黏液整形笔头。

高品质的毛笔要具备"尖、齐、圆、健"的"四德"，锋尖如锥不开叉，毛料散开后顶端平齐，圆周要周正饱满，不脱不散、经久耐用。按照各种书体所需大小，毛笔形制各有不同。湖笔常规品种有百余种。有专门用来写榜书的楂笔；按照笔锋长短分，有顶峰、长锋、中锋、短锋的区别；笔头分竹笋状的笋状样、柳叶状的叶锋式等；有一些特殊的笔还被赋予了诗意的名字，有一种适宜小楷的兼毫笔叫做"下笔春蚕食叶声"，形容这种笔书写中摩擦纸面的声音像蚕吃桑叶，"右军书法"取自王羲之的字，是适合写楷书的紫毫笔。

笔作为书写工具历来最被看重。西晋成公绥《弃故笔赋》云："治世之功，莫尚于笔，能举万物之形，序自然之情，即圣人之至，非笔不能宣，实天地之伟器也。"其实治世、摹情、举形、宣志的怎么可能是笔呢？实际上笔已经不只是书写工具，而是抒情工具。人们视笔为身体的延伸，笔就等于个人意志，所以成语里有"口诛笔

图15：湖笔笔头加工制作

《毛颖传》节选
韩愈

颖为人，强记而便敏，自结绳之代以及秦事，无不纂录。阴阳、卜筮、占相、医方、族氏、山经、地志、字书、图画、九流、百家、天人之际，及至浮图、老子、外国之说，皆所详悉。又通於当代之务，官府簿书、市井贷钱注记，惟上所使。自秦皇帝及太子扶苏、胡亥、丞相斯、中车府令高，下及国人，无不爱重。又善随人意，正直、邪曲、巧拙，一随其人。虽见废弃，终默不泄。惟不喜武士，然见请，亦时往。累拜中书令，与上益狎，上尝呼为中书君。上亲决事，以衡石自程，虽官人不得立左右，独颖与执烛者常侍，上休方罢。颖与绛人陈玄、弘农陶泓，及会稽褚先生友善，相推致，其出处必偕。上召颖，三人者不待诏，辄俱往，上未尝怪焉。

伐"、"铁笔无私"、"秉笔直书"。人们也将笔看作灵感来源，常常将洋洋洒洒的绚烂文章归功于笔，所以才说"妙笔生花"、"江淹梦笔"、"下笔如有神"。笔的制作工序不是最繁复的，它的购买价格也不是最昂贵的，正因为与人的书写关系最为密切，所以在笔、墨、纸、砚中，笔最被重视，居于首位。（注：笔墨纸砚被称为"文房四宝"是南宋以后才流行开来的说法，从"文房四友"等文辞演变而来。韩愈《毛颖传》中说此四物意气相投，总是一同相携出现。）

在书写工具的发展过程中，虽然至今一些少数民族文字书写利用的是竹木硬笔，但用软笔代替硬笔仍然是这一进程中大多数的选择。这由毛发束成的软笔为中国的书写贡献了独特的艺术魅力，赐予了文字线条的形状变化。中国字的笔画可以有宽窄粗细，富于绘画的美感，依着毛料柔韧不同，勾勒不同的线条，创作出如此多的书法流派，都应归功于毛笔。只有毛笔，能让人如此潇洒地挥毫而作。毛笔的挥洒，潜移默化地从书写习惯影响到写作风格，从书写方法左右着思维方式，从写作工具到牵引着民族文化……如此看来，不得不承认，称笔是"天地之伟器"有"治世之功"，也是不为过的。

砚为田

古代的"砚"字即"研"字。砚从日常生活中使用的研磨器材托生而来，其功能也是研磨——研磨书写颜料。

图16：北魏 贾思勰《齐民要术》该书是中国现存最完整的古农书巨著。此为清嘉庆十年（1805年）虞山张氏旷照阁刻本，国家图书馆藏。

在利用天然石墨和使用墨丸的时代，砚还配有石杵，用来捣碎块状墨。那个时候的砚以实用功能为主导，样式古朴自然，未经繁复雕琢。砚有相对确定的器形是从汉代开始的，汉砚是扁扁的正圆形，有砚边、砚堂，无砚池，砚下部有足，以三足为多。有研究者认为古砚带足与当时古人席地而坐有关系，也有人认为当时的器物多带足，砚也就自然而然带足了。慢慢地，砚的制作从材质到造型都逐渐富于变化，到了唐代，出来了类似簸箕造型的箕形砚。砚也日益成为受文人珍爱的把玩珍藏。在宋代，砚走向成熟，除了在抄手砚、太史砚上可见"砚足"的些许痕迹外，砚已无足了。宋代的砚，长度、宽度、厚度及大小更加合理、实用。砚堂、砚池、砚边等也有了明确的界定和分工，确定了砚的比例关系，一直沿用至今。到了现在，与其将砚看作昔日的书写工具之一，不如将它当作工艺作品来欣赏，它的艺术价值已远超实用价值。就拿砚上雕龙来说，每一种砚都有雕上龙的作品，全国有多少种砚，就有多少种版本的龙砚。比如歙砚雕龙，主要以浅浮雕表现，题材多与水相关，有吐水龙、云水龙；端砚雕龙，风格传统，以工细见长。一龙盘于砚上，不仅让砚台看着精神有气势，也为放砚的书桌、博古架添了许多灵气。提笔写字作画的时候，从砚里蘸墨，这一过程也是心境的凝练，当看到案台上的一方龙砚，就像是一位默默的守护者，守着砚中的墨，也护着执笔人的心。不只是龙砚，各种形态的砚台都凝聚着制砚人的精心和用砚人的爱心。

随着砚台制作技艺的发展，宋代开始流传"四大名砚"的说法，即端砚、歙砚、洮砚和澄泥砚。现在，入选国家级非物质文化遗产代表性项目名录砚台制作技艺的有：安徽省歙县、江西省婺源县歙砚制作技艺，广东省肇庆市端砚制作技艺，江西省星子县金星砚制作技艺，河北省易县易水砚制作技艺，山西省新绛县澄泥砚制作技艺，甘肃省卓尼

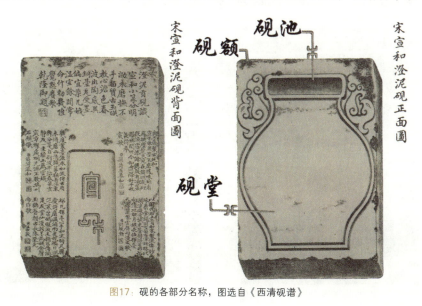

图17：砚的各部分名称，图选自《西清砚谱》

《砚史》米芾
　　器以用为工……夫如是，则石理发墨为止，色次之，形制工拙，又其次，纹藻修饰，虽天然，失砚之用。

县、岷县洮砚制作技艺，宁夏回族自治区银川市贺兰砚制作技艺。

砚的制作材质需要光滑温润而不渗水，经久研磨而不失平整，砚形则要求能实现研墨、贮墨、搋笔等功能。符合条件者即能做砚。故而，砚有诸多材质，除了石砚，还有陶砚、铜砚、玉砚、瓷砚、瓦砚、铁砚，甚至有只能观赏不能使用的水晶、象牙砚。"四大名砚"中的澄泥砚就是以河滩泥层层过滤最终烧制而成。因为石砚笨重不易携带，古人还发明了轻巧精美的漆砂砚，用大漆和金刚砂调和涂于木砚表面，表面以国画技法绘制花鸟山水。其砚质地绝轻、入水不沉、

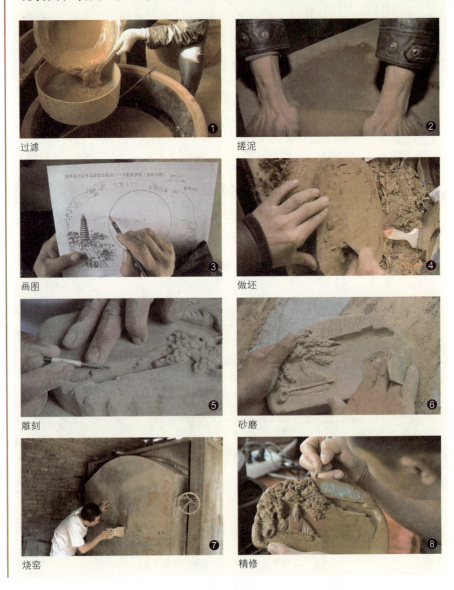

① 过滤

② 搓泥

③ 画图

④ 做坯

⑤ 雕刻

⑥ 砂磨

⑦ 烧窑

⑧ 精修

图18：澄泥砚工艺流程

坠地不损。安徽省徽州漆器髹饰技艺与江苏省扬州漆器髹饰技艺两种国家级非物质文化遗产技艺都制作精美绝伦的漆砂砚作品。

石砚的质量首先取决于石头。中国很多地方出产适合制砚的石料,石料材质从色泽到分子结构都有明显差异,所以各地出名的石砚多以产地为名。"四大名砚"中端砚、歙砚、洮砚都是以地名命名的石砚。各地石砚的特色多在于用料,雕刻手法上没有根本的差别。

在对歙砚的采访过程中,歙砚的国家级代表性传承人曹阶铭讲述了制作石砚的工艺流程和关节门道。

采访时间:2014年5月15日
采访地点:安徽省黄山市歙县城东路19号老胡开文墨业有限公司
受 访 人:曹阶铭
采 访 人:国家图书馆中国记忆项目中心范瑞婷

第一步采石加工。材质分几大块,一块是属于老坑的,就是最原始的坑,新坑是老坑倒塌后,在山上继续挖掘,与老坑在一个山脉。老坑里有金星的、眉纹的、水波纹的、罗纹的几大类。罗纹是最上等的材质,因为它的杂质很少,密度高,而且纹理特征比较明显。一块毛石不可能全部都有用,如果有裂纹、石筋或者其他杂质的话,都必须去掉。一块毛石一般能取一方砚、两方砚。

制砚的整个过程从画线开始,在画外形的时候,就要有一个基本概念,根据石头的外形、纹理进行设计。然后用敲刀把原石加工成砚胚,把砚池和砚堂打琢出来。打磨完砚池以后进行雕刻,把设计的图案雕刻出来。生产过程中工具也非常重要,有平刀、圆刀、侧锋刀,有单刃的、有双刃的,加工工具非常繁杂。

砚的器形分几种。常规的产品大多是长方形的、椭圆形的。外框雕刻花边时,要根据石头的纹理和砚的造型来雕刻。艺术砚的加工就需要保留原始形态。

砚的制作题材很广泛,包括自然、人物、山水、花鸟。自然砚就是利用石材原材料的形状进行设计。刻山水是很典型的一种雕刻手法,刻山水的题材意境从哪儿来呢?就是通过古代的诗词。如果自己不会绘画的话，创作上会受到影响。在不熟练的情况下可以先打底稿，用图纸构思出来然后再进行雕刻。比如一块原石拿到手以后想在上面刻什么东西，脑子里都应该有一个概念，到了一定程度以后，直接用画笔画到石头上，不用画图纸。在长期的制作过程中，制砚人能在脑海里完成构思直接上砚，不打稿了。

传统的歙砚雕刻，一般根据石质的特点采用浅浮雕的雕刻技法。现在也刻一些半立体浮雕、镂空雕。现代作品中我们借鉴了玉雕的立体雕法。在砚的制作中必须有一些高浮雕的东西，比如有些原材料就像立体的山水，有些像倒挂的山崖上面长着一朵梅花、一条树枝，这样的材料就必须采用高浮雕的方式。再比如雕刻一头牛，浅浮雕不能体现牛的动态，在砚池里雕一头牛或者青蛙，就借鉴了玉雕的方式。

上蜡是最后一道工序。蜡用的是蜜蜂的黄蜡。把砚摆在炭火上烤热，烫手以后把蜡抹上去，用纱布抹干净，再把蜡重新擦掉。为什么要烤呢？因为蜡烤完以后可以钻到石头里去，可以把砚的表面全部封住。以前都是上核桃油，核桃油不容易有异味，在梅雨季节不会发霉。方法是用纱布包上核桃肉捶打，砸出油来抹在砚上。砚本来带有一种灰白色，制作中石质破坏以后本身的颜色受到影响。上核桃油能恢复砚的本色，另外起保护作用。

现在很多地方改用植物油，菜籽油、色拉油，这类油很容易变味或者发霉。后来又改成了烤蜡，烤蜡绝对不会有异味出来，但是必须非常注意，因为砚石烧烤过程中可能产生断裂或者打爆的现象，所以在烤蜡过程中火候的掌握是关键的一步。电火不能用，只能用烧好的炭，而且在炭火上必须盖一层炭灰，让火很温柔地上来，慢慢地烤。一方十寸左右的砚堂至少要15到20分钟才能烤热，不烤热的话蜡钻不进毛孔里面去，起不了作用。另外烤蜡使得原石不容易变色，不发白，如果用油的话，时间一长还会恢复到发白的样子。老坑的砚石不会出现这个现象，上什么油都不会变色，新坑的粒子结构比较粗，密度不高，油吸进去以后，长的五六个月，短的一个月甚至一个礼拜就干了，还要变白，砚就不好看了，也起不了保护作用了。

砚在使用前必须把砚堂的油褪掉。鉴定砚的好坏也需要在褪油之后。有几种鉴定方式，一个是看，拿着石头看颜色，看纹理；第二是摸，看它的手感，歙砚有一个美称是"孩儿面"，就像婴儿皮肤一样，摸上去很光滑。再一个是叩，听它的声音，歙砚以带金属声为好，说明它的密度高，杂质少。主要是这三种鉴定方式，另外还有一种鉴定方式是哈气，歙砚哈气成水，哈一口气在上面马上有水珠出现。

随着石砚艺术性的提升，石砚的制作者不再只是制砚匠人，他们是可以与石头对话的艺术家。歙砚国家级传承人郑寒对此深有感触。

采访时间：2014年5月18日
采访地点：安徽省黄山市屯溪区老街
受 访 人：郑寒
采 访 人：国家图书馆中国记忆项目中心范瑞婷

一定要跟它亲近一点，亲近它才能读懂它，读懂它才能出作品。

选石

设计

刻线

粗加工

打磨

精雕

图19：砚制作各工序

石材的纹式、色彩是自然美。我们的雕刻，就是要发挥它天然的美。我们说巧借天工，就是把天然的东西借过来。人工的东西你可以不断地去雕刻，天然的东西是几千年的自然造化，人工不可以替代。那你只能借它发挥自己的东西。石材本身可能会有缺陷，但是只要它有美中不足的地方，同时肯定会有美的地方。你在设计中怎样把它美得薄弱的地方发挥出来，是需要我们做的事情。每一块石头都是不同的，只能依不同的材料或者石形去设计，每一件都有不同的构思。自然的美加艺术赋予的美，两者之间做一个最巧妙的结合，就是你要怎么把它利用好，这样的砚完成后有别于那种完全靠人工雕刻的东西。每一件作品都是唯一，是不可以复制的。

不仅是制作者钟情于砚，从古到今有多少文人雅士都珍视、爱恋着砚。每口砚的砚底，砚的制作者都会留白，对待心爱的砚，文人墨客也喜欢自题砚铭：

端砚铭　陆游

瘴雨蛮烟，紫云摩天。

金声玉质，胎孕灵渊。

石眼阅人，盲夫莫识。

我贵知希，珍我此石。

题岳飞端砚铭　文天祥

砚虽非铁磨难穿，

心虽非石如其坚，

守之不失道自全。

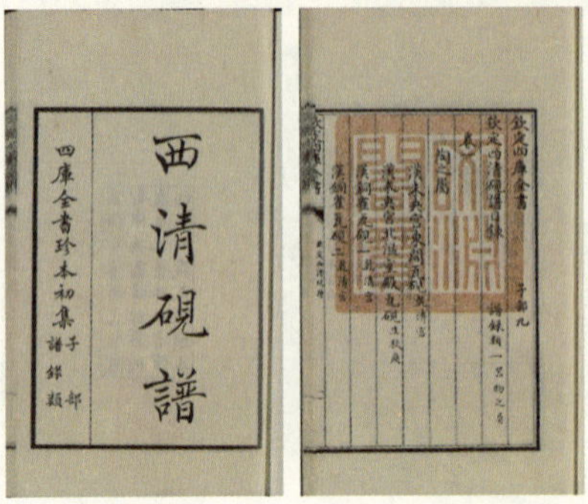

图20：《西清砚谱》著录记载清乾隆年间皇家收藏的砚。工笔手绘砚形，以图文对照的形式加以说明。《四库全书珍本初集》商务印书馆 民国二十三至二十四年（1934—1935）影印本，国家图书馆藏。

出于文人由衷的喜爱之情，砚被赋予了诸多别称，砚台、石友、墨海、万石君、即墨侯、润色先生等，同时文人还自称"以文为业、以砚为田"，把砚比喻成农人耕作的土地，在砚田中春播、夏种、秋收、冬藏，在四季的轮回中笔耕不辍。

二、文字的传播

文字是人类创造的延长时间的魔法。我们可以用文字将此时此刻发生的事记录下来，然后在不知多长时间后的彼时彼刻重温昔时。都有过这种经验吧，多少年后的某一天，突然翻到小时候写的日记、上学时的笔记、从前友人的书信……在泛着陈旧东西特有味道的纸页中，一个个方块字卷着丝丝酸甜袭上心头，这正是回忆的味道，勾得我们或泪，或笑。文字就是有这种将情感锁住的能耐呢。当然，它还有个更牛的特点，那就是"文字其实是个大嘴巴"！没错，文字一星点儿的秘密也守不住。只要你把任何心事告诉了它，那这可就不再是什么秘密了，写在日记里，它会告诉老爸老妈，写在书信里，别以为除了你指定的对象外就不会有其他人看到。看，文字就是这么"爱分享"，永远抱着"独乐乐不如众乐乐"的心态。

其实古人早就发现，通过对文字的复制，它这种爱分享的性格就可以把想记载流传的人和事物无限传播，不仅能跨越地区，甚至可以超越时间。所以如何复制文字，成为继文字发明后的又一个重大课题。

传拓

用纸与墨将硬物表面的文字或图案复制下来的技术，称为传拓技艺。以传拓的方式，可以准确无误地保存硬物上的信息，很多省、市级非物质文化遗产代表性名录中，都将当地的传拓技艺收录其中。传拓技艺的成品拓片，毫厘毕现又便于保存，一直以来都被看作特殊的文献收藏。

传拓技艺说起来并不复杂，甚至观摩一遍即可操作。但如果想拓印出高水平的作品，还是需要大量的实践与学习。传拓技艺的主要工艺分为上纸和上墨两道工序。在清理器物表面后将已闷湿的纸覆于表面，以四周留白1~2cm为宜。纸的质地要细腻而有张力，这样才能将纹路拓印清楚又不会在制作过程中损坏纸面。所以，具有纤维长、韧性好、质地细等特点的生宣纸，成为历代传拓主要的用纸。用排刷和打

《石鼓歌（节选）》唐 韦应物

石如鼓形数止十，
风雨缺讹苔藓涩。
今人濡纸脱其文，
既去既扫白黑分。

刷等工具将纸捋平、赶出气泡。这道工序过去普遍使用木槌完成，但在拓印文物的过程中，容易造成表面损坏，所以这道工序逐渐被毛刷击打取代了。根据实际情况，可以再次上水淋湿纸面。上水可以是清水，也可以使用白芨水。白芨是一味中药，以白芨熬制的水有胶的黏性，有助于纸的贴附。白芨水的优点是不腐蚀器物表面，也不会在传拓过程中造成损害。上墨的过程要等到纸稍干后进行。上墨主要利用扑包，将扑包均匀沾墨，手腕使力，将墨扑拓到纸面，如此反复上墨三到五遍，使整个拓片墨色均匀，细节处可以改用小号扑包，补拓整齐。墨干后揭取下即可。

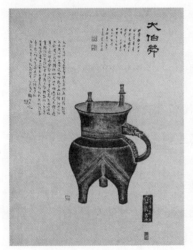

传拓的诞生出于对文字传播方式的探索。传拓技艺最早用于复制石刻上的文字，至今无从考究传拓具体的诞生点，只能根据现存最早的拓片《温泉铭》（为唐太宗李世民手书碑刻拓本，发现于敦煌石室）的纯熟制作手法来证明，至少在唐代永徽四年（653年）之前，传拓已经成为一项成熟的手艺。即便如此，我们依旧可以想见，石经绝对是催生传拓技艺的重要诱因。东汉光和六年（183年）洛阳城南的太学讲堂门前，人头攒动，大大小小的马车、牛车阻塞着街道，为了得到最正确的第一手学术经典的太学生们，密密麻麻地围着刻有《周易》《尚书》《鲁诗（诗经的一个版本）》《仪礼》《春秋》《公羊传》《论语》等七部经典的"熹平石经"，久久驻足观看。"熹平石经"是所有读书人必须遵照的儒学范本。说"天下熙熙皆为利来"也不为过，为了应付考试，不受诸多错误版本的误导，必须准确记录这正反两面刊刻的46块石碑上总计约20万字的文章。在这种迫切而功利的需求下，才探索出了传拓这项可以快捷完全复制原本的技术。

从对石经的拓印，发展到传拓其他石刻文字，比如石碣、石碑、摩崖、墓志；之后扩展到拓印石质的浮雕与花纹，如画像石；再往后是各种形状、大小、材质的器形，甲骨、陶器、玉器、青铜器、雕像，生活中可见的钱币、铜镜、砖瓦、砚、墨锭……拓印技艺还逐步探索出了以名人书法为内容的法帖制作和能表现器形全貌的全形拓技术。传拓是一种重要的复制技法，即便照相影印技术如此发达的今天，对器物内部铭文和层次复杂的花纹，尤其是斑驳不清的古代文物和残破不全的石刻，黑白分明的拓片依旧是最为清晰合适的表现形式，其他技术无法取代。它也是研究金石考古不可或缺的依仗。

传拓，将石刻的凝固扩展到无限的广度。人们可以拿着拓片随时随地进行阅读，不再被局限在石刻所在地一处。而且，若拓印原件（如石刻、石碑等）不幸遭到损毁，那么拓片就是原件内容的权威保存，不仅将石刻文字的内容继续传承，更是追溯原件的有力依据。

传拓，作为一种复制传播方式，具有恰恰与雕版印刷相反的特色：经过传拓而成的拓片——黑底白字，所拓印的器物——阴文镂刻，复制的方式——文字正写到正写。但是，传拓却与雕版印刷有着千丝万缕的联系。通过传拓过程完成的一类成品叫做法帖，作为书法

图23：《陈令望造心经碑》唐天宝一年（742年）

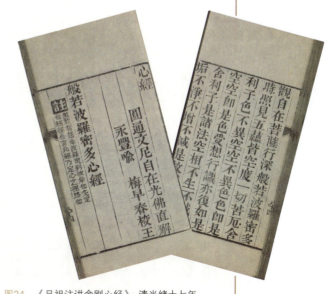

图24：《吕祖注讲金刚心经》 清光绪十七年（1891年）刻本

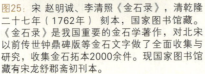

图25：宋 赵明诚、李清照《金石录》，清乾隆二十七年（1762年）刻本，国家图书馆藏。《金石录》是我国重要的金石学著作，对北宋以前传世钟鼎碑版等金石文字做了全面收集与研究，收集金石拓本2000余件。现国家图书馆藏有宋龙舒郡斋初刊本。

图26：清 王昶《金石萃编》清同治十一年（1872年）刻本。《金石萃编》是清代极具影响的金石学集大成著作，搜罗商周青铜器及历代石刻拓本1500余种，国家图书馆藏。

艺术的一种载体，是将前辈名家的字帖以双钩描线搨写（此技艺称为响搨）在石或木板上，以传拓方式刻帖流传。实际上，就是以印刷传播为目的所进行的行为。

跟着传拓这位先行者的脚步，雕版印刷术向我们走来了。

雕木以传文

提到文字的复制，现在的我们肯定会想到印刷技术。但在印刷术还未出现的时候，我们的先人就不断地在实践着如何更好地将文字保存并复制下来，曾经出现过的有手工誊写，印章，在金属、石板上刻字再以墨拓印等，这些都为雕版印刷的诞生奠定了基础。国家图书馆的老前辈张秀民和钱存训先生集毕生精力对中国印刷事业进行了研究与论证，钱存训先生认为，印刷这个词是清末民初西洋印刷术传来后才开始使用的，之前一般称为刻书、刻版、雕版或刊刻，印刷的书籍通称为刻本、刊本或印本。

纸和墨这对黄金组合，无疑对印刷术的发明起到了重要作用，它们不仅能将文字清晰持久地保留下来，而且订制成的书籍方便储存和运输，为文字的传播和复制做足了物质前提。至于技术方面，浮雕反文印章（以"反文"体取得"正文"，这是印刷技术的基本原理）

本章中关于纸、墨、雕版印刷、木活字发展的史料及论述主要参考钱存训的《中国纸和印刷文化史》和张秀民的《中国印刷史》。

和在薄纸上拓印技术的结合导致了雕版印刷方法的诞生。此外，在古代，我国科举需要标准的儒家经典，宗教的传播也需要大量佛经的复制品，而汉字笔画多，字形复杂，抄写速度慢，之前的抄写和传拓难以满足社会需求，非常需要一种更有效的文字复制传播技术，这就是雕版印刷出现的社会前提了。

印刷是书写的一种机械延伸，雕版印刷，以反字刻木，刷墨印

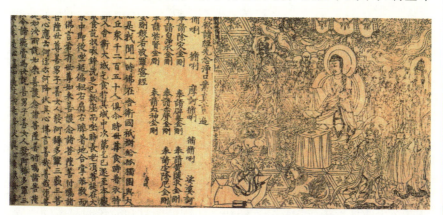

图27：《金刚经》卷首 唐咸通九年（868年）

字，一版对应着一页（也有对开的）书籍，凝聚着造纸术、制墨术、雕刻术、摹拓术等优秀传统技艺。我国雕版印刷最早大概出现在7世纪，现存最早的完整印本书卷是在敦煌发现的唐咸通九年（868年）印刷的《金刚经》。佛教经文的传播需求对印刷术的发展起到很大的

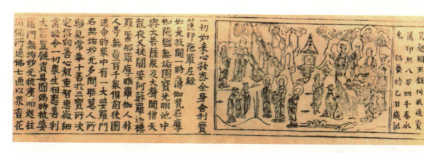

图28：《宝箧印陀罗尼经》 五代吴越国王钱俶乙丑 宋太祖乾德三年（965年）印

推动作用，到了五代时期，印刷的内容题材开始不再局限于佛经和历书，已有道家和儒家经典著作、文选、历史等题材，洛阳与开封成为印刷中心。值得一提的是，在杭州地区，这一时期吴越国王钱俶（弘俶）（929—988）印行了经咒《宝箧印陀罗尼经》3种，共8.4万卷，另一位杭州明刹灵隐寺的住持延寿僧人（904—975）也印行了大量经卷、梵咒、佛像，仅已知经咒有12种以上，图像40多万幅，两者加起

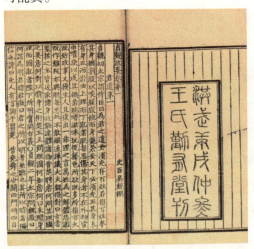

来是我们已知的这一时代规模最大的印刷工程，深深影响了北宋的印书事业。

我国雕版印刷到宋代成长为完美精湛的技艺，技术改进、印刷范围进一步扩大并传播到北方一些少数民族（契丹、党项、女真、蒙古）地区，甚至继续向西传播。这一时期官府、学校、寺院、私人、家塾、书肆都从事书籍刻印，印刷内容不仅有儒、释、道经藏，历史、地理、哲学、诗文、科学与技术（尤其是医学）等都有涉及，印刷中心北方为北宋时开封，南方为南宋时杭州。宋代是我国印刷术的黄金时代。这一时期活字印刷术的发明，为举世独创，成为世界文明史上最重要的发明之一。

中国雕版印刷的发展和进步，也体现在印刷内容的逐渐丰富上，因为印刷的突出特点就是复印和传播，印刷内容范围的扩大对文化的继承和传播具有重要意义。在明代，印刷的题材和前代明显不同，除传统经、史、子、集等内容外，已有通俗小说、音乐、工艺技巧、航海志等未曾出现的题材。在技术上，明代的匠人改进了木板多色套印的方法，书内的插图更为精致，而使用雕版摹印的方法复制古本书籍几可乱真。

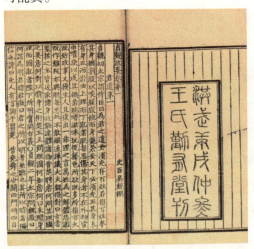

图30：《贞观政要》十卷 唐 吴兢撰 明洪武三年（1370年）王氏勤有堂刻本 国家图书馆藏

图31：《篆文六经四书》六十三卷 清康熙间（1662—1722）内府刻本 全书以小篆刊刻 国家图书馆藏

清代中央政府积极推动编修与印刷，各地方机构也积极仿效，设立官书局，北京、江苏、浙江、福建等省市印刷业繁盛。清廷主要负责刊印书籍的地方是武英殿修书处，位于紫禁城，隶属内务府，这里出版的书籍通称"殿本"，以校勘严谨、纸墨精良、字体秀丽、刻印与装订技术高超著称。地方各官书局刻印的书籍以互通有无、刻印严谨为特点。此外，书肆印坊、学者文人等也积极刻印。在清代，地方志、专志（由名山、关隘、河堤、桥梁等主管机构编撰出版）、家谱、丛书得到大量印行，无论在数量上还是规模上都远超前代各朝。

在中国，总的来看印书是以雕版印刷为主的。虽然宋代毕昇创造发明了活字印刷术，让印刷排版更加灵活，尤其适宜印刷如康熙朝《古今图书集成》，乾隆朝《武英殿聚珍版丛书》等这样卷帙繁多的书籍。但是，中国文字数量庞大，一套书籍印刷需先雕刻大约20万个活字，前期经济投入很大，雕版就相对经济并容易处理，当所需用量的书籍刊印后，可将书版保存，需要重印就再拿出来，避免了图书的积压。并且雕版印刷的字体及格式可有不同风格和效果，印成的书页整齐美观，错误也较少，而活字印刷除了在排版方面容易出错外，也会因材质问题，使印出来的书缺少些美感。如金属活字就不易上墨，陶泥及瓷活字在焙烧过程中会有收缩膨胀现象导致字体大小不一，版面不齐（中国印刷业普遍接受现代活字排版印刷则是20世纪初的事了）。

雕版印刷，裁木为版，精雕细琢，技艺传承千百年，随着时间的延续不断完善，虽然工序的基本原理大体一致，但不同地方也会因地制宜，因文化不同而带有鲜明的地域、民族特色。在我国西藏，有着"木刻之乡"的江达县波罗乡，当地刻工能雕刻难度很大的《丹珠尔》和《甘珠尔》经，雕刻的风马旗和佛像图案极具民族特色，技艺高超。

波罗古泽木刻雕版起源于1676年，由德格第十一世土司、第六世法王却吉·登巴次仁发起（当时四川的德格、白玉以及西藏的江达都隶属德格土司管辖）。当时佛教盛行，寺庙刻制数以万计的木刻雕版用于印制佛教经文及图案，也兼收并蓄地刻印了各种学科文献和各教派典籍。

波罗古泽刻板精细、精美、精致。刻板的原料采用当地盛产的"桦胶树"，选取其中顺直且无疤的树段，经过分割、去除水分后放在畜粪堆中浸泡，次年再熏烘、刨平后才用作版胚。木版雕刻工具

波罗古泽木刻雕版的起源和工序内容主要参考多吉才旺、洛布《江达古泽的木刻工艺》（《中国西藏（中文版）》，2010年第5期）和《藏族世界级、国家级非物质文化遗产解题名录》（《中国藏学》，2012年s1期）。

分大小40余种，工具多以剃刀为主，也有常见的刷子、磨石、牛皮护膝等，一个雕刻艺人随身携带的必备雕刻工具有20种左右。

在刻板制作过程中，必须先由享有盛名的藏文书法家手写印刷字体于纸上，再经过2位以上的人员严格校对，才将文字用特殊液体印在木板上，并在适宜的阳光下晒干。雕刻艺人按照原文临摹刻制，出成品后还要经过12次严格校对，在确定无任何错误后刷上酥油汤晾晒，晒干后涂上朱砂颜料，最后用一种能防虫蛀的植物熬成水，用它浸泡后再清洗，其后交付工人印刷，整个流程包含裁纸、撰写、内文校对、印刷、临摹雕刻、经文校对、进油、晾晒、兑制朱砂、上色、防护、分页、核对、捆扎包装等近20道工序。

波罗古泽木版雕刻按内容分经书板、佛像板和美术板。经书板主要以雕刻经文内容为主；佛像板主要以雕刻佛像、风马旗等图案为主；美术板又称画板，为单面雕刻板。其中经书板按板面又分2类：一种是红板，所用的印刷油墨沿用传统朱砂。红板代表珍贵书籍，红板手柄上有蝎子图案的代表经典印板中最为珍贵的内容。对经典印板采用红色印刷，表示对佛祖的虔诚和敬仰。一种是黑板，旧时黑板所用的印刷油墨多为自制的烟墨，如今则用墨汁印刷，内容多为日常所见经文。在波罗乡的诸多雕刻经板中，尤以雕刻《丹珠尔》和《甘珠尔》最为著名。《丹珠尔》和《甘珠尔》两部经书用朱砂颜料印刷，是经书板中

雕刻难度最大的刻板。现在位于四川省的德格印经院内收录着17世纪时由波罗乡外冲村的经板雕刻艺人历时7年完成的《丹珠尔》100余本，《甘珠尔》200余本，这是当时刻板最精致、最完整的一部经典文献。在德格印经院中，80％以上印经板均为昌都地区江达县波罗乡所制。波罗古泽木版雕刻印刷技艺被评为国家级非物质文化遗产代表性项目。

位于福建西部的连城四堡是明清时期中国四大雕版印刷基地（北京、武汉、江西许湾、福建连城四堡）中唯一幸存的遗址，保存有80余座古书坊建筑、5000多块古雕版、6000多册古籍以及众多牌匾、印刷工具，堪称印刷与出版史上的活化石。四堡雕版印刷起源于南宋，发展于明朝，明末清初的印书业"垄断江南，行销全国，远播海外"，达到鼎盛。当时的印书坊基本属家庭作坊，先后共创立堂博（印书房）123个，比较著名的有碧清堂、文海楼、文香楼等，所印书籍种类繁多，已查证的有9大类、522种，主要为启蒙书、经史子集、小说、诗词、应用书籍等。四堡雕版印刷制作精良，用纸、装帧颇为

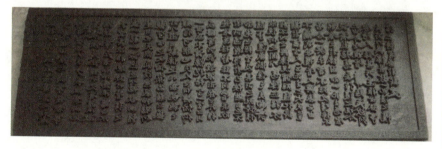

图34：福建连城四堡雕版《兰亭序》

考究，以笔画齐整的宋体字，精雕细刻，印出来的书不仅美观大方，而且具有书页天头高的特点，便于读者批注。

连城雕版印刷技艺传至今天已有15代了。雕版制作可分为5个阶段：胚板制作、胚板书写、雕版制作、刷印、装订。胚板制作的原材料选用四堡雾阁、马屋四周盛产的枣木、梓木、梨木和小叶樟，以小叶樟为常用。连城四堡雕版印刷技艺被评为国家级非物质文化遗产代表性项目扩展项目。

杭州雕版印刷术起源于隋代末期，至今已有1400年历史，在元、明、清时期，一直是重要的雕版印刷基地，有许多代表全国高水平的印刷品，如南宋时期著名的"临安三志"，元朝三部大型史书（《辽

史》《金史》《宋史》），明代《径山大藏经》，清代鲍廷博的《知不足斋丛书》等。现在的杭州鼓楼至众安桥一带是当时书坊集中之地，亦是出版发行中心。杭州雕版印刷整个过程大体分为选材、雕刻、印刷3个程序，共有浸蒸、取板、刨涂、磨板、描稿、拳刀、崩刀、重刀、铲底、成型、对稿、夹纸、对版、调色、干印、湿印、刷、矴、掸、饾版、拱花21种技法，其中饾版与拱花技艺尤为高超。

饾版，即分色、分版的套印方法。通过分色的雕版套印，表现出画面的色彩、墨色、浓淡、枯湿的变化。拱花，就是在木版水印平面刻上凹型的物象轮廓，再用宣纸覆盖在版面上，施加一定的压力，使之表面产生浮雕的暗纹。拱花技术的运用大大增加了艺术感染力，增

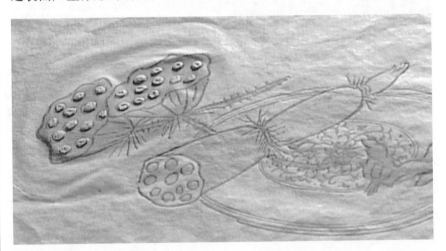

图35：拱花

加了新的趣味，清逸淡雅。2011年，杭州雕版印刷技艺被评为第三批国家级非物质文化遗产代表性项目。

除上述三地，我国尚有江苏南京金陵刻经处、扬州广陵古籍刻印社、四川德格印经院，以及青海省同仁县、河北省衡水市等传承和发展着雕版印刷技艺。此外，北京荣宝斋和上海朵云轩，是我国木版水印技术的重要传承地。

木版水印是中国特有的复制传统绘画的印刷技艺，也叫古代彩色版画印刷术，源于雕版印刷，在唐代就已成熟，刻版和印制都达到相当水平。这项技艺广泛用于印制书籍插图，尤其在明代非常流行，大量的需求也促进了该技艺的不断发展，明末"饾版""拱花"等

图36：明 胡正言辑《十竹斋书画谱》，明崇祯间（1628—1644）胡氏十竹斋刻彩色套印本，分"书画谱""墨华谱""果谱""翎毛谱""兰谱""竹谱""梅谱""石谱"八卷，采用饾版彩印法，代表了我国古代印刷术的最高水平，国家图书馆藏。

套版叠印工艺在民间广泛采用，用于印制年画、谱笺小品等。木版水印作品有"次真迹"之称，酷似原作，还原度高，是因为所用的"纸""绢"和"颜色"，与传统绘画所用材料完全相同，并在印刷技法上运用了绘画技法。

作为一种完全依靠手工技艺印制中国书画的雕版印刷技术，上海朵云轩与北京荣宝斋形成了中国木版水印"南朵北荣"两大流派。朵云轩受"海派文化"的滋养，重格调、重笔墨、重韵味，形成了作品用料考究、精致、典雅、秀润的风格特征，作品绢本细腻秀雅，纸本古逸苍润，代表作品有历时4年重梓的《明胡正言十竹斋书画谱》（荣

图37：朵云轩重梓《十竹斋书画谱》

获1989年莱比锡国际图书艺术展览最高奖——国家大奖）等。北京荣宝斋曾先后为鲁迅、徐悲鸿等名家印制诗笺，修补名画，更成功印制了清代王云的绢本山水《月夜楼阁》，填补了1300年来雕版绢本印刷的空白。《韩熙载夜宴图》《虢国夫人游春图》和《清明上河图》三

图38：荣宝斋木版水印作品《虢国夫人游春图》（局部）

件巨幅木版水印作品的印制成功代表着荣宝斋高超的技艺水平，使其声名远播，享誉海内外。

木版水印技艺虽然工具简单，但工艺技巧复杂，由纯手工操作对书画进行高仿真复制还原，不仅要独具匠心，更需要一定的耐性和毅力，是一种艺术的再创作。

雕版印刷术，木版水印技艺是先人留给我们的伟大文化遗产。我们的祖先，发明了能够表达丰富意境的文字，又为文字的保存和传播费尽心思，一字一字地精雕细琢，求真，致远，让生命赢过了时间的磨耗。

活木为字

2010年11月15日，联合国教科文组织保护非物质文化遗产政府间委员会第五次会议在位于东非的肯尼亚首都内罗毕举行。在这次会议中，"中国活字印刷技术"被列入急需保护的非物质文化遗产名录。这是一件幸事，标志着世界对我国活字印刷这项传承千年的技艺的认同和赞扬。不过扎眼的"急需"二字，让人心头不由一颤，这是对活字印刷术下达的"濒危"诊断，说明抢救迫在眉睫。

目前，我国只有浙江省瑞安市和福建省宁化县两地仍保留使用并传承着木活字印刷技艺。瑞安木活字印刷术已于2008年成功列入第二批国家级非物质文化遗产代表性名录，得到重视和保护，不过困境依然存在。和便捷省力的计算机打字相比，木活字需精工细刻，工序繁杂，极为耗时；与铅字相比，木活字成本高、速度慢、难度大，对季节气候也有要求。不过用纯手工木活字印出来的书籍就是带着那么一

种与众不同的味道。棠梨木精雕而成的老宋体，外形方正，古朴端庄，浸染着浓郁的墨汁，印于轻软的宣纸上，纸页中那夹着稀微木香的浓浓墨香是时间沉淀的味道，也

图39：老宋体

将大自然那坚韧不息的生命灵气注入到了书籍中。经过一道道人手尽心尽力汇集而成的书，承载着书中的人和事，也将做书的人一并融进了历史。

木活字印刷一直是我国活字印刷的主流，从元朝开始直到现在已流传了700多年。活字的"活"，是相对于雕版的"死板"而言的。不过，首创活字印刷术的宋代人毕昇一开始并不看好木质活字，经他试验认为"木理有疏密，沾水则高下不平，兼与药相粘不可取。不若燔土，用讫，再火令药镕，以手拂之，其印自落，殊不沾污"，所以毕昇采取的是用胶泥造活字。

图40：宋 沈括《梦溪笔谈》明万历间（1573—1620）会稽商氏半野堂刻本 国家图书馆藏

可惜的是，毕昇的发明并未得到当时政府的重视，经过《梦溪笔谈》的记载和宣传，后来有不少人采用毕昇的活字印刷术进行印书。各地的人们也因地制宜，采取多种材料制作活字，产生出了泥活字版、磁版、木活字版、铜活字版、锡活字版、铅活字版等各种活字。不同材质的活字在各个朝代同时发挥着作用，而各时代对活字的称呼也有不同，如元代称"活版""活书版"等，明代则有"便版""合字版"等，清代普遍用"活字版"和"聚珍版"。

木活字印刷一直延续着毕昇泥活字印刷的传统。最早使用木活字的是元代著名农学家、机械专家王祯，他请工匠制造了3万多个木活字用来刊印他的巨著《农书》，并在《农书》卷二十二后系统详细地记载了他的"造活字印书法"。虽然，王祯没用这套活字印《农书》，而是印了他纂修的《旌德县志》。这本6万多字的书，不到一个月就印了百部，效率在当时是极高的了。更令人称道的是，王祯独创排字轮盘，将两个木质大转轮盘依号数铺摆木字，一人在两轮盘中间，推盘

找字，左右兼顾，以字就人，大大提高了排字效率。元代活字印刷已经在皖南、浙东一带流行了。目前现存年代可能最早的木活字实物是由敦煌博物院发现的六枚回鹘文木活字，创制年代大概在13世纪，说明元代的木活字已经流传到维吾尔族地区。

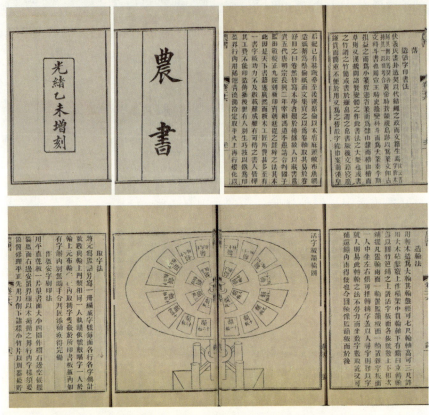

图41：元 王祯《农书》清光绪二十一年（1895年）增刻。此版本《农书》分三十六卷，《造活字印书法》在第二十六卷，国家图书馆藏。

明代木活字更为普遍，不过主要是各地藩王、书院私人使用，木活字的灵便性（自用方便，借人也方便）得到更好的发挥。

到了清代，木活字几乎南北各省都有流行，基本延续王祯的印刷方法并提高改进。这里还有个小插曲，话说康熙年间编纂《古今图书集成》时，造了铜活字进行印刷，用完后将铜字及工具储存在武英殿，时间长了，历任看守的官员各种监守自盗，致使铜字缺了不少。到乾隆时期，这些官员害怕担责任，就趁着当时北京钱贵，建议乾隆皇帝毁了这些铜字及工具来铸钱。乾隆帝一时没反应过来，又迫于当时形势，就在乾隆九年（1744年）把武英殿的铜字铜盘全都销毁改铸了铜钱。后来等乾隆想把从《永乐大典》内辑出来的佚书刊印流传

图42：《古今图书集成》 清雍正间（1723—1735）武英殿铜活字本，国家图书馆藏。

时，才明白之前干了件大蠢事，追悔莫及，于是命人刻造枣木活字253500个用于印书，于乾隆三十九年（1774年）完成。乾隆觉得活字版这个名字不好听，另起名为聚珍版，并先后印成了《武英殿聚珍版丛书》134种，2389卷。武英殿聚珍版是清廷官造木活字，规模大，改进和发展了元代王祯的方法，负责督造木活字的官员金简详尽梳理这次印书经验及过程，并一一绘图，定名为《钦定武英殿聚珍版程式》。当然这一大批珍贵的木活字也没能善终，由于长期存放在武英殿内未能充分利用，就被值班的卫兵们拿去烤火了，一个也没存下来。

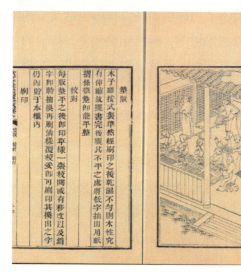

图43：清 金简撰 《钦定武英殿聚珍版程式》一卷 清乾隆间（1736—1795）武英殿木活字印本，为清内府木活字印书《武英殿聚珍版丛书》之一，是我国活字印刷史上的重要文献，国家图书馆藏。

清代书院、营业性的书坊、私人也都采用木活字印书，而且清代木活字除印书外，还刊印报纸，如《邸报》《京报》。清光绪二十一年（1895年）八月由当时的维新派人士出版发行的《万国公报》（后改名《中外纪闻》），就是用木活字进行印刷的。此外，清朝修家谱之风盛行，家谱广泛采用木活字进行印刷。

虽然活字印刷的起源在世界上还存在着争议，西方国家认为活字印刷是德国人谷腾堡（Johannes Gutenberg，1394—1468）发明的。

可是，我国宋代沈括的《梦溪笔谈》中，虽然毕昇个人信息非常少，但关于活字印刷的方法记载详细。相关宋代资料（如《栟榈先生文集》）和发掘的宋代活字印本（如浙江温州市郊白塔出土的《佛说无量寿佛经》）均可证明在宋代已有活字印刷技术并为人所知。所以说毕昇在北宋仁宗庆历年间（1041—1048）发明了活字印刷术，为世界首创，比西方活字印刷早约400年。

现今，浙江瑞安传承使用的木活字印刷术主要用于做家谱，也会印一些佛经、古书，但数量不多。家谱也叫宗谱、族谱、家乘等，它是家族的生命史，以父系家族世系、人物为中心，记录着一个家族的来源、迁徙轨迹，囊括了家族生息、繁衍、文化、族规等人文历史信息，是除国史、方志外非常重要的历史文献。

由于家谱有15年一小修，30年一大修的讲究，不修则认为后世子孙不孝。新修家谱要更新信息，旧谱作废，重新排版。而且家谱不是普及性读物，印数不多，仅由族中各房珍藏，不轻易示人。所以，家谱一般不采用雕版而是以排版灵活又节约资源的手工活字印刷。而木活字要比铅活字、铜活字更轻便，修谱的师傅（称为谱匠或谱师）用担子挑着字模工具就可以上门修谱。在修谱之风盛行的清代，木活字家谱分布在江苏、浙江、安徽等地，尤以江、浙两省居多，市场需求大。瑞安木活字印刷术能脉脉相传至今，与当地极盛的宗族观念有很大关系。

瑞安木活字印刷技术，起源于元朝，最早将木活字印刷技术用于修谱之事的是一位名叫王法懋的人。据《太原郡王氏宗谱》记载：元初，隐居在福建省安溪县长泰里的王法懋一边"教授善身"，一边"化俗谱之修"，开始编修宗谱，并把木活字印刷术引入编修族（宗）谱的事业中，称为"梓辑"之艺。清代乾隆时期，王法懋的后代由平阳翔源迁入东源，不仅将"梓辑"历代相承，更授给外人。现今，时年59岁的王超辉就是王法懋一脉木活字印刷技术第十四代传承人之一，居瑞安市平阳坑镇。他的木活字印刷技术是从堂兄弟那儿学来的。

从19岁开始，王超辉就背着铺盖卷，挑着装着字模和工具的担子随堂兄到各地上门修谱。以前交通不方便，有时要挑着担子走三四十里路。修谱的地方一般就在当地祠堂里，雇主家包吃包住。起初，王超辉作为新学员还要很早起来烧饭、扫地，负责各种杂事，照顾修谱队伍。只要一忙完，王超辉就在师父边上看，他很快就熟悉了如何写反字，摸清排字规律，初步尝试排版。仅1个月，王超辉就能一边排版一边印刷，1年后学满出师，开始自己单独接修谱任务，直到现在已有40个年头了。王超辉技艺精湛，足迹遍布温州、杭州、福建等地，并于2008年入选第二批国家级非物质文化遗产项目代表性传承人。

在浙江省瑞安市马屿镇西前村，已经80岁高寿的林初寅老先生是另一支木活字印刷术的第五代传承人。第一代传承人是林老先生的高祖父，技艺传自福建，他的妻子（林老先生的高祖母）是浙江瑞安东源村人，也将东源村的木活字印刷技术带了过来，同源不同地的技艺传承在林家这一代融汇一体，不过林家的"梓辑"技艺是传男不传女的。14岁开始，林初寅就跟着父亲边外出做事边学习，到过瑞安、平阳、永嘉等地。16岁时，林初寅就可以独挑大梁，专职修谱工作。但在"文化大革命"时期，家谱遭到销毁破坏，修谱工作举步维艰，很多谱师的字模和工具都被烧了或者上交。1967年，林初寅家里当时有两担字模，一担是自家从爷爷辈传承下的，一担是林初寅哥哥家的。林初寅的哥哥把自家的一担活字上交，祖传的一担字模被藏起来，躲过一劫。在严峻的政治环境下，林初寅只能放弃这门家传手艺，转行教书，后来又被分配到农机所工作。改革开放后，随着对传统文化的认识逐渐趋于理性，修谱活动开始恢复，尤其是在宗族观念比较强烈的浙江、福建地区。1978年，林初寅重操"梓辑"技艺，直到现在仍在从事着相关工作，并于2008年被评为第二批国家级非物质文化遗产项目代表性传承人。虽然经过"文革"十年浩劫，大批珍贵的文化遗产遭到毁灭性打击，但是木活字印刷依然传承了下来，林老先生说："脉少了，但还是传下来了。"

瑞安木活字印刷技术完全手工操作并代代传承，古朴而原始，基本再现了我国古代活字印刷的作业场景，是活字印刷术源于我国最有力的证明。对一个宗族来讲，家谱是神圣的，故而围绕着家谱有很多讲究，比如在修家谱的时候要有开印的仪式，择选良辰吉日，祭拜祖先、燃放鞭炮，祷念祭文等。在正式排字印刷前，谱匠们还要挨家挨户采访，确定人口情况（开丁），再整理好文稿（誊清）。至于具体的刻字排版印刷，大体过程如下。

1. 制作字模。棠梨木经过风吹日晒雨淋自然干燥后割成长方形或者正方形、大小不一的模子，打磨光滑。棠梨木的优点是纹细，雕刻起来字没有丝儿，打上水也不会印水。大的字模11mm×11mm，小的5mm×7mm。

2. 描字、刻字。将要刻的字用毛笔以老宋体反写在木模上。刻字

图44：描字刻字

时，先刻横笔画，再刻直笔画，再刻撇笔画，最后用刻刀将空白的边角挖去。

王超辉说：学徒第一年只排版印刷，第二年、第三年再学刻字，我到三四十岁的时候，有些字刻起来已经不错了，我就是在（上世纪）80年代把自己的东西（字模）刻起来的。

3. 检字。检字是木活字印刷术最重要的步骤，检字速度的快慢与认字的准确度直接影响排版的工作效率和最后的印刷质量。王氏的老祖先们运用智慧创造了一套特有的检字口诀并代代相传："君王立殿堂，朝辅尽纯良。庶民如律礼，平大净封疆。折梅逢驿使，寄与陇头人。江南无所有，聊赠数支春。疾风知劲草，世乱识忠臣。士穷见节义，国破别坚贞。台史登金阙，将帅拜丹墀。日光升户牖，月色向屏巾。山迷猿声啸，云飞鸟影斜。林丛威虎豹，旗炽走龙蛇。卷食虽多厚，翼韵韬略精。井尔甸周豫，特事参军兵。饮酌罗暨畅，瓦缺及丰承。玄黄赤白目，毛齿骨革角。发老身手足，叔孙孝父母。来去上中下，杂字俱后落。"新徒入行的基础课就是要先学会口诀的背诵，师徒行过见面礼，师傅口授入行三心：留心、小心、坚心。徒弟受教后传授检字秘诀。

王超辉说：这160个字五天内记不住，说明他脑力很差，这个学生学

起来肯定没有多大作用。排字的时候有内盘，基本都是人的名字，用得多，常用字就是内盘。其他采用的是送盘，字用得很少的叫做外盘。

4. 印刷。印刷前，先研墨再下刷，下刷要先将版面用水洗一次，晾一会儿，再刷墨，是让墨刷得更均匀。字模要充分湿润，阴雨天只刷水一次，干燥天则要刷水好几次。刷墨时，用刷子蘸上墨汁，先在一块木板上均匀涂抹，晕开后再刷在印版上。用墨也很讲究，墨多墨少完全取决于谱师的经验。

图45：王超辉 国家级非物质文化遗产代表性项目木活字印刷技术代表性传承人

王超辉说：以前磨墨是要学一年的，墨多少，很难把握。我当学

图46：刷墨

生的时候不用墨汁，是用墨块磨起来，在木盆里一点点磨，一天都在磨，磨一点放在碗里面，然后用笔蘸一下写，师傅会告诉你这个可以了，这个太淡了，这个太浓了。

图47：上棕刷

图48：木活字成品

刷完墨，取宣纸对准印版四角覆盖，用棕毛刷先在一块干蜡上来回涂抹，润滑一下，再找准手力在宣纸上来回刷动，使宣纸充分吸收字模上的墨汁。掀起后一张清秀的木活字印刷品就完成了。

随着几十或上百页纸印好后，谱师们就进行打圈、划支、填字、分谱、草订、切谱、装线、封面、装订等好几道工序。最终，一本本古香古色的家谱诞生了。谱师们尽自己的人力，将几百乃至上千的名字印于纸上，他们的工作寄托着一个宗族内所有人对家和血脉的认同，这是几千年来中华大地上从未间断过的寻根情怀。不管逝者已离开多少岁月，不管今者身在何方，他们都在这次谱匠们的牵线中得以团圆。

在当下，木活字印刷仍面临严重的发展困境，快节奏多样化的生活中，很少会有人愿意将时间慢慢耗在写字、刻字、排版上面，另外修谱工作成本高、速度慢、报酬低，许多谱匠也放弃了这项工作改寻别的出路，再加上电脑技术和机器铅字印刷也抢占了部分市场，木活字印刷当下的境况令人担忧。

活字印刷与造纸、指南针、火药一起并称为中国古代四大发明，对中国和世界影响巨大，然而活字印刷传承至今却已如奄奄一息的火苗。的确，木活字印刷和先进的机械化印刷相比，工序繁杂、难度大、效率低，需求渐少。但，请不要忘了，在可用眼睛能看到的木活字印刷技术后面，是造模选材的精挑细选，是描字时的静心运气，是刻字时的专心致志，是排字时的严谨踏实，是印刷时的小心翼翼，是打圈布线装订时的细致周到，整个技艺过程中无不体现了无微不至的人文关怀，这不正是我们一直敬仰和追求的人类秉性中那些美好的东西吗？

木活字印刷的传承，不单单是一项手艺的传承，更是一种记忆、一种历史的延续。还好，在它岌岌可危之时我们意识到了，也开始采取行动，也许我们还来得及抓住木活字印刷的衣角，轻声挽留：别走！

第七章
文字的传承

文字传承的是什么？

我国的文字是一个大家庭，无论汉字还是少数民族文字，无论是如今仍然存活在人们生活中的还是已经逝去的，无论是人人共享的还是少数人独专的，文字的延续都离不开教育，离不开传承。

据文献记载，我国早在夏商时期就有了学校。周代官学制度得以发展，春秋战国时期，知识下移，以孔子为代表的私人教育兴起，从此私学与官学并存成为我国基本的教育体制。唐代出现了书院。到了宋代，书院发展为以研究为主的教育机构，并且日益兴盛，历经元明清，成为我国教育的重要组成部分。我国的现代教育则包含了基础教育、高等教育、职业教育和继续教育等多种形式。

无论古代还是现代的基础教育，识字、写字都是重要的教学内容。到了高等教育阶段，文字的教育包含了形、音、义等更为深广的内容，语言文字学也发展为一门独立的学科。

"小学"最初是指少年求学的地方，与今天的小学概念没有明显区别。"小学"一词最早见于《大戴礼记·保傅》（"小学者，所学之宫也"）。儿童八岁开始入小学学习"六艺"，十五岁以后在大学学习修齐治平的道理。《汉书·食货志》曰："八岁入小学，学六甲五方书计之事，始知室家长幼之节。十五入大学，学先圣礼乐，而知朝廷君臣之礼。"识字是小学里的事，学习的内容包括"六书"（象形、指事、会意、形声、转注、假借），这是造字和用字的方法。所以汉代逐渐把关于文字的学问叫做"小学"。"小学"作为传统语言文字学的名称，最早见于《汉书·艺文志》，曰："凡小学十家，四十五篇。"汉人识字的主要目的是读经，因此"小学"与经学一样重要。《汉书·艺文志》就把"小学"排在"六艺"（指儒家"六经"《诗经》《尚书》《仪礼》《乐经》《周易》《春秋》）之后，古代研究语言文字的专家如许慎、郑玄、段玉裁、王念孙等也同时是经学家。隋唐以后，传统"小学"成为文字学、训诂学、音韵学的统称。到了清代，由于清代学者尤其是乾嘉学派的努力，在理论上建立了形、音、义三者相求的理论系统，找到了通过文字研究而通晓古代语言的途径，使小学的研究体系更加科学化。由小学入手治史学、经学、理学、词章、经济，是张之洞《书目问答》中指出的治学路径。近人章太炎、黄侃等学者，是我国语言文字学现代转型的津梁，他们使小学脱离经学成为一门独立的学科。语言文字学研究发展到今天，已经分化为文字、语音、语法、词汇、修辞等多个分支，方法的科学性、理论的严密性和内容的系统性上有了更大的发展。

两千年的"小学"发展史上大家辈出，他们的著作既是学术研究的经典，也是我国文字传承的另一重要形式。单是那些各具风采的字书，便可以展现古代学者们探赜索隐的追求和智慧。字书也就是我们现在所说的字典，它是传统语言文字学研究成果的集中体现和具体应用。不同时代不同类型的字书，为我国字典的编纂做出了开创性贡献。如：第一部训诂释义的字书《尔雅》，第一部探求形、音、义的字书《说文解字》，第一部隶书字书《字林》，第一部楷书字书《玉篇》，第一部按照读音编排的字书《干禄字书》，第一部按汉字笔画编排的字书《字通》，第一部以"字典"命名的字书《康熙字典》，第一部跨越朝代的大型字书《中华大字典》，第一部现代汉语字典《新华字典》，不一而足。

我国文字的大家庭中，汉字与民族文字各展异彩。尽管由于种种原因，有多种民族文字早已成为死文字，但就整体而言，文字的传承绵延不断。近百年来，汉字发展遭遇了挫折，主要表现是清末以来百年间的汉字改革，以及相伴随的各种废除汉字论和汉字落后论。从20世纪计算机发明以来，现代信息技术发展迅猛，汉字曾一度被拦截在屏幕之外。王永民于1983年发明的五笔字型输入法，率先使汉字突破了计算机应用的巨大障碍，迅速赶上了现代化的潮流。此后，各种输入法层出不穷，中文信息处理技术日新月异，键盘输入、手写输入和语音录入，在计算机、手机等各种高科技产品上纵横驰骋。虚拟的世界带给人们无限遐想，手指在键盘上飞快地跳舞，人们的工作和生活越来越依赖于电子技术，传统书写方式以及所需的笔和纸渐行渐远。书写的陌生化、错别字、汉字的随意使用和肢解，以及外语热……汉字面临前所未有的传承危机，这不是危言耸听。

在人类文明高度发展的今天，我们享受着高科技的盛宴，享受着全球化的"大同"，我们的语言文字则成为牺牲的代价。

文字是人类宝贵的文化遗产。文字的传承与保护，我们责无旁贷！

一、文字的教育

学校

我国文献记载，早在上古的夏商时期就有了学校。《礼记·学记》曰："古之教者，家有塾，党有庠，术有序，国有学。"意思是二十五户人共住一巷称为闾（家），闾中的学校就是"塾"；五百户为党，一党中设有"庠"；一万二千五百家为遂（术），一遂中设有"序"；一国之中设有"太学"（"国学"）。蔡邕《独断》曰："三代学校之别名，夏曰校，殷曰庠，周曰序。天子曰辟雍，谓流水四面如璧，以节观者。诸侯曰泮，泮言半也，义亦如上。"这里传达了两个信息：一是，从夏代就有学校。二是，学校的大小和地位不同，称谓也不同，同样是高等学府，天子设置的大学叫辟雍，诸侯设置的大学叫泮宫。

商代甲骨文有"学"字。以上关于学校的称谓中，最有生命力的就是"学校"了。当代无论公立学校还是民办学校，无论高等教育还是基础教育，只要是系统传授知识的单位，都有一个平等、公用的名字——学校，这一点至少与1800多年前蔡邕时代没什么两样。

孟子曰："庠者养也，校者教也，序者射也。"也就是说，学校最初不都是专门的教育机构，是兼为习射、养老的场所。春秋战国时期，知识下移，以孔子为代表的私人教育兴起，从此私学与官学并存成为我国基本的教育体制，学校也逐渐剥离了那些养老、祭祀、娱乐等文化功能而成为专门传授知识的场所。

传统教育中，除官学和私学之分外，也有小学和大学之分、中央学校和地方学校之分。西汉时学校分中央学校和地方学校两种，中央设国家最高学府太学，相

图1：国子监的辟雍

图2：金 孔元措撰《孔氏祖庭广记》十二卷，蒙古乃马真后元年（1242年）孔氏刻本，为曲阜孔氏家谱，保存大量阙里文献，可补诸家碑录之阙。此为现存最早刻本，是蒙古时期雕版印刷的上乘之作，国家图书馆藏。

当于今天的大学，地方上也设置学宫。唐代的学校极为发达，除大学外，出现了书学、算学、律学等专门学习自然科学与技术的专科教育，宋元至明清的学校构成基本承袭隋唐建制。从隋代开始，各朝均实行科举选拔人才的制度，促进了教育的发展，到了明代，进各级学校学习成为科举的必由之路。清末，我国开始借鉴西方的教育理念和办学方式，近代教育兴起，1902年的《钦定学堂章程》中称学校为学堂，到1907年，新式学堂遍布全国各地。辛亥革命以后，民国教育部实行新学制，"学堂"一律改称"学校"并一直沿用至今。

书院是我国传统教育的重要组成部分，有私人书院和官办书院。唐代出现了书院，分官私两类。私人书院最初为私人读书的书房，官办书院初为官方修书、校书或侍讲的场所。五代末期，具有聚徒讲学性质的书院基本形成，教育目的主要是培养学生参加科举考试。到了宋代，由于朱熹等名儒的努力，书院成为私人或官府所设的聚徒讲授、研究学问的高等教育机构，教育制度趋于完备，并且兴盛起来，出现了岳麓、白鹿洞、石鼓、应天等著名书院。元代统治者大力创建学校，书院因此普及，遍及各路、州、府，有"书院之设，莫盛于元"之誉（朱彝尊）。明清时期，书院数量则更为可观，但因统治者政策的变化，书院的发展几经坎坷。还有一种书院是家族书院或乡村书院，此类书院一般聘请名师，招收本族、本乡子弟读书，实为承担了启蒙教育和初等教育的学校。1900年清政府实行新政，之后诏令将全国书院改制为新式学堂，从此书院制度瓦解。

无论哪一种形式的教育，教学中始终有不同程度的文字教育内容。周代教学内容中的"六艺"（礼、乐、射、御、书、数）就有"书"，"书"是基础文化课，是指识字、写字。识字与写字是小学阶段最重要的教学内容。在我国的写字教育中，要求不仅会写还要写好，因为写字同时也是一门技艺，我们称之为书法艺术。书法教育是更高层次的写字教育。经过千百年的积累，有关识字与写字的认识及方法，成为我国传统教育理论与实践的宝贵遗产。当然，为了拓展知识和从事研究，大学和书院学习阶段仍需要识字和写字。

我国现代教育体系主要是在西方教育思想影响下建立起来的，包括基础教育、高等教育、职业教育和继续教育。我国的基础教育阶段包括幼儿园、小学、初中和高中。识字与写字也是现代基础教育的教学内容之一，在小学阶段尤为重要。高等教育阶段，语言文字学则发展成为一门包含了文字、语音、词汇等若干分支的独立学科，并衍生了一些交叉学科，既有本科教育，又有硕士、博士研究生教育。很多著名高等院校和研究院所招收语言文字学研究生。

随着我国经济、文化的发展，越来越多的外国人希望了解中国，希望学习中国的文化，因此学习汉语的热潮方兴未艾，汉语的对外传播也超过了任何一个时代。国内高校对外汉语教育教学机构、社会汉语教学机构以及海外的汉语教学机构，在汉语语言文字的教育传播中发挥了重要作用。

识字

无论古代还是当下，要想成为有文化的人，要想读书，必先识字。明代著名文字学家赵谦说："士之为学，必先穷理。穷理必先读书，读书必先识字。"清代文字学家王筠说："蒙养之时，识字为先，不必遽读书。"可见，传统的语文学习中，第一步就是识字。

从文献记载看，传统的识字教育采取集中识字法。就是学童入学后，先集中认识一两千个字，然后再进行阅读。

识字教材主要是启蒙教材。启蒙教材类型比较多，据不完全统计，汉以后的蒙学书目（含丛书）达1215种。据朱永新的《中国古代教育思想史》，我国古代的启蒙教材大体有五类，一是综合性启蒙教材，如《急就篇》《三字经》《千字文》《幼学琼林》等；二是伦理道德类蒙学教材，如《童蒙训》《少仪外传》《性理字训》《弟子规》《增广贤文》《少儿语》等；三是历史类童蒙教材，如《蒙求》《十七史蒙求》《叙古千文》《史学提要》《历代蒙求》等；四是诗词歌赋类蒙学教材，如《训蒙诗》《唐诗三百首》《千家诗》等；五是名物和自然科学知识类蒙学教材，如宋代的《步天歌》（天文类）《名物蒙求》《发蒙算经》，元代的《算学启蒙》，明代的《唐宋卫生歌》等。

古代的蒙学教材中，有些是认知教材，类似现在的语文课本，同时发挥识字课本的作用。有些就是纯粹用于识字的字书，如《史籀篇》《仓颉篇》（汉初，有人将李斯的《仓颉篇》、赵高的《爰历篇》、胡毋敬的《博学篇》合为《仓颉篇》，共计55章、每章60字，又称《三仓》）《急就篇》《千字文》《百家姓》《文字蒙求》等。不管哪种类型的蒙学教材，都有共同之处，那就是言简意赅，形象生动，谐韵易诵，方便记忆，非常适合幼童的年龄特点。而且，最为可贵的是，蒙学教材多由学者大儒编写而成（如朱熹、王应麟），用字精准，内容丰富，立意纯正，编写严谨，在某种程度上也发挥着汉字规范和教化的作用。

古代具体识字的方法有多种，古代教育家们总结出的识字办法有木块识字、纸上识字、阅读识字，等等。

清唐彪《父师善诱法》介绍了木块识字法，就是做方寸大的小木块一千块，漆好后用红笔写《千字文》，然后教三四岁的幼童识字，一天可认识几个字。同时，把认识的字集成句子，让幼童反复诵读，加强记忆。清崔学古《幼训》介绍了纸上识字，就是"先截纸骨，方广一寸二分，将所读书中字，楷书纸骨上，纸背再书同音，如'文'之与'闻'，'张'之与'章'之类，一一识之"。阅读识字就是边读书边识字。王筠《教童子法》介绍的方法是："先取象形指事之纯体教之。识'日''月'字，即以天上日月告之；识'上''下'字，即以在上在下之物告之，乃为切实。纯体字既识，乃教以合体字，又须先易讲者，而后及难讲者。讲又不必尽说正义，但须说入童子之耳，不可出之我口，便算了事。如弟子钝，则识千余字后，乃为之讲；能识二千字，乃可读书，读亦必讲。然所识之二千字，前已能解，则此时合为一句讲之；若尚未解，或并未曾讲，只可逐字讲之。八九岁时，神智渐开，则四声、虚实、韵部、双声叠韵，事事都须教，兼当教之属对，且每日教一典故。"

在宋元时期出现了世界上最早的图文对照课本《对相识字》，这可以大大激发儿童的学习兴趣。传统教育中，常用字的学习主要在童蒙时期完成。但是，高级学习阶段，识字写字仍是必修课，如书院就有识字写字的课程。因为只有扩大识字量，才能更好地阅读经史子集，进行学术研究。

现在的语文教学，采用分散识字的办法，就是把生字分散在课文中，在义务教育阶段完成3500个字的基本识字量。集中识字和分散识字究竟哪一种方法更好，各有支持者。集中识字能在短时间内突破文字障碍，但学生学习期间，无法广泛学习知识，拓展知识面，对很多字的字义并不理解；分散识字可以让学生边学习边识字，拓展了知识面，提高了学生的学习兴趣，但是，到六年级才能达到两千多字的识字量，显然阻碍了学生的阅读，不利于提高学生的综合素养。如能将集中识字和分散识字完美结合，将极大地促进我国的基础语文教育。

写字

汉字是由笔画组成的。书写汉字并非信马由缰，而应遵循笔顺规范。1965年发布的《印刷通用汉字字形表》确定了6196字的笔画结构和笔画数，1988年发布的《现代汉语通用字表》规定了7000个通用汉字的字形结构、笔画数和笔顺。1997年国家语委和新闻出版署联合公布了《现代汉语通用字笔顺规范》，将汉字的基本笔画规定为五种，即横、竖、撇、点、折；并用跟随式、笔画式、序号式三种形式将7000个通用汉字的笔顺逐一列出，使原有的笔顺规范更加完善。

书写规范是有规律可循的。据张钟和《规范汉字概说》，在汉字教学实践中，人们根据汉字的组织结构规律和笔画安排的规律总结出十二条笔顺规则，先上后下、先左后右、先横后竖、先撇后捺、先中后旁、先外后内、先进后关、先旁包后里包（左上包）、先里包后旁包（左下包）、先主体后串心、先点点儿后主体、先主体后点点儿。在掌握了每个字的规范笔顺前提下，再有这些规律性的规则做指导，就能正确书写汉字了。

在影视作品中经常有外国人用左手拿着笔快速书写的镜头。而我们书写汉字一定是用右手握笔，即使有左撇子，父母和老师在写字这件事上对他也绝不容忍，必须纠正过来。

书写汉字的执笔方式与规范汉字的书写方法一样，是汉字发展演变过程中自然而然形成的。张钟和认为，到了战国末期汉字基本定型为自上而下、自左至右书写的方块字，线条构成汉字时的排列定势，主要是受书写汉字时手和腕关节生理运动范围制约。人们写汉字时，胳膊肘是支点，支撑着上半身的部分重量，手的运动范围受腕关节的制约，运动的范围是有限的。经过几千年的实践，人们选择了用右手写字，这是符合手臂生理运动方向的执笔方式。汉字隶变之后，汉字的组织材料由线条变为笔画，汉字的形体发展为方块字。我国的文献大都是自上而下书写，行满则自右往左书写，书籍是自左向右翻页。

汉字是自源文字，经历了从图画提示文字到象形表意文字，再到符号表意文字的漫长演化过程。文字的书写过程，也经历了刻刀和笔并用，再到笔的过程。早在殷商的甲骨文时期，就发现有些文字是用笔蘸着黑色和红色的墨书写而成，甲骨文里就有"笔"字，是手持笔形。𦥑（甲骨文）像手𦥑持末端撮兽毛的竹管𦥑在写字。笔的其他字形是：𦥑（金文）𥬔（籀文）𥬇（小篆）𥬕（小篆）笔（俗体楷书）。刻刀无所谓左右手执刀，但要用毛笔的话，则只有顺应了汉字笔顺的走势，才能快速写完、写好一个字。再者，我国的汉字书写不单有实用的功效，也是审美的艺术，我们称之为"书法"。右手执笔，顺势而写，无疑更能挥洒书写者创作中的激情，毛笔在纸上的顺畅游走，有助于书写者一气呵成。总之，无论是古代的软笔——毛笔，还是当今的铅笔、钢笔、圆珠笔等硬笔，右手执笔书写，最能顺应汉字的结构特点、笔顺走势和书写者手臂的生理运动方向。另外，我国传统文化中，房屋一般坐北朝南，右手握笔，从上往下或从左往右书写汉字，不影响光线，方便书写。

现在的小学生入学以后识字和写字是同步进行的。清代王筠在其《教童子法》中主张："学字亦不可早，晓儿手小骨弱，难教以拨镫法，八九岁不晚。学则学《玄秘塔》《藏公碑》之类。不可学小字，大有三分好，缩小便五分好也。"王筠对于写字的认识，主要考虑到幼童的生理特点。写字与书法艺术紧密相连，孩童到八九岁，有了一定的领悟能力，能更好地理解和掌握书法技巧，为未来写出一笔好字打下坚实的基础；再者年龄大一些，有了自理能力，便可以自己整理纸砚笔墨等书写工具。

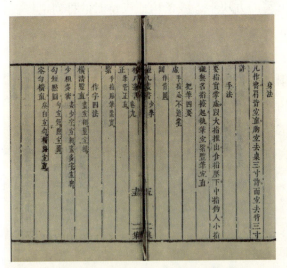

图4：崔学古《少学》《檀几丛书》第二帙 清刻本 国家图书馆藏

古代写字的方法也有要求，如崔学古《少学》对写字的身法、手法、握笔提出的要求是："凡作书，肩背宜直，胸宜去桌三寸许，面宜去背三寸许"；"指实掌虚，以大指推出，食指压下，中指钩入，小指衬，无名指抬起，执笔宜紧，竖笔宜直"；握笔有四要：虚（手指心不近掌）、圆（作背图）、正（笔管正）和紧（手贴笔紧实）。掌握正确的握笔姿势，是写好字的前提。

"识字"，不仅要求会读会写，还要在汉字教育中强调书德、书仪。古代教育非常重视蒙学中的行为教育，认为蒙学是为人的基础，所以，中国古代的教育家们很多都撰写了蒙学的行为规范。如朱熹《童蒙须知》、屠义英《童子礼》、陈瑚《小学日程》、程端蒙和董铢的《程董二先生学则》、真德秀《家塾常仪》、高贲亨《洞学十戒》，等等。《童子礼》中有三十条规范，其中包含"写字"："凡写字，未问工拙，切要专心把笔，务求字画严整，毋得轻易怠惰，致有潦草欹斜并差落涂注之病。研墨放笔，毋使有声，及溅污于外。其戏书砚面及几案上，最为不雅，切宜戒之。"

传统教育中有以字识人、以文识人的传统。所谓"做字先做人"，通过写字，培养德仪。写字者的仪态、立事的态度、对社会的

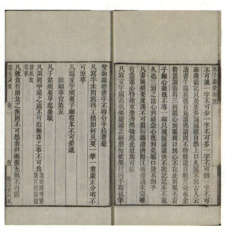

图 5：宋 朱熹《童蒙须知》《儒先训要十八卷》卷二 清光绪二十六年（1900年）国家图书馆藏

思考等等都深蕴在"写字"之中。朱熹《童蒙须知》要求，"凡写文字，须高执墨锭，端正研磨，勿使墨汁污手。高执笔，双钩端楷书字，不得令手指著毫"；"凡写字，未问写得工拙如何，且要一笔一画，严正分明，不可潦草"；"凡写文字，须要仔细看本，不可差讹"。清王筠《教童子法》认为，学字要有节气，"不可学赵，他字有媚骨，所以受元聘"。这里的"赵"指元代书法家赵孟頫。赵孟頫属于南宋遗逸而出仕元朝者，因其易朝而仕，没有气节，人们"薄其人，遂薄其书"。书史中由人品而厚薄书品的例子比比皆是。

现代教育中，已不再以字识人，但是，培养孩童从小养成端正的写字姿势、认真的写字态度仍是十分必要的。一个人认认真真地书写汉字，并能把汉字写得美观，写出自己的风格，甚至提升到书法的境界，这个人至少是一个做事认真、追求完美的人。

二、启蒙的识字课本——童蒙字书

南朝梁武帝萧衍很重视教育，为了让皇家子弟成为出类拔萃的人才，他让尹铁石在王羲之的书法中找了一千个不同的字，每字一纸，供子弟们学习。但是，这些字彼此独立，互不关联，难以识记，学习效果甚微。怎样才能让孩子们记住呢？梁武帝突发奇想，决定把这一千字编成一篇朗朗上口的韵文。用既定的文字作文，本就是难事，何况用一千个字作文，若非诗文圣手，无以胜此重任。让谁担此重任呢？梁武帝想到了才思敏捷的姑孰（今安徽当涂）才子周兴嗣。周兴嗣领旨后不敢有丝毫怠慢，回家后反复揣摩，一晚上就把那一千个字连缀成了一篇内容丰富、意韵俱备的千字文。《千字文》成，周兴嗣却因殚精竭虑，头发和胡子全白了。周兴嗣作《千字文》的事史书有载，一夕须发全白的事出自北宋谢采伯的《密斋笔记》。《千字文》全文250句，四句一组，两组一韵，共七韵。内容包罗万象，涉及天文地理、历史故事、农工园艺、饮食起居、修身养性及封建纲常礼教等各个方面。梁武帝读后，叹为奇文，立即下令刻印，颁布全国。《千字文》不仅成为宫廷的习诵课本，也很快成为全国初学者的识字教材。《千字文》自诞生后，历代都有不同的注释本、字体本、翻印本，并催生了不同的启蒙读本，极大地丰富了我国的启蒙读物。

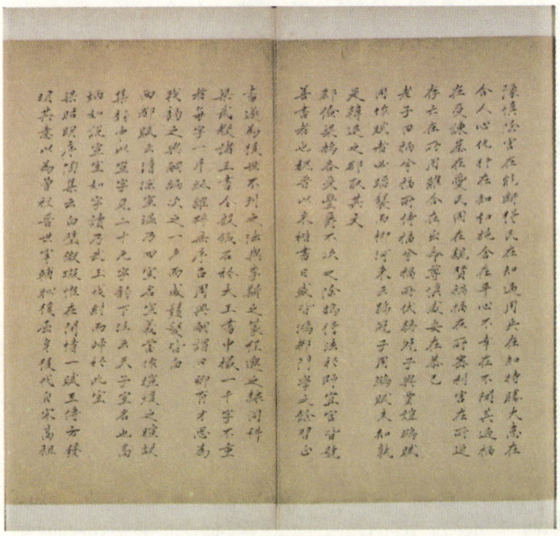

图6：宋 谢采伯《密斋笔记》清抄本 国家图书馆藏

《千字文》可谓中国社会流传最久、影响最大的经典童蒙字书，但不是最早的字书，因为早在周代就有了童蒙字书，那就是《史籀篇》，简称《史篇》。《史籀篇》有15篇，9000多字，字体是大篆。《汉书·艺文志》说这是史官教儿童识字的启蒙教材，据说由西周史官史籀所撰，不过早已亡佚（《说文解字》存200余字）。在知识垄断的西周时代，只有贵族子弟才有识字读书的特权，那些年满8岁的

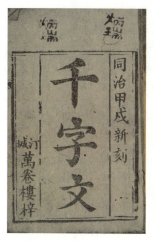
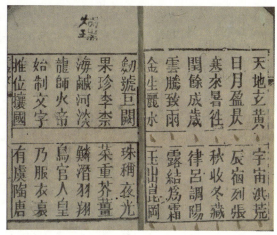

图 7：《千字文》清同治十年（1871年）汀城万卷楼刻本 国家图书馆藏

孩子们，除了学习五礼、六乐、五射、五驭、九数外，必须要学"六书"，也就是会识字和写字。17岁以上能够熟读《史籀篇》的贵族子弟，才能被录为官吏。

秦始皇统一中国后，因各国文字形体各异，便采纳李斯的建议，实行"书同文"政策。为了规范文字，李斯用小篆为标准字体，著《仓颉篇》，赵高作《爰历篇》，胡毋敬作《博学篇》。《仓颉篇》也是学童的识字课本。《仓颉篇》开篇说："仓颉作书，以教后嗣。幼子承诏，谨慎敬戒。"说明它的确是一部教儿童识字的书。全书采用四言韵文的形式，不管句子是意义相互关联的，还是词语的罗列，都合辙押韵，琅琅上口，易诵易记。《爰历篇》《博学篇》的作用与《仓颉篇》大体一致。遗憾的是，《仓颉》三篇早已亡佚，只在其他古籍和出土文献中留下残篇。

汉代很重视文字教育，当时选拔中央和地方官吏，必须达到法律规定的识字标准。西汉初年，萧何制定的法律规定，太史要选拔史官，读书必须达到9000字以上才有资格当史官。可以想见，《仓颉篇》这样的童蒙字书，在学童成长为官吏的过程中，发挥着何等重要的作用。但是，要成为官吏，仅仅读《仓颉篇》是不够用的。汉代的字书还有司马相如的《凡将篇》、史游的《急就篇》、李长的《元尚篇》、扬雄的《训纂篇》和贾鲂的《滂喜篇》。新的字书拓展了知识面，各有所长，共同之处是都将那些必须掌握的独字编成了韵语，以便于学童诵读和记忆。《秦三仓》与《训纂篇》、《滂喜篇》合在一起又称《汉三仓》。识字是小学阶段基础教育的内容，西汉刘歆《七略》把小学书目列于《六艺略》，东汉班固《汉书·艺文志》"小学类"列有十家四十五篇书目，都是童蒙识字之书，其中只有《急就篇》流传下来。《急就篇》的编写目的正如篇首所言，"罗列诸物名姓字，分别部居不杂厕。用日约少诚快意，勉力务之必有喜"，就是供识字学习之用。其内容涉及各种名物，如姓名、饮食、衣物、虫鱼、音乐、宫室、植物、动物、医药、官职、法律、地理，等等，既可识字，又可求知，实用性很强。顾炎武说："汉魏以后，童子皆读史游《急就》，习甲子。"可见其影响之大。

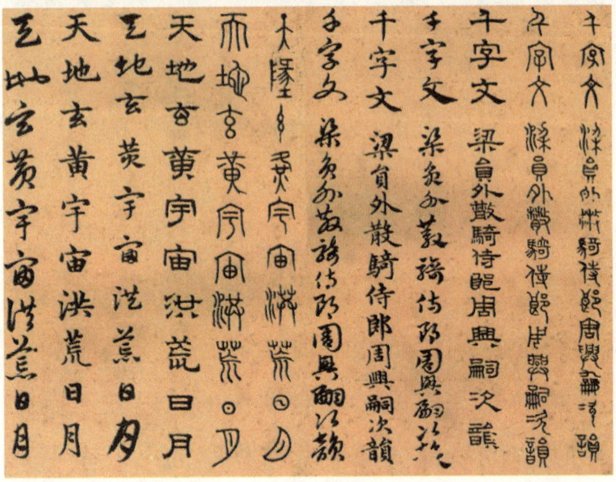

图8：元 赵孟頫
《六体千字文》

汉代以后，又出现了一些童蒙字书，如三国时吴国陆瑁的《悟蒙章》、朱育的《幼学》、项峻的《始学》、杨方的《少学》，晋代束晳的《发蒙记》、顾恺之的《启蒙记》，南朝梁周兴嗣的《千字文》，等等。诸多童蒙字书都已不传，唯有《千字文》得以存世，而且与《三字经》《百家姓》一起称为"三百千"，成为我国最经典的启蒙读物。

唐代经学家颜师古说，自《急就篇》问世以后，"蓬门野贱，穷乡幼学，递相承禀，犹竞习之"。的确，后世大儒常模仿《急就篇》编写童蒙字书。如宋代欧阳修编《州名急就章》、王应麟编《姓氏急就篇》。《姓氏急就篇》把姓氏编排成韵语，并罗列名物，蕴藏典故，既是小学识字之书，也是学习知识的启蒙教材。明代王袆也著有《急就章》三篇，属于常识课本。

成于宋代的《百家姓》也是经典童蒙字书。目前发现的《百家姓》最早印刷体版本是元代残本，流传已久的《百家姓》直到明朝才基本收录完整，共记录了438个姓氏，单姓408个，复姓30个。清朝后期出现的《增广百家姓》，书中记录了444个单姓，60个复姓。《百家姓》为四言体例，句句押韵。现代通行的《百家姓》有不同的版本。

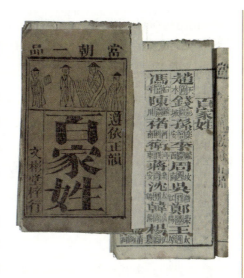

图9：《百家姓》
清末 文彬堂刻本
国家图书馆藏

宋以后有一部流行广泛的蒙学教材《三字经》，相传是南宋王应麟所撰。《三字经》不是严格意义上的字书，而是一部集知识与教化于一体的启蒙教材，文字多有重复。但是儿童必先识字方能诵读经典，因而《三字经》也是一部非常有趣的识字教材。《三字经》的版本很多，民国时期，章太炎等饱学之士也热心注释增补，历史内容延续到了民国时期。《三字经》各版本的字数从1120至1722字不等，目前通行的是清朝道光年间刊行的版本。

"三百千"是我国教育史上使用时间最长的启蒙读物，清末新式学堂开办，"三百千"才逐渐退出杏坛。晚清汉字学家王筠根据自己对汉字和语文教学的见解，选取《说文解字》中的2044个常用字，编了一本儿童识字书《文字蒙求》。该书按照"六书"中的象形、指事、会意、形声进行分卷排列，释义通俗，颇为实用。从《急就篇》到《文字蒙求》，在1800年的历史中，需要孩童掌握的基本常用字也就是2000多个。

现代教育体制下，语文课本代替了童蒙字书，《千字文》一类的传统字书远离了孩子们的视线。但是，随着传统文化的回归，"天地玄黄，宇宙洪荒。日月盈昃，辰宿列张。寒来暑往，秋收冬藏。闰余成岁，律吕调阳"的读书声又在耳边萦回，一夕成文而"须发皆白"的佳话也相伴流传。

三、字书中的创意

字书，也就是字典。真正意义上的字书是有关辨形、正音、释义的书。

我国传统的字书中，大体有两大类。一类是纯文字，最早的字书是周代的《史籀篇》，已经亡佚。秦汉时期有《仓颉篇》《凡将篇》《急就篇》《元尚篇》《训纂篇》《滂喜篇》等，它们的体例是列出一些单字，编排成三言、四言或七言的韵文形式。这类字书只规范字的书写形式，却不规范字的音和义，终归属于文字教育的启蒙读本。另一类是编排有度，对字的音、形、义都加以训释的字书，这类字书相当于现代意义上的字典。我国文字学的发展史上，各类字书灿若繁星，形成"仓雅之学"。今唯摘录具有开创意义者，如《尔雅》《说文解字》《字通》《康熙字典》《中华大字典》《汉语大字典》，以领略我国文字学的博大精深。

《尔雅》是我国第一部训诂释义的字书，开创了我国词典编纂的先河，被誉为辞书之祖。其作者不详，成书时间上限不会早于战国，下限不会晚于西汉初年。"尔"是"近"的意思，"雅"是"正"的意思，"尔雅"指用当时的雅正之言解释古语词、方言词。《尔雅》训释条目2091例，其释义方法是朴素的归纳法，而非逻辑的概括，但为真正字典的诞生奠定了基础。

我国第一部真正的字典是《说文解字》，东汉许慎著。《说文解字》全书15卷，分540部，汇集9353个当时通用汉字，另有重文1163个字，其主要贡献是开创了运用部首归纳字形、编排字书的方法。部首编排法成为后世汉字字典的主要编排形式，后世的重要字书，如梁顾野王《玉篇》、宋司马光《类篇》、清张玉书等的《康熙字典》，还有近现代的一些字书，多继承《说文解字》按汉字形体结构进行编纂的体例。同时，《说文解字》对文字的形、音、义进行了全面探讨，从理论上阐发文字的构造及其运用规律；

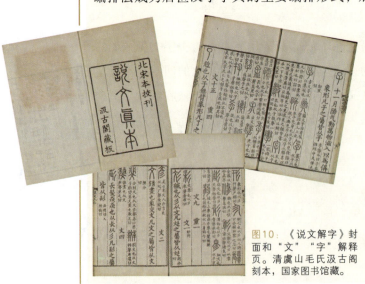

图10：《说文解字》封面和"文""字"解释页。清虞山毛氏汲古阁刻本，国家图书馆藏。

首次引用书证；首次全面收录当代的字词。《说文解字》是字书中的经典著作，在文字学史上享有崇高地位，后世形成专门研究它的学问，称为"说文学"。

第一部楷书字典是南朝梁顾野王的《玉篇》，收16717个字。今本《玉篇》是宋大中祥符六年（1013年）陈彭年、吴锐、丘雍等重修的《大广益会玉篇》，收字22501个。《玉篇》编纂的目的是考证古今文字形体训诂的异同，释文由注音、释义、书证三部分组成。字形辨析注重篆隶的变迁，释义尽可能罗列所有义项，部首排列也打破了《说文解字》的顺序，极大地方便了阅读和检索。《玉篇》出现以后，我国字书的大体面貌基本确定。

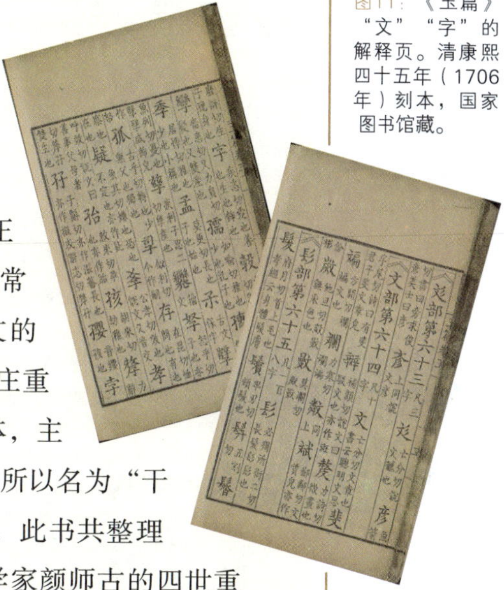

我国第一部按照读音编排的字书是《干禄字书》，唐代颜延之著。《干禄字书》按汉字读音的平、上、去、入四声为纲，以206韵为顺序编排文字，逐字标明俗、通、正三体，也就是标明是流行于民间的浅近的平常用的"俗"字，还是通行于世的可用于公文的"通"字，或是本于《说文解字》的可用于庄重场合的"正"字。《干禄字书》重在辨正形体，主要是为参加科举考试谋求禄位功名者编纂的，所以名为"干禄"。据刘中富《干禄字书字类研究》统计，此书共整理汉字804组，凡1656字。颜延之是唐代大经学家颜师古的四世重孙，《干禄字书》成书后的大历九年（774年），他的侄子——大书法家颜真卿将书刻于石上，公布于世，供人拓印学习。

图11：《玉篇》"文""字"的解释页。清康熙四十五年（1706年）刻本，国家图书馆藏。

我国古代最早按汉字笔画编排的字典是《字通》，宋代李从周著。《字通》共计89个部，仅收601字。《字通》简化《说文解字》部首而按楷书的点、横、直、撇为顺序，以笔画多少确定部首类别。《字通》首创按汉字笔画顺序编排字典的先河。明代梅膺祚的《字汇》也是按笔画多寡排列的字书，该书将《说文解字》部首简化为214部，按子、丑、寅、卯、辰、巳、午、未、申、酉、戌、亥12地支分为12卷，部首和各部的字则按笔画顺序排列。这种偏旁分部检字法为后世字书所遵循，成为中国字典、词典的主要编排方式之一。

图12：《字通》封面和卷首。清光绪八年（1882年）抄本，国家图书馆藏。

　　我国第一部以"字典"命名的字书是《康熙字典》，由张玉书、陈廷敬等30多位著名学者奉康熙圣旨编纂而成。《康熙字典》是当时收集汉字最多的字书，凡传世古书中的字基本都可以在书中查到。全书收47035个字，直到1915年《中华大字典》出版，字数才超过它。按214个部首排列，按部首笔画多少分12部，以子丑寅卯等12地支命名。每一部中的汉字又按笔画由少到多依次排列。《康熙字典》差不多把每一个字的不同音切和不同意义都列举进去了，并引用了最早的古

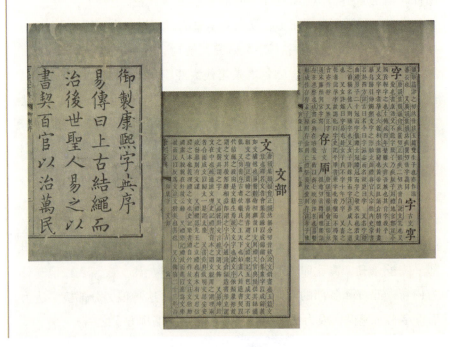

图13：《康熙字典》"文""字"的解释页。清康熙年间（1662—1722）武英殿本，国家图书馆藏。

书。《康熙字典》在当时被认为是水平最高的字书，为汉字研究的主要参考文献之一。

我国跨越朝代的大型字书是《中华大字典》，陆费逵、欧阳溥存等编。该书于清宣统元年（1909年）开始编纂，1915年由中华书局出版，1935年重印，1978年再次重印。其编纂目的是为了纠正《康熙字典》的错误，其体例按部首编排，仍为214部，唯笔画相同的部首在排列次序上小有移动。本书共收字48000多个，其中包括方言字和翻译的新字、新名词、科技术语等，释义简明，并附有各种插图。《中华大字典》是20世纪80年代以前中国字典中收字最多的一种。

第一部现代汉语字典是《新华字典》，商务印书馆出版。《新华字典》首次出版于1953年，原由新华辞书出版社编写，著名文字学家魏建功先生主持编写工作。1956年新华辞书出版社并入中国科学院语言研究所（现中国社会科学院语言研究所）词典编辑室。《新华字典》共有部首189个，所收单字有8500个左右，训解中涉及的复音词和词组有3200多个。该书除1954版按部首排列外，其他各版皆按音序排列，另附《部首检字表》。在释义中分别标出引申义、比喻义和转义，使读者能进一步理解多义词语义的演化和关联，这也是《新华字典》的独到之处。

《新华字典》是我国一部小型现代汉语规范字典，也是第一部完全用白话释义、白话举例的字典。该字典编写的目的"主要是想让读者利用这本字典，对祖国语文的词汇能得到正确的理解，并且知道词汇现代化和规范化的用法，在书面上和口头上都能正确地运用"（初版《新华字典·凡例一》）。《新华字典》是我国第一部以词汇规范和运用为旨归的字典，与《现代汉语词典》在中国大陆分别是"字"与"词"的权威。《新华字典》是世界出版史上发行量最高的字典，迄今为止，历经魏建功、叶圣陶、陈原、吕叔湘、金克木、丁声树等上百名学者10余次大规模的编纂和修订，已经出版11版，重印200多次，总发行量达4.5亿册。

新中国成立以后组织编纂的体量大且具有权威性的字典是《汉语大字典》。《汉语大字典》收字56000个左右，共八卷，每卷一册，共计八册，总计约1500万字。凡是古今文献资料中出现的汉字，几乎都能在这部大字典中找到。该书按部首编排，以《康熙字典》为基础对部首做了删并，合为200部。部首按笔画多少排列，同画部首则按汉字起笔一（横）、丨（竖）、丿（撇）、（点）、乙（折）为序排列。在字形方面，字头均以楷书标列，有繁体者一并标出；在字音方面，对每个单字标注了现代读音，收列了中古的反切和上古的韵部；在释义时，先注本义，后列引申义、假借义，均以古籍为例，并注明出典。《汉语大字典》1986年出版第一卷，至1990年出齐八卷。2010年，《汉语大字典》第二版出版，收字增至6万余，具有字形规范、注音精准、内容完善、释义详备、查检方便、排版精善、装帧美观等特点。《汉语大字典》与《新华字典》一起被誉为新中国成立后出版的两本极具权威性的字典。

四、文字的危机

世界文字的生存状态

语言是人们用语音表达和交流思想的工具，文字则是记录和传播语言的书写符号，是书面的语言。

世界到底有多少语言文字？一般认为，世界大约有6000多种语言，使用人口超过100万的语言只有140多种，其中汉语的使用人口最多，约占世界人口的五分之一。据美国语言学家哈里森教授说，世界80％的人口讲83种主要语言，剩下的6000多种语言，绝大多数从未有过文字记载，没有字典，没有书，你在任何图书馆或者数据库里都找不到有关它们的资料。但是，这些都是"人类知识库"。2009年2月19日，联合国教科文组织推出了新版世界濒危语言图谱电子版，数据表明目前存世的语言中，大约2500种语言面临严重灭绝危险，超过世界语言总数的三分之一，比2001年发布的濒危语言数量增加几倍。危险的等级显示，在目前存世的6000多种语言中，607种不安全，632种危险，502种非常危险，538种情况危急。

作为记录语言的文字，面临的困境更加严峻，因为即使人们不会识字和写字，仍然可以说话。实际上，已经有很多种文字在世界上消失了。世界文字发展的历史长河中，曾经有辉煌了几千年的文字，如两河流域苏美尔人的楔形文字、埃及的圣书字、美洲的玛雅文字，等等，这些语言载体随着古文明的陨落而远去，只有汉字经过字体由甲骨文至楷体的不断演变，仍然为世界十几亿人使用。作为字母文字之源的北方闪米特文字，虽然已经消亡，却孕育出希伯来字母、阿拉伯字母、希腊字母、斯拉夫字母、藏文字母、缅甸字母，等等。世界的文字不都是演变有序的，有的受了其他文字的影响，有的则属自源文字，如汉字、彝文等。无论哪一种文字，在发展过程中面临的问题都是相似的。

世界文字发展中面临的困境之一是强势文化对弱势文化的征服，强势文化剥夺了弱势民族语言文字的生存权利。楔形文字、圣书字、玛雅文字无一不是毁灭在强势民族的恶意摧残中。据研究，过去几百年间，语言文字最大的破坏者则是西方殖民主义。澳大利亚的150多种语言和北美的300多种语言毁于欧洲殖民者。霸权主义也是文字消亡的罪魁祸首之一。蒙古脱离中国政权以后，苏俄除了在政治和军事上实施控制，也从语言文字上对其进行俄罗斯化，1941年为之创制出以俄罗斯字母为基础的新蒙文，1945年指令蒙古废除了与俄文历史一样悠久的老蒙文而改用新蒙文。

也有一些国家由于民族主义意识，把文字与国家主权的独立结合起来考量，从而放弃原来的文字而创制新的文字或使用本土文字。日本明治维新时期开始文字改革，有的学者提出汉字是造成日本落后的根本原因，因此鼓吹废除汉字，其结果是日本放弃使用了1700年的汉字而采取假名与汉字混用，并一直限制汉字的数量；朝鲜于19世纪末使用15世纪创制的"训民正音"代替了已用1500年之久的汉字，韩国于1948年颁布了"韩字专用法案"；越南于1945年独立以后放弃使用了2000多年的汉字，而使用拼音文字"国语字"（由葡萄牙、西班牙、法国等国到越南的传教士先后创造整理），20世纪50年代把拼音文字法律化；显然，文字的使用与传承被民族主义绑架了。有识之士已经认识到文字是一个国家人文历史的根脉，擅自改变文字的使用习惯，意味着对历史的割裂。事实上，历史是不容割裂的，也是无法割裂的。

计算机、互联网等现代技术飞速发展，人们的生活、工作越来越依赖于计算机，文字能否适应高科技的发展，能否跟上现代化的进程，影响着它的前途。联合国教科文组织的统计显示，全球只有不到五分之一的语言在学校和互联网上使用，世界上五分之四的网页是英语，更多的语言基本上进不了教育体系、新闻媒体、出版物和公共场所。因此，那些率先适应现代技术发展的语言文字将更有生命力和吸引力。而被挡在高科技之外的文字，就会面临被放弃的危险。

由于全球化的问题，世界各国、各民族之间的交流越来越依赖较少的通行语种。为了更好地参与国内外政治、经济、文化等多方面的交流，获得更多的话语权，弱势民族也会主动放弃自己的语言文字而选择本国或世界的通行语言文字。目前，联合国的法定工作语言有六种，除汉语外，还有英语、法语、俄语、阿拉伯语与西班牙语，这些也是人们普遍选择学习的第一外语。而且，由于语言的差异，人们也需要有一种国际通用的语言，新造语便应运而生。在国际上影响较大的新造语有德国教长施莱耶（Schleyer）于1879年创造的沃拉普克语（Volapuk）、1887年波兰人柴门霍夫创造的世界语（Esperanto）。尽管世界语在国际交流中并未成为通用语言，但是据1996年的统计，世界上有200~2000人以世界语为母语，有160万人掌握了世界语。这说明人们希望使用一种国际通用语言以方便交流。在信息化高速发展的今天，世界变成了"地球村"，文化的同化趋势加快，语言文字成为全球化最重要的媒介。

再者，语言文字的消亡也有其自身因素。文字的产生及其呈现出的特性往往取决于该语言的特质，也就是说一个民族的文字特点与该民族的语言特点休戚相关。埃及圣书字和楔形文字的消亡有政治、军事、经济等多方面的原因，同时也与不适应其他民族的语言特点有关。古典文字中，唯独汉字适应了汉语的特质，沿着从甲骨文到籀文、小篆、隶书、楷书的变革之路，生气勃勃地活到如今，即使偶遇坎坷，仍能冲破障碍。

汉字的危机

汉字在几千年的发展历史中，总体上是一帆风顺的。秦始皇实行"书同文"政策，为保护汉字的规范性开了一个好头。因此，汉字一直不仅是语言的记录符号，同时也承载着更多的政治文化功能，在国家统一和民族团结中发挥了极为重要的作用。无论社会动荡还是政权更迭使汉字稍不规范，一统后的执政者很快就会通过行政手段进行干预。即使少数民族掌握政权的元代和清代，都没有从根本上撼动汉字的地位，汉字依然是国家统一的象征。

但是近一百年来，汉字的发展经历了一些风雨。切音字、国语罗马字、汉字拉丁化、汉字简化运动以及废除汉字、汉字落后的舆论，令这一百年的汉字史风云跌宕。

在晚清和民国初期，一些寻求救亡图存之路的知识分子，把承载着传统文化的汉语言文字纳入应对列强侵略的视野，认为汉字的繁难以及文言形成的言文不一阻碍了开启民智、普及知识的启蒙教育，阻碍了新思想的传播，影响实施效果，从而加深了中国的落后状态，而西方包括日本"切音为字"的拼音文字易学、易记、易写，便于普及教育，因此为了救国图强，必须改革汉字。显然，在这特殊的历史时期，汉字担当起了救国救民的重任。任职于清工部虞衡司的林格存《上都察院书》说："盖字者，重要之器也。器惟求适于用。"

在上述思想的指导下，从1892年卢戆章《一目了然初阶》的发表到1910年郑东湖发表《切音字说明书》，各种切音字改革方案层出不穷，形成了文字改革的第一个高潮。这些切音字方案的字母形体包括汉字笔画、独体古文、速记符号、数码、自造符号、拉丁字母及其变体，等等。1913年，民国政府教育部召开注音统一会议，制定出注音字母，有39个。1930年，国民政府将"注音字母"更名为"注音符号"，又称"国音字母"，并正式颁布使用。但是，切音字仅用于标注汉字读音，不作为拼音文字。

随着新文化运动的深入，1918年钱玄同发表《中国今后的文字问题》，提出"废孔学不可不废汉文"、以国语罗马字代替汉字的主张。1923年，钱玄同在《国语月刊》第一卷《汉字改革专号》上发表《汉字革命》长文，认为"汉字不革命，则教育决不能普及，国语决不能统一，国语的文学决不能发展，全世界的人们公有的新道理、新学问、新知识决不能很便利、很自由地用国语写出。何以故？因汉字难识、难记、难写故；因僵死的汉字不足以表示活泼泼的国语故；因汉字不是表示语音的利器故；因有汉字作梗，则新学、新理的原字难以输入于国语故"。蔡元培、黎锦熙、赵元任、林语堂、周辨明、许锡五等一批留学归来的知识精英也踊跃撰文，支持汉字拉丁化，有人提出了罗马字拼音方案，就是用26个拉丁字母表示汉语的声、韵、调。1925—1926年，国语统一筹备会"罗马字母拼音研究委员会"研究制订了《国语罗马字拼音法式》，1928年，国民政府大学院予以公布，这是中国推行的第一个法定的拉丁字母拼音方案。国语罗马字公布以后，出版了少量的课本、教材、字表、读物，并未得到广泛推广。1984年，台湾地区又作了修订，1986年正式公布，名"国语注音符号第二式"。

汉字拉丁化是汉字改革的又一路径，而且持续时间长，影响也大。汉字拉丁化的设想是将汉字改造为拉丁字母文字，最终废除汉字。汉字拉丁化源于明清时期西方传教士用拉丁字母为汉字注音。废除汉字论、汉字落后论最早源于日本。

我国近百年的历史中，汉字拉丁化运动出现过四次高潮（李敏生《不能忘却的纪念——陈梦家反对汉字拉丁化的历史意义》）。第一次高潮是从五四运动前后，直到20世纪30年代在苏联海参崴举行的新文字第一次代表大会。这一时期汉字被视为封建统治阶级统治劳苦大众的工具，成为革命的对象。20世纪初，西欧和苏联一些语言学家及留苏的中国学者，以表音的欧洲语高于表意文字的汉字为由，提出汉字拉丁化的主张。1930年，瞿秋白出版了用拉丁化字母写成的《中国拉丁化字母》一书，内容包括汉语短文和音节表。瞿秋白拟定的字母表里，每一个字母代表汉语的一个音位，跟注音字母和国语罗马字字母系统有很大不同。1931年，中国文字拉丁化第一次代表大会在苏联海参崴召开，通过了《中国汉字拉丁化的原则和规则》，成立了"远东地区新字母委员会"。1931—1934年，该委员会用拉丁文字为远东的汉人学校编写了很多扫盲课本，取得一定效果。

第二次高潮发生在20世纪40年代初的延安。拉丁化新文字在解放区取得了法律地位，在抗日战争和解放战争中，曾在几个根据地的农村以及机关、部队中得以推行。

第三次高潮发生在新中国成立初期。中国文字改革协会、中国文字改革委员会成立以后，确立了实行汉字拉丁化的方针，而"汉字改革的第一步"就是进行汉字简化。

第四次高潮是20世70年代末到80年代初。其中重要的标志是《第二次汉字简化方案（草案）》的公布及试用，以及各种汉字落后的舆论。80年代初，西方计算机技术飞速发展，在新技术面前汉字一时无法跟上脚步。一些西方学者公然对我国著名科学家钱伟长教授扬言：汉字将影响中国的现代化，应该改为拼音文字，汉字进入计算机要靠西方。在汉字面临困境时，国内再一次响起了"汉字落后"的论调，海外也有相同言论。一些汉字改革权威认为电子计算机是汉字的掘墓人和拼音文字的助产士，汉字像一个衰老的病人行将就木；有些人认为汉字难以识记，难以应用，妨碍科技的进步，妨碍教育与中外交流，是一种落后的文字。1983年8月，王永民发明了五笔字型输入法，在世界上率先攻克了汉字输入计算机的难题，把中国带入信息时代。伴随着中文信息处理技术的突破和飞速发展，以计算机为书写存储工具、以互联网为传输手段，已成为我们重要的工作手段和生活方式。王选教授的汉字激光照排技术，使汉字高效地应用于印刷行业。汉字在信息处理方面也显现出独特的优势。在事实面前，汉字落后论不攻自破。随着我国汉字规范政策的不断完善，尤其是2000年10月《中华人民共和国国家通用语言文字法》的颁布实施，汉字落后论、汉字拉丁化的言论鲜有所闻。

汉字拉丁化浪潮持续了百年。主张废弃汉字者多是那些颇有影响的文化巨擘，他们对自己的国家爱得深沉，然而对待维系国家统一的汉字却"横眉冷对"。钱玄同是最早提出废除汉字实现汉字拉丁化者，也是言辞最为激烈者。蔡元培说"汉字既然不能不改革，尽可直接改用拉丁字母了"；陈独秀"强烈地主张废除汉字，中国文字，既难载新事新理，且为腐毒思想之巢窟，废之诚不足惜"；刘半农认为"汉字不灭则中国新文化无望"；鲁迅疾呼"汉字不灭，中国必亡"；瞿秋白宣告"现代普通话的新中国文，必须罗马化，就是改用罗马字母，要根本废除汉字"。废除汉字的言论，不一而足。

纵观百年来的文字改革，无论切音字、国语罗马字、汉字拉丁化以及民国时期的汉字简化，其改革的基础都建立在文化的不自信甚至民族的不自信上。由于鸦片战争以来西方列强的侵略、国家的积贫积弱，致使那些探寻国家出路者在反省中国落后的原因时，走到了改革图强的反面，以全盘否定传统文化的极端方式，对包括汉字在内的传统文化挥刀自戕。李敏生教授说："我国的汉字拉丁化的理论基础建立在西方传来的所谓人类文字发展的三段论，即由图形文字到形意、意音，再到拼音文字的模式，把汉字定性为处于人类文字发展低级阶段的落后文字，这一理论长期统治着中国的文化界和思想界。"实际上，由于汉语的特性之一是词语一般只有两三个音节，多有同音异字，阅读以拉丁字母写成的文章相对困难，阅读的速度亦大幅下降。文字的形式由其语言特点决定，一味根据印欧语系文字的发展轨迹来强行改革汉字，显然没有尊重汉字自身的规律，是不切实际的。

百余年汉字改革的历程值得我们深刻反思。民国时期就有一批学者坚决反对汉字的拉丁化。新中国成立以后的20世纪50年代，古文字学家、历史学家陈梦家因坚决反对汉字的拉丁化被划为"右派"，"文革"初期便含冤而死，也可以说为了捍卫汉字付出了生命的代价。

巴金谈及汉字的地位及历史重要性时说："一个历史悠久的文明古国要是丢掉它过去长期积累起来的光辉灿烂的文化珍宝，靠简单化、拼音化来创造新的文明是不会有什么成果的；有人以为废除汉字，改用拼音，只要大家花几天工夫学会字母就能看书，写信，可以解决一切。其实他不过同祖宗划清界限，成为一个没有文化的文盲而已；我们是个多民族、多方言，十多亿人口的大国，把我们大家紧密团结起来的就是汉字。"（《随想录·汉字改革》）

废除汉字、汉字落后论虽然已经销声匿迹，但是汉字的生存环境并不乐观。随着科学技术的发展，我们的文字正在遭受各种图像的进攻，正在受到网络"雷词"的进攻，正在经历技术力量的进攻，正在蒙受所谓"文字整形"的进攻，正在"解放的狂欢中耗尽能量走向衰竭"（杜浩《热爱和保护我们的文字》）。书写键盘化和语音录入化带来的最大问题是提笔忘字。如果使用先会写字后能拆字的五笔输入法还能记得住字的结构，但因其难学，人们更多地使用拼音输入法，这无疑加重了提笔忘字的现象。据2013年的调查，94.1%的人都曾有过提笔忘字现象，其中26.8%的人经常会提笔忘字。当年一档听写节目显示，"脱臼"的"臼"千人知晓率仅为23.9%，"舂米"的

"春"仅为20％。互联网时代，越来越多的人患上"失写症"。即使写起来，笔顺不规范，字迹不美观也是普遍问题。更为严重的是，书报刊物、影视字幕等社会用字领域，错别字泛滥成灾，滥用繁体字、随意拆解汉字等现象时有发生。随着网络技术的发展，计算机、手机等为人们提供了自由书写的空间，人们用字、用词随心所欲，在虚拟的自由世界里，汉字的权威性和神圣性荡然无存。

南京师范大学郦波教授认为，新文化运动以来的几次汉字危机，都是技术层面的，不是根本问题，"因为从语言学角度来讲，影响语言文化发展最关键的是民族生存状态。现在键盘录入和语音录入使得大家提笔忘字，其实是对母语情感的淡化。世界历史上所有文明的衰亡都伴随着她们文字的消亡，伴随着对母语情感的淡化，这是文化层面的危机"（《光明日报》2013年10月19日）。

汉字的危机无处不在，捍卫汉字任重道远。

民族文字的危机

中国的语言文字如同中华民族一样也是一个大家庭。除汉字外，目前22个少数民族使用着28种文字。这些文字有汉字型文字，如白文、壮文等；有字母文字，如维吾尔文、蒙古文、藏文、傈僳文、朝鲜文等；东巴文则被称为目前世界唯一存活着的象形文字。

我们的民族文字曾经和正在记录着各自民族独特的文化，它们是世界的记忆，是世界文明重要的组成部分。以彝文为例，据香港世界文化地理研究院、香港世界遗产研究院、中国无形资产研究院、亚太人文与生态价值评估中心等权威机构合作的"古彝文与世界古文字比较研究"的课题成果，彝文的评估总排名是第一。表现为：从原始古彝文的创制和出现时间看，彝文是世界上最古老的文字之一（文字长度：生命力）；彝族文字曾在中国范围内具有广泛影响（文字宽度：影响力）；历史上中国少数民族曾创制并使用过的三十几种古文字中，古彝文是其中文字与文献数量最多、体量最大、底蕴深厚、内容丰富、体制完善而成熟的古文字（文字厚度：文化力）；古彝文至今还鲜活在人间，被当代彝族人等活学活用（文字活度：传承力）；中国目前有800多万彝族人口，国外已有近100万人，长江、珠江上游流域是彝族的主要生息片区，彝族人口众多，生息地域广泛，历史上曾经建立过自己的国家，文化底蕴十分悠久而丰厚（文字定度：稳定力）。可见彝文的文化意义何等重要。

更多的民族文字历史并不悠久，有的是新中国成立以后创制而成。或许它们记录下来的民族历史文化很少，也很朴拙，但都是极为珍贵的文献。"因为没有一种语言能垄断人类的所有表达，任何一个学过两种语言的人都知道，两种语言之间，总有一些东西是不可翻译的，某些概念，某些关于世界的思考方式，在翻译的过程中，你会感到一种沟壑，或者遗失"。（美国语言学家哈里森语）

在中国文字的发展史中，曾经存在过很多少数民族文字，但是它们在不同时期消亡了，成为中国文字史上的死文字。民族文字的死亡主要与政权更迭有关，一旦一个民族的政权被另一个民族剥夺，该民族的文字也就丧失了生存的资格和生存的环境。

当今社会，民族文字在一个稳定的政治环境中发展，但是它们的生存同样面临着问题，那就是信息技术的快速发展，在逐渐消除包括语言文字在内的文化的多样性。中国民族语言学会名誉会长孙宏开谈及民族语言的境况时，将一些弱势语言活力不足、功能减退的原因归结为全球经济一体化、交通、媒体和信息化的发展、族群互动的加速等原因。学者呼格吉勒图则认为，互联网的使用是加速民族语言消亡的主要原因。高科技的确如一把双刃剑，一方面给人们的生活带来便利，促进了经济文化的发展；同时也像联合国教科文组织的一份报告中所指出的那样，它会加快一些语言的"灭绝"，使全世界的语言文字趋于统一、语种的多样性遭到破坏。有识之士对世界语言文字的未来深切担忧。美国人类学家玛格利特·米德曾说：我们的世界将被冲击到同一的、没有任何色彩的地方，人类的全部想象可能要被囚禁在单一的智力和精神形态里。

民族文字面临的又一个问题则是传承。现在很多少数民族实施双语教育，但是高素质的师资紧缺，政府投入不够，致使民族语言文字的教学受到局限。再者，少数民族文字出版的图书、报纸、期刊等出版物较少，使用人口少的民族文字出版物更少，严重影响了民族文字的文化传播。

我们应该让活着的文字走得更远。

实际上，我国一直重视对民族文字的保护。新中国成立60多年来，为了推进少数民族文化事业的发展，党和国家建立了一套有利于少数民族文化事业发展的制度和政策体系，采取了一系列的具体措施。如，把"各民族都有使用和发展自己的语言文字的自由"写进了国家根本大法——《宪法》；《民族区域自治法》《义务教育法》等法律对民族语文都作出了相关规定；民族自治地方还制定了适合本地区的民族语文工作条例，如：《西藏自治区学习、使用和发展藏语文的规定》《新疆维吾尔自治区语言文字工作条例》《内蒙古自治区蒙古语言文字工作条例》《云南省少数民族语言文字工作条例》等。同时，为管理和推动民族语文事业的发展，培养和选拔专业人才，我国建立了从中央到地方的完善的民族语文工作机构。总之，从法规政策到组织机构共同保障了少数民族使用和发展本民族语言文字的权利。（国家民委副主任丹珠昂奔）

在科学技术飞速发展的今天，信息全球化对语言文字的冲击是始料不及的，我们的汉字和民族文字无一幸免，民族文字面临的问题相对更多。但是，科学技术手段也为文字的传播与传承提供了新的契机。因此，我们要积极跟上时代的步伐，积极采取有力措施，使民族文字更好地生存和发展。主要措施有：

第一，加强立法，制定保护政策。出台《中国少数民族语言文字法》，宣传使用民族文字；为条件成熟的文字申请国家和世界非物质文化遗产，使其获得更多的关注和保护。21世纪以来，我国加大了非物质文化遗产的保护力度，2006年开始公布国家级非物质文化遗产保护名录。目前，与文字相关的国家级非遗项目47项，这些项目中与民族文字有关的项目占有一定的比例。

第二，重视民族文字的教育和传承。加大资金投入，从幼儿教育抓起，实施双语教学，培养优质师资。在幼儿教育方面，世界语言保护的经验可以借鉴。新西兰通过政府资助和幼儿教育（"语言小巢"计划），使灭绝了几代人的毛利语复兴成功，新西兰的"语言小巢"计划是世界拯救濒危语言的典范。

第三，使民族文字快速适应现代化信息处理技术，顺利输入计算机、手机等新技术载体，及早扫清现代化进程给民族文字发展带来的障碍，并且利用互联网拓展民族文化和民族文字的传播空间。

第四，加大民族文字书籍、报纸、期刊等各种载体文献的出版力度，丰富少数民族同胞的文化生活。

第五，加强学术研究，通过学术研究促进民族文字的保护与传承。

第六，加强民族文字的活态保护。通过建立语言文字博物馆、家庭博物馆、民间收藏、文化展览等多元文化空间，为民族文字营造良好的生存环境。

保护我们的文字，守护我们的精神家园，每一个人义不容辞。

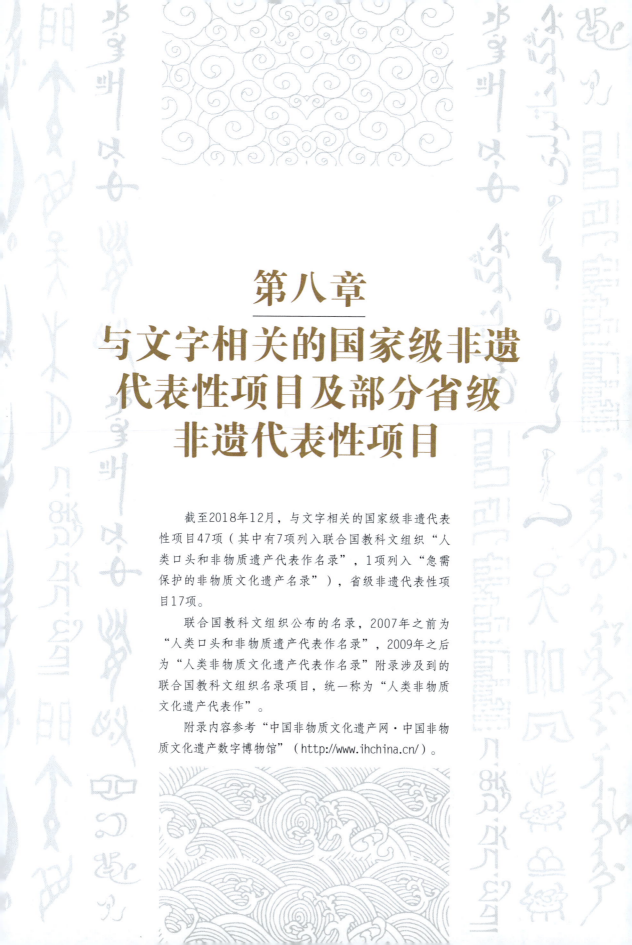

第八章
与文字相关的国家级非遗代表性项目及部分省级非遗代表性项目

截至2018年12月，与文字相关的国家级非遗代表性项目47项（其中有7项列入联合国教科文组织"人类口头和非物质遗产代表作名录"，1项列入"急需保护的非物质文化遗产名录"），省级非遗代表性项目17项。

联合国教科文组织公布的名录，2007年之前为"人类口头和非物质遗产代表作名录"，2009年之后为"人类非物质文化遗产代表作名录"附录涉及到的联合国教科文组织名录项目，统一称为"人类非物质文化遗产代表作"。

附录内容参考"中国非物质文化遗产网·中国非物质文化遗产数字博物馆"（http://www.ihchina.cn/）。

一、各民族文字

2009年中国书法列入联合国教科文组织"人类非物质文化遗产代表作名录"。

1. 纳西族东巴画

编号：Ⅶ-13

2006年第一批国家级非物质文化遗产代表性项目

申报地区或单位：云南省丽江市

东巴画是纳西族东巴文化艺术的一项重要内容，流传在云南省丽江市古城区和玉龙纳西族自治县。以纳西族民间信奉中的神灵、传说中的祖先及动物等为主要描绘内容，表现了人与自然的和谐关系，主要有经卷图画、木牌画、纸牌画和卷轴画等形式。东巴的经卷图画包括东巴图画文字、封面装帧画、经书扉页和题图等。许多画面亦字亦画，保留了浓郁的象形文字书写特征，是研究人类原始绘画艺术的"活化石"。

代表性传承人：

01-0062和训　云南省丽江市

2007年第一批国家级非物质文化遗产代表性项目代表性传承人

05-2580和世先　云南省丽江市

2018年第五批国家级非物质文化遗产代表性项目代表性传承人

2. 藏文书法（德格藏文书法，果洛德昂洒智，尼赤）

编号：Ⅶ-64

2008年第二批国家级非物质文化遗产代表性项目

申报地区或单位：四川省德格县，青海省果洛藏族自治州，西藏自治区

藏文书法是藏族文化艺术的重要组成部分，7世纪，吐蕃赞普松赞干布时期，大臣吞米·桑普扎在原有文字的基础上，吸纳古印度不同文字的优点，结合藏族文化，创造了完善的现用藏文字，随后出现了八大书法家，形成了八大书法体系。书法家琼布玉赤对"乌钦"字书法进行了科学的规范，后来成为

最广泛使用的字体，被称之为"琼赤"（即琼布玉赤之书法）。后来"琼赤"分出"尼赤"派系，盛行于尼木地区。德格藏文书法是在卫藏书法的基础上发展起来的独立书法体式，距今已有700多年历史。德昂洒智因源于青海省果洛藏族自治州达日县德昂乡而得名，传承至今已200余年，共有七代传人。

代表性传承人：

03-1283查·巴智　青海省果洛藏族自治州

2009年第三批国家级非物质文化遗产代表性项目代表性传承人

04-1807桑格达杰　青海省果洛藏族自治州

2012年第四批国家级非物质文化遗产代表性项目代表性传承人

05-2676扎西顿珠　西藏自治区

2018年第五批国家级非物质文化遗产代表性项目代表性传承人

3. 蒙古文书法

编号：Ⅶ-118

2014年第四批国家级非物质文化遗产代表性项目

申报地区或单位：内蒙古自治区

蒙古文字字符是在粟特文或古代回鹘文字符的基础上创造出来的。蒙古文书法是蒙古族创造自己文字以来慢慢形成，并传承完整的书法形式。蒙古文字，以它的"竖立着"的形象、"有头有尾"的构形特征（字符在词中表现形式分为"字头""字身""字尾"）以

及独特的书写方式（每一个词的笔顺为自上而下、行的排列为从左向右），逐渐发展成为具有民族风格的艺术门类。蒙古文书法先后出现了楷书、行书、草书等多种书写体。在工具、材料上不局限于常用的工具，笔有排笔、毛笔等硬软笔之分，墨有黑红色之分。蒙古文书法主要分布于我国内蒙古自治区、蒙古国，以及俄罗斯联邦境内的布里亚特共和国、图瓦共和国、卡尔梅克共和国，还有我国青海省、甘肃省、新疆维吾尔自治区、辽宁省、吉林省、黑龙江省的蒙古族聚集区域。

代表性传承人：

05-2717包金山　内蒙古自治区

2018年第五批国家级非物质文化遗产代表性项目代表性传承人

4. 满文、锡伯文书法

编号：Ⅶ-119

2014年第四批国家级非物质文化遗产代表性项目

申报地区或单位：新疆维吾尔自治区乌鲁木齐市

满文最早源于索格特文，后回鹘人采用作为回鹘文，其后满族人将回鹘文按满语拼写，结合汉字的书写特点，创制满族人的正、草、隶、篆的书法体系。清朝清政府为了巩固和加强对西北边陲的统治，先后在新疆设伊犁将军府、乌鲁木齐都统、迪化直隶属等机构，很多的满族官员和家属也随迁到新疆，目前满文书法在新疆主要流传于乌鲁木齐市、伊宁市、察布查尔县、博乐市、塔城地区等地。锡伯族在满文的基础上加补字母创制出锡伯文，锡伯文的篆字主要用于镌刻印章和书写牌匾。从乾隆二十九年（1764年），锡伯族西迁至新疆察布查尔县以来，察布查尔县的牌匾大多是汉文和锡伯文篆字。

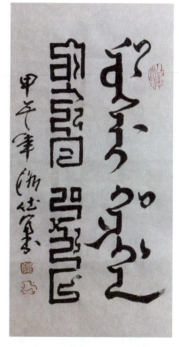

代表性传承人：

05-2718格吐肯　新疆维吾尔自治区乌鲁木齐市

2018年第五批国家级非物质文化遗产代表性项目代表性传承人

5. 彝文书法

2009年第二批四川省非物质文化遗产代表性项目
申报地区或单位：四川省盐源县文化馆

　　凉山彝文书法主要分布于大小凉山彝区。彝文是彝族人民创制的古老文字，主要掌握在祭司毕摩手中，在历史上有"爨文""韪书""蝌蚪文""倮倮文"等不同称谓，形成了自成体系的丰富的碑刻铭文和彝文典籍。彝文书法的书写工具大多采用羽毛笔、竹笔、麻杆笔、杉木笔，现代逐渐演变为毛笔和钢笔。其书写形式主要有倒置法、反置法、立置法三种。彝文书法以毕摩世袭传承为主。

代表性传承人：

卢拉伙　四川省盐源县

2009年第四批四川省非物质文化遗产代表性项目代表性传承人

6. 傣绷文

2006年第一批云南省非物质文化遗产代表性项目
申报地区或单位：云南省耿马傣族佤族自治县

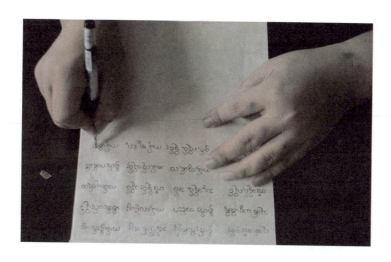

　　"傣绷文"于1465年左右从今缅甸流入，其语音与形状都与缅文相似，意思却大不相同，有声母19个，韵母70多个，词汇量非常丰富，句型结构独特，与县内大范围流行的"傣泐文"完全不同，语言也与傣泐语言有很大区别。掌握的人数约有1.8万人，集中在孟定坝，传承方式主要靠进缅寺学习。傣绷文是他们语言的基础，也是他们文化遗产中最重要的部分，他们通过教授年轻人学习这种语言和使用这种语言，保护着一种延续感和认同感。

　　代表性传承人：

苏米达　云南省耿马傣族佤族自治县

2010年第四批云南省非物质文化遗产代表性项目代表性传承人

尚三果　云南省耿马傣族佤族自治县

2014年第五批云南省非物质文化遗产代表性项目代表性传承人

7. 金平傣文

2009年第二批云南省非物质文化遗产代表性项目
申报地区或单位：云南省金平苗族瑶族傣族自治县文化馆

金平傣文是我国四种傣文中的一种，又称"傣端文"，来源于古印度梵文字母系统。有44个辅音字母，根据声调的高低分为两组，共22个辅音位；有19个基本的元音字母和带辅音韵尾的韵母符号，另有声调符号2个，还有67个由基本符号拼写的韵母符号。居住在云南省红河哈尼族彝族自治州金平县的白傣使用金平傣文，与其他支系的傣族语言略有差异。金平傣文除了白傣使用以外，还有越南、老挝的部分傣族使用。

代表性传承人：

刘维音　云南省金平苗族瑶族傣族自治县

2010年第四批云南省非物质文化遗产代表性项目代表性传承人

罗海珍　云南省金平苗族瑶族傣族自治县

2014年第五批云南省非物质文化遗产代表性项目代表性传承人

8. 维吾尔文书法

2013年第四批新疆维吾尔自治区非物质文化遗产代表性项目
申报地区或单位：新疆维吾尔自治区喀什市文化馆、策勒县文化馆

　　中国维吾尔族在21世纪使用的维吾尔文是在察合台文基础上形成的以阿拉伯字母为基础的拼音文字，有32个字母，自右向左横着书写。维吾尔文书法书写独特，传统是用木制的硬笔书写在当地生产的白纸上和其他的载体上，也有用毛笔在宣纸上书写的维吾尔文书法作品。

代表性传承人：

库尔班江·肉孜　新疆维吾尔自治区喀什市文化馆
2014年第四批新疆维吾尔自治区非物质文化遗产代表性项目代表性传承人

9. 哈萨克文书法

2013年第四批新疆维吾尔自治区非物质文化遗产代表性项目
申报地区或单位：新疆维吾尔自治区阿勒泰市文化馆

    中国哈萨克族使用的是拼音文字，哈萨克文在哈萨克族人民的文化发展史上起过重要作用，通过它保存了丰富的文化遗产。哈萨克族书法是哈萨克族文化的一种表现形式，哈萨克文书法有别具一格的特色，既有传统的硬笔书写的书法作品，也有用毛笔和宣纸书写的书法作品。

代表性传承人：

黑扎提·阿吾巴克尔　新疆维吾尔自治区阿勒泰市文化馆
2014年第四批新疆维吾尔自治区非物质文化遗产代表性项目代表性传承人

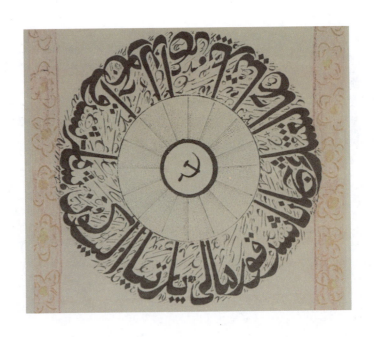

10. 满语文

2009年第二批吉林省非物质文化遗产代表性项目
申报地区或单位：吉林省长春市

　　满族是我国56个民族中一个比较大的民族，现有人口一千多万人。满族由女真人融合周边其他民族演变而成，建立的政权存在了近三百年。满族历史上有自己的语言文字。满文是拼音文字，有辅音和元音，行款直书从左到右。满族的文化生活习俗渗透到中国社会生活的方方面面，衣、食、住、行、婚、丧、嫁、娶都留下了满族文化的历史痕迹。

代表性传承人：

刘厚生　吉林省长春市
2015年第三批吉林省非物质文化遗产代表性项目代表性传承人

11. 阿文书法

2015年第四批宁夏回族自治区非物质文化遗产代表性项目

申报地区或单位：宁夏回族自治区银川市永宁县

代表性传承人：

目前无省级非遗代表性传承人

12. 纳西族东巴文书写艺术

2017年第四批云南省非物质文化遗产代表性项目

申报地区或单位：云南省丽江市

代表性传承人：

目前无省级非遗代表性传承人

13．汉字书法

编号：Ⅶ-63

2008年第二批国家级非物质文化遗产代表性项目

申报地区或单位：中国文学艺术界联合会书法家协会，中国艺术研究院中国书法院

中国书法是以笔、墨、纸等为主要工具材料，通过汉字书写，在完成信息交流实用功能的同时，以特有的造型符号和笔墨韵律，融入人们对自然、社会、生命的思考，从而表现中国人特有的思维方式、人格精神与性情志趣的一种艺术实践。中国书法伴随汉字的产生与演变而发展，历经三千多年，已成为中国文化的代表性符号。

代表性传承人：

目前无国家级非遗代表性传承人

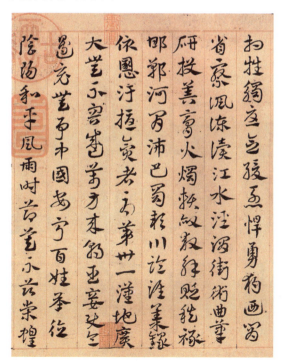

14. 汉字印刷字体书写技艺

2009年第二批上海市非物质文化遗产代表性项目
申报地区或单位：上海市印刷技术研究所

　　19世纪中期，西方铅活字印刷术回传中国并汉化以后，为使汉字印刷字体得到有效保护与传承，文化部于1959年指导上海率先进行印刷字体改革。以上海印刷技术研究所为基地，整旧与创新并举，制定贯彻《汉字印刷字体设计规范》（技术标准），以5年左右时间，相继完成了宋、黑、楷、仿宋四种常用印刷字体的设计创写，总计8万字。先后有近50人直接参与了这项工作，其间经历了三代传人。目前，第一代传人仅有1人健在，第二代传人均已退休，现在所内工作的是第三代传人。

代表性传承人：

徐学成　上海市印刷技术研究所
2011年第二批上海市非物质文化遗产代表性项目代表性传承人

1962年印研所集体创作

278

15. "南宫碑体"书法艺术

2012年第四批河北省非物质文化遗产代表性项目
申报地区或单位：河北省邢台南宫市文化馆、邯郸市大名县

  《南宫碑》全称为《重修南宫县学记碑》，此碑为南宫碑书体创始人张裕钊所书。该碑为张裕钊书法成熟期的代表作，字体结构内圆外方、笔笔藏锋，字体挺拔劲健，横画与竖画转折处方中带圆，圆中见方，颇具风神。该碑自刊刻之后，拓片风靡海内外。张裕钊之弟子王洪钧定居河北省邯郸市大名县，广收门徒，其弟子中较有成就者有卢相之、李鹤亭、齐仰绍等。李鹤亭收弟子最多，书法、绘画、篆刻成就很高，在冀南影响很大。

代表性传承人：

冯克军　河北省邯郸市大名县

2015年第五批河北省非物质文化遗产代表性项目代表性传承人

16．女书习俗

编号：X-69
2006年第一批国家级非物质文化遗产代表性项目
申报地区或单位：湖南省江永县

　　江永县位于湖南省南部边陲，西部和南部与广西桂林地区为邻，隶属永州市。江永女书流传于江永县仅有两万人口的上江圩（包括上江圩镇和铜山岭农场及周边的个别村落）一带。江永女书是现在世界上唯一存在的性别文字——妇女专用文字，它的发展、传承及以其为符号承载的文化信息构成了女书习俗。女书记录的语言是与众不同的永明土话。女书文字呈长菱形，笔画纤细均匀，似蚊似蚁，民间叫它作长脚蚊字或蚂蚁字，因其专为妇女所用，学术界便将其称为"女书"。

代表性传承人：

04-1971何静华　湖南省江永县
2012年第四批国家级非物质文化遗产代表性项目代表性传承人

17．水书习俗

编号：X-70

2006年第一批国家级非物质文化遗产代表性项目

申报地区或单位：贵州省黔南布依族苗族自治州

    水书习俗是水书形成、发展和传承并以此构成与水族生活相关的习俗。水书是水族先民创制的一种独具一格的文字。水书的文字符号体系独特，字数少（仅数百字），文本不能独立表达意义，要依靠有水书先生据水书所载相关条目，结合口传内容作出解释才能具有意义。水族人民丧葬、祭祀、婚嫁、营建、出行、占卜、生产，均由水书先生从水书中查找出依据，然后严格按照其制约行事。水书先生与水书的结合是传承水族传统文化的重要前提。

代表性传承人：

03-1472潘老平　贵州省黔南布依族苗族自治州

2009年第三批国家级非物质文化遗产代表性项目代表性传承人

03-1473欧海金　贵州省黔南布依族苗族自治州

2009年第三批国家级非物质文化遗产代表性项目代表性传承人

18. 陶瓷微书

编号：Ⅷ—219
2014年第四批国家级非物质文化遗产代表性项目
申报地区或单位：广东省汕头市

微书，即微型书法，起源于东汉时期，是以毛笔为书写工具，凭借裸眼视力在竹筒、丝缎、宣纸上进行书写的古老艺术品类，字体以小称奇。据唐代《书断》记载，东汉师宜官是最早使用毛笔书写微书的艺人。陶瓷微书，是创造性地将微型书法与彩瓷艺术完美结合的民间绝技。在瓷器上裸眼书写针头大小的汉字，依据不同器型构图设色，或以字组画，或以字配画，远观是画，近看是字，相映成趣。

代表性传承人：

05-2896王芝文　广东省汕头市
2018年第五批国家级非物质文化遗产代表性项目代表性传承人

二、文字书写的工具与载体

2009年宣纸传统制作技艺列入联合国教科文组织"人类非物质文化遗产代表作名录"。

1. 宣纸制作技艺

编号：Ⅷ-65

2006年第一批国家级非物质文化遗产代表性项目

申报地区或单位：安徽省泾县

造纸术为中国古代四大发明之一，宣纸是传统手工纸品最杰出的代表，居文房四宝之首，迄今已有一千五百多年的历史。宣纸产地在安徽省泾县，泾县境内有多条河流，尤其是乌溪上游的两条支流，一条属淡碱性，适合原料加工；一条属淡酸性，适合成纸用水。宣纸以青檀皮为主料，按比例配入沙田稻草浆，整个生产过程由108道工序组成。自唐代以来，宣纸一直是书法、绘画及典籍印刷的最佳载体，书法和绘画离了它便无从表达艺术的妙味。

代表性传承人：

01-0178邢春荣　安徽省泾县

2007年第一批国家级非物质文化遗产代表性项目代表性传承人

05-2762曹光华　安徽省泾县

2018年第五批国家级非物质文化遗产代表性项目代表性传承人

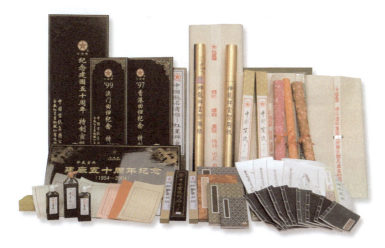

2. 铅山连四纸制作技艺

编号：VIII-66
2006年第一批国家级非物质文化遗产代表性项目
申报地区或单位：江西省铅山县

　　连四纸的原产地在江西省铅山县，明代高濂《遵生八笺》把"铅山纸"列为元代"妍妙辉光，皆世称也"的精品。明代宋应星《天工开物》有数处记载了铅山造纸状况，对铅山纸品种的连四、柬纸作了说明。连四纸的制作工艺程序十分考究。原料用毛竹的嫩竹竿，经几个月的日晒雨淋，使之自然漂白。连四纸纸质洁白莹辉，绵密柔韧，有隐约帘纹，防虫耐热，旧时贵重书籍、碑帖、契文、书画、扇面等多用之。

代表性传承人：

05-2763章仕康　江西省铅山县
2018年第五批国家级非物质文化遗产代表性项目代表性传承人

3. 皮纸制作技艺（龙游皮纸制作技艺，平阳麻笺制作技艺）

编号：VIII-67

2006年第一批国家级非物质文化遗产代表性项目

用树皮为原料制作皮纸是传统手工纸的重要品种，在《后汉书·蔡伦传》中有："用树肤、麻头及敝布、鱼网以为纸"的记载。贵州为少数民族聚居区，皮纸制作以贵阳市香纸沟（布依族）、贞丰县小屯和丹寨县石桥（苗族）的制作技艺最为杰出。浙江省龙游县的皮纸制作技艺独特，明万历《龙游县志》有："多烧纸，纸胜于别县"的记载。山西省襄汾县的平阳麻笺以麻为原料，曾一度作为贡纸、府纸。

代表性传承人：

01-0179罗守全　贵州省贵阳市

2007年第一批国家级非物质文化遗产代表性项目代表性传承人

01-0180刘世阳　贵州省贞丰县

2007年第一批国家级非物质文化遗产代表性项目代表性传承人

03-1330王兴武　贵州省丹寨县

2009年第三批国家级非物质文化遗产代表性项目代表性传承人

04-1855万爱珠　浙江省龙游县

2012年第四批国家级非物质文化遗产代表性项目代表性传承人

05-2764张世峰　山西省襄汾县

2018年第五批国家级非物质文化遗产代表性项目代表性传承人

05-2765潘玉华　贵州省丹寨县

2018年第五批国家级非物质文化遗产代表性项目代表性传承人

4. 傣族、纳西族手工造纸技艺

编号：Ⅷ-68

2006年第一批国家级非物质文化遗产代表性项目

申报地区或单位：云南省临沧市、香格里拉县

　　临沧傣族手工造纸工艺现遗存于临沧市两个傣族村寨，耿马傣族佤族自治县孟定镇芒团村和永德县永康镇芒石寨。构皮手工造纸工艺完整保留了造纸术发明初期的工序和工艺，与北魏贾思勰在《齐民要术》中记载的构皮造纸方法如出一辙。

纳西族东巴纸是东巴最重要的写经用纸，在滇西北各族中久负盛名。东巴纸的原料采自当地独有的植物原料"阿当达"，即瑞香科丽江荛花。东巴纸的活动纸帘较为特殊，晒纸过程明显受到浇纸法的影响，又有抄纸法的痕迹，是中国造纸术与印巴次大陆造纸法兼容并蓄的结果。

代表性传承人：

01-0181和志本　云南省香格里拉县

2007年第一批国家级非物质文化遗产代表性项目代表性传承人

03-1331玉勐嘎　云南省临沧市

2009年第三批国家级非物质文化遗产代表性项目代表性传承人

04-1856周小三　云南省临沧市

2012年第四批国家级非物质文化遗产代表性项目代表性传承人

5. 藏族造纸技艺

编号：VIII－69
2006年第一批国家级非物质文化遗产代表性项目
申报地区或单位：西藏自治区

自唐朝文成公主远嫁吐蕃，中原造纸术传入西藏，藏族人民就地取材，生产出了独具地方特色的藏纸。藏纸以瑞香狼毒、沉香、山茱萸科的灯台树、杜鹃科的野茶花树为主要原料，制成各种不同用途和等级的藏纸。藏族造纸业不仅在西藏地区得到全面推广，还传入印度、尼泊尔、不丹等国。随着社会历史的发展，西藏造纸技艺形成了多种类共同发展的格局。藏东地区盛产康纸，藏南盛产金东纸、塔布纸、工布纸、波堆纸、门纸（珞巴、门巴地区的纸），卫藏地区盛产尼纸、臧纸、聂纸（聂拉木纸）、猛噶纸、灰纸及阿里纸等。有适于馆藏文献使用的尼木县毒纸，印刷纸币和邮票的精品藏纸，加入金汁、银汁的大藏经用纸等。

代表性传承人：

03-1332次仁多杰　西藏自治区
2009年第三批国家级非物质文化遗产代表性项目代表性传承人

6. 桑皮纸制作技艺（维吾尔族桑皮纸制作技艺）

编号：Ⅷ-70

2006年第一批国家级非物质文化遗产代表性项目

申报地区或单位：新疆维吾尔自治区吐鲁番地区，安徽省潜山县、岳西县

桑皮纸以桑树皮为原料。维吾尔族聚居的新疆南部和东部自古便有植桑采果的传统。至迟在唐代，当地便有用桑树枝嫩皮为原料造纸的手工行业。清代新疆的书册典籍主要用桑皮纸印刷，民国时还出现过用桑皮纸印制的钞票。维吾尔族姑娘绣花帽的时候要用桑皮纸搓成的小纸棍插进布坯经纬空格里，使得花帽挺括有弹性。安徽省的潜山、岳西地区在汉代就生产桑皮纸，是当地的土特名产，销往印度、日本等国，俗称"仿宣纸"，除了书画和装裱，还是出版、复印的佳纸。

代表性传承人：

01-0182托乎提·吐尔迪　新疆维吾尔自治区吐鲁番地区

2007年第一批国家级非物质文化遗产代表性项目代表性传承人

03-1333王柏林　安徽省安庆市岳西县

2009年第三批国家级非物质文化遗产代表性项目代表性传承人

04-1857刘同烟　安徽省安庆市潜山县

2012年第四批国家级非物质文化遗产代表性项目代表性传承人

7. 竹纸制作技艺（泽雅屏纸制作技艺，蔡伦古法造纸技艺，滩头手工抄纸技艺）

编号：Ⅷ-71

2006年第一批国家级非物质文化遗产代表性项目

申报地区或单位：四川省夹江县，浙江省富阳市，福建省将乐县，浙江省温州市瓯海区，湖南省耒阳市、隆回县

以嫩竹为主料生产的手工书画纸具有洁白柔软、浸润保墨、纤维细腻、绵韧平整等特点，与安徽宣纸齐名。四川省夹江县自唐代以来即享有"蜀纸之乡"的美称，夹江竹纸曾被康熙皇帝指定为贡纸。浙江省富阳市素有"土纸之乡"的称号，其竹纸制造技艺始于南宋。据《福建通志》记载：将乐县的西山纸在唐宋时有盛名，清代以后，将乐的纸畅销日本、新加坡、泰国、马来西亚等二十多个国家和地区。温州造纸始于唐代，泽雅等地至今仍保存着大量完整的古代造纸作坊，并且仍在使用。湖南省耒阳的竹纸生产是传统产业，据记载这个传统可以追溯到东汉时期耒阳县人蔡伦发明造纸术。

代表性传承人：

01-0183杨占尧　四川省夹江县

2007年第一批国家级非物质文化遗产代表性项目代表性传承人

01-0184庄富泉　浙江省富阳市

2007年第一批国家级非物质文化遗产代表性项目代表性传承人

04-1858李法儿　浙江省富阳市

2012年第四批国家级非物质文化遗产代表性项目代表性传承人

05-2766林志文　浙江省温州市瓯海区

2018年第五批国家级非物质文化遗产代表性项目代表性传承人

05-2767刘仰根　福建省将乐县

2018年第五批国家级非物质文化遗产代表性项目代表性传承人

05-2768李志军　湖南省隆回县

2018年第五批国家级非物质文化遗产代表性项目代表性传承人

8．楮皮纸制作技艺

编号：Ⅷ-131
2008年第二批国家级非物质文化遗产代表性项目
申报地区或单位：陕西省西安市长安区

楮皮纸历史悠久，用楮树皮制作的皮纸是传统手工纸的重要品种，陕西省西安市长安区北张村是楮皮纸的发源地。据记载，蔡伦就是在这里发明造纸术的，这里至今仍保留着非常原始的楮皮纸制作技艺。制造楮皮纸的原料是楮树的树皮，楮树皮含有非常适于造纸的木本韧皮纤维。唐代，陕西北张村造纸业兴盛发达，白麻纸也备受朝鲜和日本的喜爱。清代，北张村所造楮皮纸被选作奏折和科举考试用纸。北张村每家造纸作坊都供奉蔡伦像，村外有蔡伦庙，每年除夕举行盛大的蔡伦庙会。

代表性传承人：

03-1393张逢学　陕西省西安市长安区
2009年第三批国家级非物质文化遗产代表性项目代表性传承人

9. 纸笺加工技艺

编号：Ⅷ-129

2008年第二批国家级非物质文化遗产代表性项目

申报地区或单位：安徽省巢湖市

纸笺加工技艺是传统造纸工艺在技术上进行延伸和发展后形成的一大工艺门类。即通过染色、施胶、填粉、施蜡、托裱、洒金、水印、描绘等多道工艺将原手抄原纸（生纸）做成加工纸，目的是为了更适合书写、印刷。传统纸笺主要有：手绘描金粉蜡笺、造金银印花笺、泥金笺、木板套色水印笺以及绢笺、砑花笺等。安徽省巢湖掇英轩近年来致力于一些失传多年的对现今尚有实用价值的传统纸笺进行恢复性研究生产。

代表性传承人：

05-2826刘靖　安徽省巢湖市

2018年第五批国家级非物质文化遗产代表性项目代表性传承人

10．湖笔制作技艺

编号：Ⅷ-72
2006年第一批国家级非物质文化遗产代表性项目
申报地区或单位：浙江省湖州市

湖笔是毛笔中的佼佼者，以制作精良、品质优异而享誉海内外。湖笔的发源地在浙江省湖州市善琏镇，善琏制笔业约始自晋代，经过唐宋两代的发展，湖笔技艺有了很大进步，到了元代，湖笔名声鹊起，奠定了毛笔之冠的地位，湖笔与徽墨、宣纸、端砚一起被称为文房四宝。湖笔纯由手工制作，要经过120多道工序，主要工序由技工专司，秉承"精""纯""美"的准则，选料精细，制作精工，尤其讲究锋颖，生产出的湖笔要求"尖""齐""圆""健"四德齐备。唐代诗人白居易曾以"千万毛中拣一毫"和"毫虽轻，功甚重"来形容制笔技艺的精细和复杂。

代表性传承人：

01-0185邱昌明　浙江省湖州市

2007年第一批国家级非物质文化遗产代表性项目代表性传承人

11．宣笔制作技艺

编号：Ⅷ-130
2008年第二批国家级非物质文化遗产代表性项目
申报地区或单位：安徽省宣城市

　　宣笔产于安徽省泾县，是中国四大名笔之一。宣笔制作已有2000多年的历史。据韩愈《毛颖传》记载，公元前223年，秦国名将蒙恬南下伐楚，途经中山（今宣城市一带），见山中兔肥毫长，又盛产竹子，遂命人逮兔取毫，以竹为管制成改良的毛笔，世称"蒙恬笔"。蒙恬笔亦称"秦笔"。隋开皇九年（589年），宛陵改称宣州，遂改称秦笔为宣笔。唐宋时期安徽宣州成为全国的制笔中心，所制"宣笔"十分精良，深为士林称道乐用并成为朝廷贡品。

代表性传承人：

03-1392张苏　安徽省宣城市
2009年第三批国家级非物质文化遗产代表性项目代表性传承人

04-1894张文年　安徽省宣城市
2012年第四批国家级非物质文化遗产代表性项目代表性传承人

05-2827佘征军　安徽省宣城市
2018年第五批国家级非物质文化遗产代表性项目代表性传承人

12. 白沙茅龙笔制作技艺

编号：Ⅷ-132

2008年第二批国家级非物质文化遗产代表性项目

申报地区或单位：广东省江门市

　　茅龙笔为明代陈献章首创，他同时开创了茅龙笔书法艺术。白沙茅龙笔采用新会圭峰山的茅草为主要材料，经多道工序精心制作而成，是以植物纤维制笔的典范。用茅龙笔挥毫，笔画形成独有的"飞白"，是其他毛笔不能代替的。江门地处广东省南部，南邻南海，毗邻香港，有"中国第一侨乡"的称号，茅龙笔受到海外朋友及国际友人的高度赞赏，成为海外华人维系乡情的文化纽带。

　　代表性传承人：

　　目前无国家级非遗代表性传承人

13. 毛笔制作技艺（周虎臣毛笔制作技艺，扬州毛笔制作技艺，徽笔制作技艺，进贤文港毛笔制作技艺）

编号：Ⅷ-200

2011年第三批国家级非物质文化遗产代表性项目

申报地区或单位：上海市黄浦区，江苏省江都市，安徽省黄山市屯溪区，江西省进贤县

　　毛笔是源于中国的传统书写工具，经历了三千多年的发展，各派毛笔制作技艺发达于不同历史时期，又各显其制造特色。康熙三十三年（1694年）周虎臣在苏州开设周虎臣笔墨庄，同治元年（1862年）笔墨庄由苏州迁移到上海。周虎臣是中国近代毛笔制作史上的海派制笔名家。扬州毛笔（亦称扬州水笔）以其麻胎作衬而独树一帜。徽笔发轫于宋代，吕大渊、汪伯立等制笔名匠使徽笔名冠天下。江西省进贤县文港制作毛笔的历史已有一千六百多年。

代表性传承人：

04-1928吴庆春　上海市黄浦区

2012年第四批国家级非物质文化遗产代表性项目代表性传承人

04-1929石庆鹏　江苏省江都市

2012年第四批国家级非物质文化遗产代表性项目代表性传承人

05-2884杨文　安徽省黄山市屯溪区

2018年第五批国家级非物质文化遗产代表性项目代表性传承人

14. 徽墨制作技艺（曹素功墨锭制作技艺）

编号：Ⅷ-73

2006年第一批国家级非物质文化遗产代表性项目

申报地区或单位：安徽省绩溪县、歙县、黄山市屯溪区，上海市黄浦区

　　墨的发明是我国先民对中国文化乃至世界文化的一项重大贡献。徽墨是我国制墨技艺中的一朵奇葩，它特征鲜明、技艺独特、流派品种繁多、科技内涵丰富，在我国制墨史上占有重要地位。从现有史料来看，徽墨生产可追溯到唐代末期，历宋元明清而臻于鼎盛。在清代四大制墨名家中，安徽省绩溪县有汪近圣和胡开文，歙县有曹素功于清康熙六年（1667年）创设曹素功墨庄，1864年墨庄迁到上海，常为权贵和名流定版制墨，在社会上层影响很大，被誉为"天下之墨推歙州，歙州之墨推曹氏"。

代表性传承人：

01-0186周美洪　安徽省歙县

2007年第一批国家级非物质文化遗产代表性项目代表性传承人

03-1334汪爱军　安徽省绩溪县

2009年第三批国家级非物质文化遗产代表性项目代表性传承人

04-1859鲁建庆　上海市黄浦区

2012年第四批国家级非物质文化遗产代表性项目代表性传承人

05-2769汪培坤　安徽省黄山市屯溪区

2018年第五批国家级非物质文化遗产代表性项目代表性传承人

15. 一得阁墨汁制作技艺

编号：Ⅷ—225

2014年第四批国家级非物质文化遗产代表性项目

申报地区或单位：北京市西城区

　　一得阁以生产墨汁名扬天下。中国传统书法与墨有着密切关系，传说西周时期出现了松烟制作的墨丸，后来逐渐发展为墨锭，一得阁的墨汁是墨的一种新面貌。清代同治四年（1865年），湖南文人谢松岱在北京琉璃厂44号开设第一家生产经营墨汁的店铺，店铺名称叫一得阁。一得阁每逢年节、收徒拜师之时，上香敬贤，先拜墨圣，再拜掌柜。一得阁的墨圣有三位，一位是北宋文学家苏东坡，谢松岱说是从他那里得到取烟的方法；第二位是北宋制墨名家、《墨经》的作者晁季一，谢松岱说是从他那里得到和胶的启发；第三位是明代的沈继孙，他编著的《墨法集要》是历史上第一部制墨的工艺书，保存了古法制墨的21幅插图。

代表性传承人：

目前无国家级非遗代表性传承人

16. 歙砚制作技艺

编号：Ⅷ-74
2006年第一批国家级非物质文化遗产代表性项目
申报地区或单位：安徽省歙县，江西省婺源县

　　歙砚为中国四大名砚之一，其主要制作地和成名地在古徽州歙县，故称歙砚。江西省婺源县原属徽州，所产亦称歙砚。汉、晋时期已有歙砚问世，至唐代名声日盛。开元以后，龙尾砚石被发现，歙砚更为世所珍重。南唐后主李煜视歙砚为"天下冠"，在歙州设置了"砚务"，擢砚工李少微为"砚务官"，歙砚的身价从此扶摇直上。宋代歙砚发展很快，品种增多，精砚不断涌现，其名色之多、质地之细、雕镂之工，为诸砚之冠。

代表性传承人：

01-0187曹阶铭　安徽省歙县
2007年第一批国家级非物质文化遗产代表性项目代表性传承人
03-1335郑寒　安徽省歙县
2009年第三批国家级非物质文化遗产代表性项目代表性传承人
04-1860王祖伟　安徽省歙县
2012年第四批国家级非物质文化遗产代表性项目代表性传承人
04-1861江亮根　江西省婺源县
2012年第四批国家级非物质文化遗产代表性项目代表性传承人
05-2770蔡永江　安徽省歙县
2018年第五批国家级非物质文化遗产代表性项目代表性传承人
05-2771汪鸿欣　江西省婺源县
2018年第五批国家级非物质文化遗产代表性项目代表性传承人

17. 端砚制作技艺

编号：Ⅷ-75

2006年第一批国家级非物质文化遗产代表性项目

申报地区或单位：广东省肇庆市

端砚的发源地在广东省肇庆市黄岗镇白石村、宾日村一带。白石、宾日两村相邻，八成村民无田可耕，世代靠采石制砚谋生，如今这一带依然是端砚制作的核心区域。端砚的原料端溪石产于肇庆市东郊羚羊峡斧柯山和北岭山一带。据记载，端砚创兴于唐初，唐代中期已风行全国，被称为众砚之首。无论酷暑严冬，用手按端砚的砚心，砚心湛蓝墨绿，水气久久不干，古人有"哈气研墨"之说。

代表性传承人：

01-0188程文　广东省肇庆市

2007年第一批国家级非物质文化遗产代表性项目代表性传承人

05-2772杨焯忠　广东省肇庆市

2018年第五批国家级非物质文化遗产代表性项目代表性传承人

18. 金星砚制作技艺

编号：Ⅷ-76
2006年第一批国家级非物质文化遗产代表性项目
申报地区或单位：江西省星子县

金星砚又名金星宋砚，以金星石为原料，主产地在江西省星子县横塘镇驼岭山，这种石料稀少珍贵，石质坚韧细腻，温润莹洁，纹理缜密，制成砚后发墨极快，且储水不涸，久磨无粉，发出的墨富于光泽。民间相传第一方金星砚出自晋代陶渊明之手，北宋米芾《砚史》中亦有星子青石砚的记载。明代星子的石砚制作一度中衰，至清代中叶又渐中兴，民国时星子县境内有制砚作坊百余家。

代表性传承人：

目前无国家级非遗代表性传承人

19. 砚台制作技艺（易水砚制作技艺，澄泥砚制作技艺，洮砚制作技艺，贺兰砚制作技艺，松花石砚制作技艺）

编号：Ⅷ-133

2008年第二批国家级非物质文化遗产代表性项目

申报地区或单位：河北省易县，山西省新绛县，甘肃省卓尼县、岷县，宁夏回族自治区银川市，辽宁省本溪市

砚台制作通常使用石材，经过雕刻而成。除了端砚、歙砚、金星砚之外，还有河北易县易水砚，始于战国，盛于唐宋，有"北易南端"之说；山西省新绛县澄泥砚，源于汉代，自中唐起，历代皆为贡品，与端砚、歙砚、洮砚并称为中国"四大名砚"；甘肃省卓尼县、岷县的洮砚起源于1300年前，始于唐朝盛于宋朝至今不衰；宁夏回族自治区银川的贺兰砚，在三百年的制作历史里，闫氏家族名匠辈出；辽宁省本溪的松花石砚始于明末，盛于清康熙乾隆年间。

代表性传承人：

03-1394邹洪利　河北省易县

2009年第三批国家级非物质文化遗产代表性项目代表性传承人

03-1395蔺永茂　山西省新绛县

2009年第三批国家级非物质文化遗产代表性项目代表性传承人

03-1396李茂棣　甘肃省岷县

2009年第三批国家级非物质文化遗产代表性项目代表性传承人

04-1895闫森林　宁夏回族自治区银川市

2012年第四批国家级非物质文化遗产代表性项目代表性传承人

05-2828卢锁忠　甘肃省卓尼县

2018年第五批国家级非物质文化遗产代表性项目代表性传承人

20. 藏族文房四宝

2009年第三批西藏自治区非物质文化遗产代表性项目
申报地区或单位：西藏勉萨派唐卡艺术发展中心

藏族文房四宝，历史可追溯到两千多年前的西藏古象雄文明时期，盛行于7世纪末期，迄今已有两千多年的历史。主要分布在西藏自治区以及青海、甘肃、四川、云南等地的藏族聚居地方。藏族的文房四宝是藏纸、墨瓶、墨汁、竹笔。用骨髓或者酥油浸润竹子，再经烘烤、削制而成书写的竹笔。其笔身一般长13厘米左右，笔宽1厘米多，笔尖为鸭嘴状，正中有蓄墨的细缝，有点像制图的鸭嘴笔。

代表性传承人：
目前无省级非遗代表性传承人

三、文字保存与传播

2009年中国篆刻、中国雕版印刷技艺列入联合国教科文组织"人类非物质文化遗产代表作名录"。

2010年中国木版活字印刷术列入联合国教科文组织"急需保护的非物质文化遗产名录"。

1．贝叶经制作技艺

编号：Ⅷ-142

2008年第二批国家级非物质文化遗产代表性项目

申报地区或单位：云南省西双版纳傣族自治州

贝叶经，傣语称"坦兰"，是傣族用铁笔刻写在加工后的贝多罗树叶上的佛教经文。除记载佛教经典之外，还大量记载傣族的天文历法、社会历史、法律法规、民情民俗、医理医药、生产生活、伦理道德、文学艺术等诸多方面内容。贝叶经最早起源于古代印度，7世纪前后随南传上座部佛教经斯里兰卡、缅甸、泰国传入云南省西南地区。

代表性传承人：

04-1902波空论　云南省西双版纳傣族自治州

2012年第四批国家级非物质文化遗产代表性项目代表性传承人

2. 金石篆刻

编号：Ⅶ-32
2006年第一批国家级非物质文化遗产代表性项目
申报地区或单位：浙江省杭州市西泠印社，中国艺术研究院

金石篆刻是以石材为主要原料，以刻刀为工具，以汉字为表象的一门独特的镌刻艺术。它由中国古代的印章制作技艺发展而来，至今已有三千多年的历史。篆刻艺术作品既可以独立欣赏，又可以在书画作品等领域广泛运用。西泠印社创立于清光绪三十年（1904年），是主要从事金石篆刻创作与研究，同时兼及书画创作的民间社团。西泠印社由浙派篆刻家丁仁友、王福厂、叶舟、吴隐等人共同发起创建。1913年，近代艺术大师吴昌硕被推为首任社长，一时精英云集，成为海内外金石篆刻史上

一个时间最悠久、成就最高、影响最广大的学术团体，获得"天下第一名社"之盛誉。每年春秋两季，同仁雅集，并形成独特的祭仪和活动模式。中国篆刻艺术院于2007年成立，是中国艺术研究院主管的目前中国第一家以篆刻艺术研究和创作为核心的院体机构。

代表性传承人：

目前无国家级非遗代表性传承人

3. 木版水印技艺

编号：Ⅷ-77

2006年第一批国家级非物质文化遗产代表性项目

申报地区或单位：北京市荣宝斋，上海书画出版社，浙江省杭州市下城区

我国最早的雕版印刷，有确切记年的是隋代。木版水印技艺源于中国古代雕版印刷的"版"套印，它以笔、刀、刷子、耙子、国画颜料、水等材料为基础工具，以追求复原传统书画的艺术形态、笔墨、神采为目的。荣宝斋位于北京市西城区琉璃厂西街19号，其前身是创建于康熙十一年（1672年）的松竹斋，光绪二十年（1894年）更名为荣宝斋，传承木版水印技艺；上海市朵云轩自1900年创立之日起，就传承了木版水印这一传统技艺；浙江省杭州市2001年创建十竹斋艺术馆，传承木版水印技艺。

代表性传承人：

01-0189崇德福　北京市荣宝斋

2007年第一批国家级非物质文化遗产代表性项目代表性传承人

01-0190王丽菊　北京市荣宝斋

2007年第一批国家级非物质文化遗产代表性项目代表性传承人

03-1336高文英　北京市荣宝斋

2009年第三批国家级非物质文化遗产代表性项目代表性传承人

03-1337蒋敏　上海书画出版社

2009年第三批国家级非物质文化遗产代表性项目代表性传承人

04-1862肖刚　北京市荣宝斋

2012年第四批国家级非物质文化遗产代表性项目代表性传承人

05-2773魏立中　浙江省杭州市下城区

2018年第五批国家级非物质文化遗产代表性项目代表性传承人

4. 雕版印刷技艺（同仁刻版印刷技艺）

编号：Ⅷ-78

2006年第一批国家级非物质文化遗产代表性项目

申报地区或单位：江苏省扬州市，福建省连城县，浙江省杭州市西湖区，青海省同仁县

雕版印刷技艺是运用刀具在木板上雕刻文字或者图像，再用墨、纸、绢等材料印刷的一种特殊技艺，迄今已有一千三百多年的历史。目前，江苏省扬州市广陵古籍刻印社保留着国内唯一的全套古籍雕版印刷工艺流程，共有二十多道工序，整个流程散发着古朴典雅的文化气息。福建省连城县是目前世界上仅存的雕版印刷基地，保存下来的工具及工艺，堪称中国印刷与出版史上的活化石。浙江省杭州市在宋代成为全国刻书出版中心之一，到明代，杭州是全国雕版印刷的三大中心之一。青海省同仁刻版印刷技艺印制藏族经文和图像，承载着丰富的历史文化信息。

代表性传承人：

01-0191陈义时　江苏省扬州市

2007年第一批国家级非物质文化遗产代表性项目代表性传承人

05-2774黄小建　浙江省杭州市西湖区

2018年第五批国家级非物质文化遗产代表性项目代表性传承人

05-2775夏吾他　青海省同仁县

2018年第五批国家级非物质文化遗产代表性项目代表性传承人

5. 金陵刻经印刷技艺

编号：VIII-79

2006年第一批国家级非物质文化遗产代表性项目

申报地区或单位：江苏省南京市

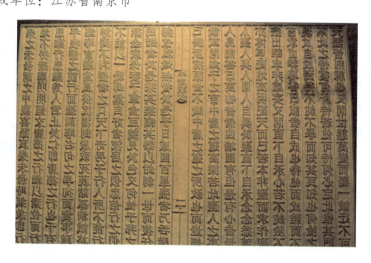

　　南京古称金陵，是六朝古都，历史悠久，文化底蕴深厚，佛教刻经事业源远流长。清同治五年（1866年），杨仁山等创办了金陵刻经处，传承我国古代佛经、佛像木刻雕版印刷技艺，百余年来在国内外享有盛誉。金陵刻经处位于江苏省南京市，收藏佛经版125318块、大型佛像版18块，是融古代经书、经版收藏、经书雕刻、印刷、流通及佛学研究于一体的佛经出版机构。金陵刻经选本精严，内容纯正，校勘严谨，版式疏朗，字大悦目，刻印考究，纸墨精良，习称金陵本。

代表性传承人：

04-1863马萌青　江苏省南京市

2012年第四批国家级非物质文化遗产代表性项目代表性传承人

6. 藏族雕版印刷技艺（德格印经院藏族雕版印刷技，波罗古泽刻版制作技艺）

编号：VIII-80

2006年第一批国家级非物质文化遗产代表性项目

申报地区或单位：四川省德格县，西藏自治区江达县

雕版印刷技艺迄今已有一千三百多年的历史，它开创了人类复印技术的先河，在世界文化传播史上起着无以伦比的重要作用。德格县位于四川省甘孜州西北部，青藏高原东南缘，是一个以藏民族为主的多民族聚居县，建立于1729年的德格印经院素有"藏文化大百科全书"之称。

西藏自治区江达县波罗古泽木刻雕版起源于1676年，由当时的德格第十二世土司、第六世法王却吉·登巴次仁发起。德格印经院中80%以上印经版均为昌都地区江达县波罗乡所制。

代表性传承人：

01-0192彭措泽仁　四川省德格县

2007年第一批国家级非物质文化遗产代表性项目代表性传承人

03-1338多吉登次　西藏自治区昌都地区江达县

2009年第三批国家级非物质文化遗产代表性项目代表性传承人

05-2776泽培　西藏自治区江达县

2018年第五批国家级非物质文化遗产代表性项目代表性传承人

7. 木活字印刷技术

编号：Ⅷ-135
2008年第二批国家级非物质文化遗产代表性项目
申报地区或单位：浙江省瑞安市

　　中国的木活字印刷术是世界上最古老的印刷技术之一，浙江瑞安保持了这种技术，那里依然使用这种技术编印谱牒。瑞安的木活字印刷完全继承了中国古代的传统工艺，完整地再现了古代四大发明之一——活字印刷的作业场景。男性经过训练完成汉字的刻画，经过刻字、检字、排字等程序后进行印刷。这需要掌握丰富的历史知识和古汉语语法。女性承担裁纸和装订的工作。

代表性传承人：

03-1399王超辉　浙江省瑞安市
2009年第三批国家级非物质文化遗产代表性项目代表性传承人
03-1400林初寅　浙江省瑞安市
2009年第三批国家级非物质文化遗产代表性项目代表性传承人

8. 衡水法帖雕版拓印技艺

编号：Ⅷ-201
2011年第三批国家级非物质文化遗产代表性项目
申报地区或单位：河北省衡水市桃城区

衡水法帖雕版拓印技艺是古老的传统手工技艺，古代将汉字书写在帛上或刻在石碑、木板上拓印下的纸稿称为帖，法帖则是名人名家书法艺术范本，法帖雕版拓印即是把名家书法墨迹镌刻在木板或者石板上，然后拓印成墨本并装裱成卷或者册，成为人们学习书法的范本。衡水木刻法帖兴于明，盛于清，其精湛的雕刻技艺充分呈现了汉字书法的精妙。

代表性传承人：
目前无国家级非遗代表性传承人

9. 古书画临摹复制技艺

编号：Ⅷ—202

2011年第三批国家级非物质文化遗产代表性项目

申报地区或单位：故宫博物院

古书画临摹复制技艺是一种临摹技术。唐人冯承素的王羲之《兰亭序》摹本、宋徽宗赵佶的张萱《捣练图》摹本等古代书画临摹作品，使世人在古人真迹已不知存于何处的今日，仍能领略形同神似的书画作品。书画临摹复制技艺是一个繁复的过程，其中摹印的主要环节就包括勾稿、拓稿、刻制、修整等步骤。故宫博物院临摹复制了大量珍贵书画文物，在古书画保护工作中发挥了重要作用。

代表性传承人：

04–1930祖莪　故宫博物院

2012年第四批国家级非物质文化遗产代表性项目代表性传承人

05–2885郭文林　故宫博物院

2018年第五批国家级非物质文化遗产代表性项目代表性传承人

10. 拓片制作技艺

2012年第三批山东省非物质文化遗产代表性项目
申报地区或单位：山东省非物质文化遗产保护协会

　　山东曲阜是我国碑帖的主要产地之一。这里的碑帖资源丰富，存有西汉以来历代碑刻五千余块，主要集中在孔府、孔庙、孔林、颜庙、周公庙、少昊陵、孟母林等处。曲阜所拓制的碑帖不仅是文人墨客临摹的范本，显官及读书人收藏、馈赠的佳品，还是向皇帝进贡的贡品。民国初年，孔德成先生的胞姐孔德齐、孔德懋女士结婚时，用碑帖作为陪送的嫁妆。曲阜拓碑业历史悠久，技法很多，但主要有擦拓和扑拓两种，其中擦拓为曲阜独创。

代表性传承人：

张亚明　山东省泰安市
2018年第五批山东省非物质文化遗产代表性项目代表性传承人

11．印泥制作技艺（上海鲁庵印泥，漳州八宝印泥）

编号：VIII-134
2008年第二批国家级非物质文化遗产代表性项目
申报地区或单位：上海市静安区，福建省漳州市

　　中国五代时期就有用朱砂原料制作印泥的记载。鲁庵印泥是印泥中的上品，由民国时期海派印泥大师张鲁庵创制而成，圈内有"一两黄金一两泥"之称。福建漳州八宝印泥（古称：印肉、印色）创始于清康熙十二年（1673年）。创始人魏长安使用麝香、珍珠、玛瑙、珊瑚、金箔、梅片、琥珀、朱砂、朱镖、艾绒、蓖麻油、冰片等多种珍贵材料为原料，以特殊加工方法精制而成。

代表性传承人：

03-1397高式熊　上海市静安区
2009年第三批国家级非物质文化遗产代表性项目代表性传承人
03-1398符骥良　上海市静安区
2009年第三批国家级非物质文化遗产代表性项目代表性传承人
05-2829杨锡伟　福建省漳州市
2018年第五批国家级非物质文化遗产代表性项目代表性传承人

四、与文字相关的传说

1. 王羲之传说

编号：I-100

2011年第三批国家级非物质文化遗产代表性项目

申报地区或单位：浙江省绍兴市

王羲之是尽人皆知的"书圣"。东晋永和七年（351年），出为右将军、会稽内史，直到升平五年（361年）逝世，王羲之生活在会稽（今绍兴）共计11年，保存至今的尚有兰亭、鹅池、墨池、戒珠寺、题扇桥、右军墓等诸多遗迹。六朝时期，王羲之传说就产生并流传于越地民间，绍兴民间至今津津乐道，以为茶前饭后之佳话。王羲之传说以东晋时期的历史与文化为背景，主要分为王羲之学书作书类、钟情山水类、爱国爱民类、蔑视权贵类等，其中有一些故事是成语、典故的出处。

代表性传承人：

05-2013杨乃浚　浙江省绍兴市

2018年第五批国家级非物质文化遗产代表性项目代表性传承人

2. 蔡伦造纸传说

编号：I-102
2011年第三批国家级非物质文化遗产代表性项目
申报地区或单位：陕西省汉中市

纸是中国古代四大发明之一，为中国古代文化的繁荣提供了物质技术的支持。纸的发明结束了简牍繁重的历史，大大促进了文化的传播与发展。蔡伦造纸传说是流传在蔡伦的封地、葬地和造纸地及周边地区的故事传说。蔡伦造纸传说流传时间长，内容丰富，在一千九百多年的历史里口口相传。

代表性传承人：

目前无国家级非遗代表性传承人

3. 仓颉传说

编号：Ⅰ-142

2014年第四批国家级非物质文化遗产代表性项目

申报地区或单位：陕西省白水县、洛南县

战国时代的荀卿认为文字是仓颉创造。根据古籍和当地民间传说，仓颉是黄帝的史官，随黄帝南巡时来到陕西洛南保安阳虚山下，他根据日月星辰的运行轨迹、龟甲的纹路形状、鸟兽足印，在谷雨节气这一天顿悟而创造了汉字。"天雨粟、鬼夜哭"，说的就是仓颉造字感动了天帝，为了酬劳仓颉，便为人间降下了一场谷子雨，形成二十四节气之中的谷雨。

代表性传承人：

目前无国家级非遗代表性传承人

4．河图洛书传说

编号：Ⅰ-135

2014年第四批国家级非物质文化遗产代表性项目

申报地区或单位：河南省洛阳市

　　河图与洛书是中国古代流传下来的两幅神秘图案，历来被认为是河洛文化的滥觞，中华文明的源头。相传上古伏羲氏的时候，洛阳东北的黄河中浮出龙马，背负河图，献给伏羲，伏羲依次而演成八卦。又相传，大禹治水的时候，凿开了龙门，在龙门南面伊河的水被引入洛河，从河底浮出一只乌龟，背负洛书，献给大禹，大禹依此治水成功，遂划天下为九州。河图上，排列成数阵的白点和黑点，蕴含着无穷的奥秘；洛书上，纵横斜三条线上三个数字，其和都等于十五，十分奇妙。

代表性传承人：

目前无国家级非遗代表性传承人

5. 蒙恬会

2009年第三批浙江省非物质文化遗产代表性项目
申报地区或单位：浙江省湖州市南浔区善琏镇宣传文化中心

　　"蒙恬会"是善琏笔工及周边笔庄、笔店，为纪念笔祖蒙恬而举办的祭祀"行业神"活动。蒙恬是秦代大将，因创毫于世，所以，善琏笔工世世代代尊称其为笔祖。据传，早在晋代，善琏就建有纪念笔祖蒙恬的"蒙公祠"。元代以来，由于湖笔声誉的鹊起，"蒙公祠"香火十分旺盛。相传，农历三月十六为蒙恬生日，农历九月十六为蒙恬夫人生日。在这两个日子里，善琏镇要举办蒙恬会。三月十六是大会，由笔坊老板合资举办；九月十六为小会，由工人出资合力通办。先由一位有名望的老笔工给笔祖"开光、净身、整冠"；再由一名德高望重老笔工宣读祭文并领祭，众笔工跪拜。蒙恬会不仅在善琏镇上举办，凡有湖笔业的地方都要举办蒙恬会，不过规模要小得多，善琏镇的蒙恬会是湖笔行业中最隆重的会市。

代表性传承人：

目前无省级非遗代表性传承人

五、与文字相关的艺术

2003年古琴艺术列入联合国教科文组织"人类非物质文化遗产代表作名录"。
2009年南音、西安鼓乐列入联合国教科文组织"人类非物质文化遗产代表作名录"。

1. 古琴艺术

编号：Ⅱ-34

2006年第一批国家级非物质文化遗产代表性项目

申报地区或单位：中国艺术研究院，江苏省常熟市、扬州市、南京市、南通市、镇江市，浙江省杭州市，山东省诸城市，广东省广州市，北京市大兴区，香港特别行政区

　　古琴演奏是中国历史上最古老、艺术水准最高，最具民族精神、审美情趣和传统艺术特征的器乐演奏形式。它的演奏是一种高雅和身份的象征，因此它是一种贵族和精英艺术的象征，而不是面向大众的表演艺术。古琴演奏技法复杂而精妙，而且有着独特的记谱法。古琴有文字谱，但是更多的是用一种以记写指位与左右手演奏技法为特征的记谱法，由唐末琴家曹柔据文字谱减化而来，故名"减字谱"。"减字谱"以简化的偏旁、部首合并成一字，并徽、弦、指为一体，使记录和阅读都变得简单和方便了。"减字谱"是对文字记谱法的一次重大改革，古琴艺术的特点和流传与"减字谱"紧密相关。

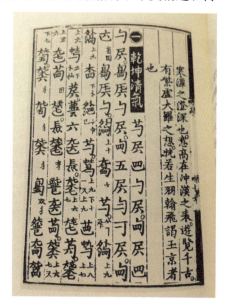

代表性传承人：

02-0263郑珉中　中国艺术研究院

2008年第二批国家级非物质文化遗产代表性项目代表性传承人

02-0264陈长林　中国艺术研究院

2008年第二批国家级非物质文化遗产代表性项目代表性传承人

02-0265吴钊　中国艺术研究院

2008年第二批国家级非物质文化遗产代表性项目代表性传承人

02-0266姚公白　中国艺术研究院

2008年第二批国家级非物质文化遗产代表性项目代表性传承人

02-0267刘赤城　中国艺术研究院

2008年第二批国家级非物质文化遗产代表性项目代表性传承人

02-0268李璠　中国艺术研究院

2008年第二批国家级非物质文化遗产代表性项目代表性传承人

02-0269吴文光　中国艺术研究院

2008年第二批国家级非物质文化遗产代表性项目代表性传承人

02-0270林友仁　中国艺术研究院

2008年第二批国家级非物质文化遗产代表性项目代表性传承人

02-0271李祥霆　中国艺术研究院

2008年第二批国家级非物质文化遗产代表性项目代表性传承人

02-0272龚一　中国艺术研究院

2008年第二批国家级非物质文化遗产代表性项目代表性传承人

03-0832李禹贤　中国艺术研究院

2009年第三批国家级非物质文化遗产代表性项目代表性传承人

03-0833刘正春　江苏省南京市

2009年第三批国家级非物质文化遗产代表性项目代表性传承人

03-0834刘善教　江苏省镇江市

2009年第三批国家级非物质文化遗产代表性项目代表性传承人

03-0835谢导秀　广东省广州市

2009年第三批国家级非物质文化遗产代表性项目代表性传承人

04-1511王永昌　江苏省南通市

2012年第四批国家级非物质文化遗产代表性项目代表性传承人

04-1512郑云飞　浙江省杭州市

2012年第四批国家级非物质文化遗产代表性项目代表性传承人

04-1513徐晓英　浙江省杭州市

2012年第四批国家级非物质文化遗产代表性项目代表性传承人

04-1514余青欣　中国艺术研究院

2012年第四批国家级非物质文化遗产代表性项目代表性传承人

04-1515赵家珍　中国艺术研究院

2012年第四批国家级非物质文化遗产代表性项目代表性传承人

04-1516丁承运　中国艺术研究院

2012年第四批国家级非物质文化遗产代表性项目代表性传承人

04-1517成公亮　中国艺术研究院

2012年第四批国家级非物质文化遗产代表性项目代表性传承人

05-2054林晨　中国艺术研究院

2018年第五批国家级非物质文化遗产代表性项目代表性传承人

05-2055王鹏　北京市大兴区

2018年第五批国家级非物质文化遗产代表性项目代表性传承人

05-2056朱晞　江苏省常熟市

2018年第五批国家级非物质文化遗产代表性项目代表性传承人

05-2057马维衡　江苏省扬州市

2018年第五批国家级非物质文化遗产代表性项目代表性传承人

05-2058桂世民　江苏省南京市

2018年第五批国家级非物质文化遗产代表性项目代表性传承人

05-2059刘昌寿　香港特别行政区

2018年第五批国家级非物质文化遗产代表性项目代表性传承人

2. 南音

编号：Ⅱ-71
2006年第一批国家级非物质文化遗产代表性项目
申报地区或单位：福建省泉州市、厦门市

　　南音是集唱、奏于一体的表演艺术，是中国现存最古老的的乐种之一。南音主要以琵琶、洞箫、二弦、三弦、拍板等乐器演奏，音乐风格典雅细腻。其乐器形制、演唱形式、宫调旋律、曲目曲谱，为研究中国古代音乐提供了丰富的历史信息。南音是相关社区广大民众珍爱的文化遗产。南音有独特的记谱方式，以"乂工六思一"五个汉字符号记写乐曲。现存三千余首古曲谱，保留了自晋（265-420）起至清代（1644—1911）历代不同类型的曲目。南音用泉州方言演唱，读音保留了中原古汉语音韵。

代表性传承人：

02-0324黄淑英　福建省泉州市

2008年第二批国家级非物质文化遗产代表性项目代表性传承人

02-0325苏统谋　福建省泉州市

2008年第二批国家级非物质文化遗产代表性项目代表性传承人

02-0326吴彦造　福建省泉州市

2008年第二批国家级非物质文化遗产代表性项目代表性传承人

02-0327丁水清　福建省泉州市

2008年第二批国家级非物质文化遗产代表性项目代表性传承人

02-0328苏诗咏　福建省泉州市

2008年第二批国家级非物质文化遗产代表性项目代表性传承人

02-0329夏永西　福建省泉州市

2008年第二批国家级非物质文化遗产代表性项目代表性传承人

02-0330吴世安　福建省厦门市

2008年第二批国家级非物质文化遗产代表性项目代表性传承人

03-0858杨翠娥　福建省泉州市

2009年第三批国家级非物质文化遗产代表性项目代表性传承人

03-0859王秀怡　福建省厦门市

2009年第三批国家级非物质文化遗产代表性项目代表性传承人

05-2092陈练　福建省泉州市

2018年第五批国家级非物质文化遗产代表性项目代表性传承人

3. 西安鼓乐

编号：Ⅱ-61
2006年第一批国家级非物质文化遗产代表性项目
申报地区或单位：陕西省

西安鼓乐是千百年来流传在西安（古长安）及周边地区的民间大型鼓乐。西安鼓乐现存的一千一百余首曲目中包含了部分与唐代大曲、唐宋燕乐曲、教坊大曲等唐宋音乐同名的曲目，它堪与唐宋大曲相比的庞大结构形式和不容纳明清以来新生乐器的乐队配置，显示出某种原始性特征，反映了西安鼓

乐严格继承唐宋音乐的状况。西安鼓乐使用俗字谱。俗字谱以手抄本的形式代代相传，现存清乾隆二十八年（1763年）西安鼓乐手抄谱珍藏本的谱字与宋代姜夔十七首自度曲所用的谱字基本相同。

代表性传承人：

02-0308赵庚辰　陕西省
2008年第二批国家级非物质文化遗产代表性项目代表性传承人
02-0309顾景昭　陕西省
2008年第二批国家级非物质文化遗产代表性项目代表性传承人
02-0310田中禾　陕西省
2008年第二批国家级非物质文化遗产代表性项目代表性传承人
03-0852何忠信　陕西省
2009年第三批国家级非物质文化遗产代表性项目代表性传承人

4. 楹联习俗

编号：X-62

2006年第一批国家级非物质文化遗产代表性项目名录

申报地区或单位：中国楹联学会

    楹联习俗源于我国古代汉语的对偶现象。西晋时期，出现合律讲究的对句，可视为其形成的重要标志。在一千七百余年的历史传衍过程中，楹联与骈赋、律诗等传统文体形式互相影响、借鉴，历经北宋、明、清三次重要发展时期，形式日益多样，文化积淀日益丰厚。楹联有偶语、俪辞、联语等通称，以"对联"称之，则肇始于明代。楹联一般以两行文句为一副，以文字为内容，以书法为载体，应用广泛，在华人乃至全球使用汉语的地区以及与汉语、汉字有文化渊源的民族中传承、流播，对于弘扬中华民族文化有着重大价值。

代表性传承人：

目前无国家级非遗代表性传承人

5. 匾额习俗（赣南客家匾额习俗）

编号：X-151
2014年第四批国家级非物质文化遗产代表性项目名录
申报地区或单位：江西省会昌县

匾额，又称扁额、扁牍、牌额，简称为扁、匾或额。它以建筑物为载体，以人刻意撰写的文字为符号，展现在宫室、殿堂、亭榭、书斋、商铺等门额上。匾额习俗"讲信修睦"的和谐馈赠之风，它融词赋诗文、书法雕刻、吉祥纹饰等多种艺术形式于一身，是中国文辞与工艺之美的集大成者，展示了中国人特有的思想情趣和生活智慧。

代表性传承人：

目前无国家级非遗代表性传承人

6. 华县填字谜接龙游戏

2011年第三批陕西省非物质文化遗产代表性项目
申报地区或单位：陕西省华县赤水镇郭村三组
同洋周

填字谜接龙游戏在漫长的发展过程中，
吸收了古时《易经》占卜及历代词语游戏的
一些形式与手法，结合射覆的游戏需要，形
成了具有地域特色的风格。华县填字谜接龙
游戏以一词开头，四面开花，首尾相接，连
接不断，气势宏大，颇为壮观。射覆接龙一
旦展开，层出不穷，首尾连接，无穷无尽。
华县填字谜接龙游戏可长可短，操作方便，
小到三五个词语，大到三五十个词语，甚至
几千词语连接。

白向亮与其作品中华最大填字谜接龙游戏

代表性传承人：

白向亮　陕西省华县非遗保护中心
2014年第四批陕西省非物质文化遗产代表性项目代表性传承人

7. 吴山铁字

2008年第二批安徽省非物质文化遗产代表性项目
申报地区或单位：安徽省合肥市长丰县

　　吴山铁字以陶仁志、邓之远等一批民间艺人为代表，在继承传统的基础上，运用现代工艺，取雕刻、雕塑、铸造工艺之长，以锤代笔，以铁作墨，再现名家手迹，熔铁之刚劲与书法艺术为一体，给古老的铁字艺术注入了新的生命，被世人誉为"中华一绝"。

代表性传承人：

陶仁志　安徽省合肥市长丰县
2011年第四批安徽省非物质文化遗产代表性项目代表性传承人

8. 灯谜

2009年第三批福建省非物质文化遗产代表性项目
申报地区或单位：福建省泉州市

　　在中国，灯谜具有非常广泛的群众基础，是各种民俗活动的重要组成部分。
福建省灯谜历史悠久，明清以来民间灯谜活跃。民国时期，涌现了谢云声、周晓尧
等一批著名谜家。抗日战争时期，晋江的民间灯谜组织——谈虎楼，以灯谜形式进
行抗日救亡宣传。现在灯谜活动在晋江城乡更为普及，安海中学和晋江职业学校成
立了学生灯谜组，开展经常性、群众性的灯谜猜、制、论、评活动，成为群众茶余
饭后的休闲活动，同时也是重大节日文化活动的必选项目。石狮灯谜，在民间俗称
"灯猜"，每年举办灯谜活动近百场。

代表性传承人：

伍耿怀　福建省晋江市安海中学
2010年第二批福建省非物质文化遗产代表性项目代表性传承人
苏荣灿　福建省石狮市灯谜协会
2014年第三批福建省非物质文化遗产代表性项目代表性传承人

9. 常州吟诵

编号：Ⅱ-137
2008年第二批国家级非物质文化遗产代表性项目
申报地区或单位：江苏省常州市

　　吟诵是中国古代文人吟唱诗词文章的一种读书方式。常州吟诵是根植于常州，运用常州方言进行的古诗词吟唱，它不仅较好地保留了吴语的音韵特色，而且因常州方言所保留的入声和部分古代读音接近中古语音，而更体现出古典文学作品的声韵美和节奏美。其吟诵的音调方式无乐谱可循，也无乐器伴奏，郭沫若先生曾将之形象比喻为"无谱的自由唱"。常州吟诵较之于全国吟诵，是资料收集最早、抢救最为全面、研究最深入且唯一成为国家级非物质文化遗产名录的吟诵项目。

代表性传承人：

04-1534秦德祥　江苏省常州市
2012年第四批国家级非物质文化遗产代表性项目代表性传承人

10. "龙凤呈祥"福字彩绘及雕版

2008年第二批江西省非物质文化遗产代表性项目
申报地区或单位：江西省宜春市

　　"龙凤呈祥"福字彩绘及雕版拓印，主要用于民间厅堂张贴，表示吉祥、喜庆、圆满之意。龙和凤是中国传统文化里祥瑞的象征，以龙凤纹样组合"福"字，"福"字字形饱满圆润。当地有"升米造福字"的传统，每逢春节，请来福字先生，打一升米，米上点三炷香，静默祈祷，待香燃尽，吹去米上的香灰，把米倒在红纸上，用筷子在米上划写"福"，再以墨水勾边，把米收回升筒里，用毛笔把"福"填满颜色，就完成了。

代表性传承人：

毛诚衍　江西省靖安县
2008年第一批江西省非物质文化遗产代表性项目代表性传承人
万发逢　江西省靖安县
2008年第一批江西省非物质文化遗产代表性项目代表性传承人

参考文献

1. 陈垣. 《史读举例》，北京：北京出版社，1958年.

2. 崔尔平编. 《历代书法论文选续编》，上海：上海书画出版社，1993年.

3. 崔光弼著. 《中国少数民族文字古籍源流》，北京：中央民族大学出版社，2012年.

4. 邓散木. 《篆刻学》，北京：人民美术出版社，1978年.

5. 董作宾. 《中国现代学术经典·董作宾卷》，石家庄：河北教育出版社，1996年.

6. 董作宾. 《殷墟文字甲编》，北京：商务印书馆，1948年.

7. 段生农. 《关于文字改革的反思》，北京：教育科学出版社，1990年.

8. 傅亚庶. 《中国上古祭祀文化》，北京：高等教育出版社，1999年.

9. 高明. 《中国古文字学通论》，北京：北京大学出版社，1996年.

10. 戈阿干. 《东巴骨卜文化》，昆明：云南人民出版社，1999年.

11. 郭沫若. 《卜辞通纂》，北京：科学出版社，1933年.

12. 郭沫若. 《殷契粹编》，北京：中华书局，1937年.

13. 郭齐家编著. 《中国古代的学校和书院》，北京：北京科学技术出版社，1995年.

14. 韩天衡编订. 《历代印学论文选》，杭州：西泠印社出版社，1985年.

15. 何九盈等编. 《中国汉字文化大观》，北京：北京大学出版社，1995年.

16. 胡朴安. 《中国文字学史》，上海：上海三联书店，2014年.

17. 华东师范大学古籍整理研究室选编校点. 《历代书法论文选》，上海：上海书画出版社，1979年.

18. （美）卡忒. 《中国印刷术的发明和它的西传》，北京：商务印书馆，

1957年.

19. 李石根.《西安鼓乐全书》，北京：文化艺术出版社，2010年.

20. 李泽厚.《美的历程》，南宁：广西师范大学出版社，2001年.

21. 李钟琴.《致命文字——中国古代文祸真相》，合肥：安徽人民出版社，
2008年.

22. 梁东汉.《汉字的结构及其流变》，上海：上海教育出版社，1959年.

23. 林成滔.《字里乾坤：汉字文化趣谈》，北京：中国档案出版社，1998年.

24. 刘瑞方.《中国皇帝史》，北京：国防大学出版社，1992年.

25. 罗福颐.《古玺印概论》，北京：文物出版社，1981年.

26. 罗振玉.《三代吉金文存》，北京：中华书局，1983年.

27. 聂鸿音.《中国文字概略》，北京：语文出版社，1998年.

28. 彭峰.《美学的意蕴》，北京：中国人民大学出版社，2000年.

29. 钱存训著，郑如斯编订：《中国纸和印刷文化史》，南宁：广西师范大学
出版社，2004年.

30. 裘锡圭.《文史丛稿》，上海：上海远东出版社，1996年.

31. 裘锡圭.《文字学概要》，北京：商务印书馆，1988年.

32. 屈万里.《小屯殷墟文字甲编考释》，北京：商务印书馆，1961年.

33. 沙孟海.《印学史》，杭州：西泠印社出版社，1987年.

34. 宋民.《书法美的探索》，北京：中国旅游出版社，1997年.

35. 唐兰著，唐复年整理.《甲骨文自然分类简编》，太原：山西教育出版社，
1999年.

36. 田青.《禅与乐》，北京：文化艺术出版社，2012年.

37. 王锋.《从汉字到汉字系文字——汉字文化圈文字研究》，北京：民族出
版社，2003年.

38. 王慎行.《古文字与殷周文明》，西安：陕西人民教育出版社，1992年.

39. 王贵元.《汉字与文化》，北京：中国人民大学出版社，2004年.

40. 王世征.《中国书法理论纲要》，北京：首都师范大学出版社，2003年.

41. 魏忠.《中国的多种民族文字及文献》，北京：民族出版社，2004年.

42. 文字改革出版社编.《清末文字改革文集》，北京：文字改革出版社，1958年.

43. 吴晓萍.《中国工尺谱研究》，上海：上海音乐学院出版社，2005年.

44. 吴玉章.《文字改革文集》，北京：中国人民大学出版社，1978年.

45. 谢崇安.《商周艺术》，成都：巴蜀书社，1997年.

46. 谢稚柳编.《中国历代法书墨迹大观》（1—18），上海：上海书店出版社，1987—1996年.

47. 西泠印社编.《印学论丛》，杭州：西泠印社出版社，1987年.

48. 许健.《琴史新编》，北京：中华书局，2012年.

49. 许进雄.《中国古代社会——文字与人类学透视》，台湾：台湾商务印书馆，1995年.

50. 许慎.《说文解字》，北京：中华书局，1963年.

51. 杨荫浏.《工尺谱浅说》，北京：音乐出版社，1962年.

52. 姚孝遂主编.《中国文字学史》，长春：吉林教育出版社，1995年.

53. 叶培贵.《学书引论》，北京：高等教育出版社，2006年.

54. 于省吾.《甲骨文字释林》，北京：中华书局，1979年.

55. 于省吾主编.《甲骨文字诂林》，北京：中华书局，1996年.

56. 詹勤鑫.《汉字说略》，沈阳：辽宁教育出版社，1991年.

57. 张其昀.《中国文字学史》，南京：江苏教育出版社，1994年.

58. 张秀民著，韩琦增订.《中国印刷史》，杭州：浙江古籍出版社，2006年.

59. 张钟和.《规范汉字概说》，银川：宁夏人民教育出版社，2011年.

60. 赵宏.《篆刻教程》，北京：华文出版社，2006年.

61. 赵连稳、朱耀廷.《中国古代的学校、书院及其刻书研究》，北京：光明日报出版社，2007年.

62. 中国社会科学院民族研究所、国家民族事务委员会文化宣传司主编.《中国少数民族文字》，北京：中国藏学出版社，1992年.

63. 台湾师范大学国文学系，"中央"研究院历史语言研究所编.《甲骨文发现一百周年学术研讨会论文集》，台湾：文史哲出版社，1999年.

64. 周晓陆主编.《中国消失的文字》，济南：山东画报出版社，2014年.

65. 周佩珠.《传拓技艺概说》，北京：人民美术出版社，2004年.

66. 周有光.《世界文字发展史》，上海：上海教育出版社，2011年.

67. 周有光.《人类文字浅说》，北京：人民文学出版社，2009年.

68. 朱竞.《汉语的危机》，北京：文化艺术出版社，2005年.

69. 朱永新.《中国教育思想史》，上海：上海交通大学出版社，2011年.

70. 宗白华.《艺境》，北京：北京大学出版社，1987年.

图片来源说明

第一章

图1采自李明君《历代文物装饰文字图鉴》2001：彩页2

图2采自陈兆复等《世界岩画 亚非卷》，2010：彩页4

图3采自周有光《人类文字浅说》，2009：页5

图4中国记忆项目中心资源采集

图5采自宋兆麟《中国西南民族象形文字资料集（下）》，2011：页250

图6、7采自周有光《世界文字发展史》，2011：彩页2、彩页4

图8中国记忆项目中心绘制

图9采自王霄冰《玛雅文字之谜》，2006：彩页4

第二章

图1中国记忆项目中心绘制

图2、3、4、5、16国家图书馆藏

图6采自孙宝文编《历代名家墨迹选32 邓文原书急就章》，2006：页2、3

图7采自《中国历代经典名帖集成 心经碑》，2000：页3

图8采自班志铭编《中国历代碑帖经典 晋王羲之兰亭集序》，2013：页8、9

图9采自《颜真卿 祭侄文稿》，2014：页9

图10采自《中国书法宝库24 柳公权玄秘塔碑》，2010：页42、43

图11、12、13、14、15中国记忆项目中心绘制

图17采自中央政府门户网站（http://www.gov.cn/zwgk/2013-08/19/content_2469793.htm）

第三章

图1、2新疆非物质文化遗产保护研究中心提供

图3、4、6、18、19、21、22、23、27、29采自国家图书馆、国家古籍保护中心、新疆维吾尔自治区图书馆、新疆维吾尔自治区古籍保护中心编《新疆历史文献暨古籍保护成果展图录》，2010：页137、121、135、9、51、39、48、55、71、72

图5内蒙古自治区非物质文化遗产保护中心提供

图7、9、20中国记忆项目中心资源采集

图8、13、15、16、25、26、28国家图书馆藏

图10、11、12云南省非物质文化遗产保护中心提供

图14贵州省非物质文化遗产保护中心提供

图17四川省非物质文化遗产保护中心提供

图24、30采自国家图书馆、国家古籍保护中心编《西域遗珍—新疆历史文献暨古籍保护成果展图录》，2011：页110、194

第四章

图1、2、3、4、12国家图书馆藏

图5采自李明君《历代文物装饰文字图鉴》，2001：彩页1

图6、7、8、9、10、11中国记忆项目中心绘制

图13、14、15、16采自中国历史博物馆保管部编《中国历代名人画像谱1》，2003：页47、72、28、78

图17采自中国历史博物馆保管部编《中国历代名人画像谱2》，2003：页125

图18采自王晓清《王国维图传》，2010：黑白页

图19、20、21、22、23湖南省非物质文化遗产保护中心提供

图24采自殷伟 殷斐然编著《中国禄文化》，2005：页17

图25中国记忆项目中心资源采集

图26采自四川凉山彝族自治州博物馆编《西昌地震碑林》，2006：页34

第五章

图1、10中国记忆项目中心绘制

图2采自王铁柱 刘思齐编著《中国明清绘画鉴赏·明代卷》，2008：页89

图3采自杨文涛等编《滕王阁序并诗卷》，2002：页41—45

图4、5采自中国历史博物馆保管部编《中国历代名人画像谱2》，2003：页132、56

图6、7、36、37、38、39国家图书馆藏

图8、9陕西省非物质文化遗产保护中心提供

图11采自郭沫若《卜辞通纂》，1983：页104

图12、22采自文物编辑委员会编《书法丛刊》第二辑，1981：页5、23

图13采自北京市文物局、中国书法家协会北京市分会编《汉史晨前后碑》，1986年

图14采自《书法》1978年第一期：页36

图15采自《中国著名碑帖选集14 唐褚遂良雁塔圣教序》，1997：页1

图16国家图书馆田艳军提供

图17采自《书法》1982年第三期：页11

图18采自《书法》1980年第三期：页42

图19采自《书法》1981年第三期：页33

图20采自《书法》1982年第二期：页36

图21采自《历代碑帖法书选 龙门二十品（下）》，1983

图23采自（后蜀）赵崇祚编《花间集》（影印本），1955：页1

图24、25、28、29、31、32、33、34、35采自沙孟海《印学史》，1987：页40、19、103、158、161、165、166、170

图26、40、41中国记忆项目中心资源采集

图27采自方去疾编《赵之谦印普》，1979：页7

图30采自方去疾编《汪关印谱》，1980，页32

第六章

图1、2、8 、11、16、20、22、23、24、25、26、29、30、31、36、40、41、42、43国家图书馆藏

图3 中国造纸术的传播 中国记忆项目中心绘制

图4、5、6、7、10、12、14、15、18、19、39、44、45、46、47、48中国记忆项目中心资源采集

图9采自朱家溍《中国文房四宝全集1》，2007：页1

图13朱家溍《中国文房四宝全集3》，2008：页1

图17 砚的各部分名称 中国记忆项目中心绘制

图21采自魏文源编《中国古代名碑名帖 晋祠铭 温泉铭 》，2010：页53

图27、28采自张秀民《中国印刷史 上》，2006：页23、36

图32、33西藏自治区非物质文化遗产保护中心提供

图34福建省非物质文化遗产保护中心提供

图35浙江省非物质文化遗产保护中心提供

图37上海市非物质文化遗产保护中心提供

图38北京市非物质文化遗产保护中心提供

第七章

图1中国记忆项目中心资源采集

图2、3、4、5、6、7、9、10、11、12、13国家图书馆藏

图8采自《历代大家书千字文 赵孟頫 六体千字文》，2008：页1–2

第八章

图13采自孙宝文编《历代名家墨迹选32 邓文原书急就章》，2006：页21

其余图片来自各地非物质文化遗产保护中心

　　中国记忆项目的重要工作之一就是对中国的传统文化和非物质文化遗产进行文献资源建设。从2013年起，"中国记忆"在文化部非遗司的指导下开始进行非遗专题口述、影像资源建设，截至目前，已推出了"大漆髹饰""中国年画""蚕丝织绣"三个资源库，并举办了三场同名中国记忆系列展览。

　　"我们的文字"专题是中国记忆项目迄今为止规模最大，涉及领域、地区、民族最广的一项专题资源建设工作。中国记忆项目中心的5个工作组历时一年，行程数万公里，走访了吉林、辽宁、内蒙古、安徽、上海、浙江、四川、云南、陕西、西藏、新疆等11个省市自治区的50余个市区和城镇，拍摄了与文字有关的各级非物质文化遗产项目30项、传承人30人，采集影像资料、口述史料共约400个小时。中

国记忆项目中心会将所有资源建成专题资源库在中国国家图书馆网站发布，并与文化部非遗司共同举办同名展览。

在资源建设的基础上，项目组的同事们翻阅了大量文献资料，完成了《我们的文字》一书。该书具体分工如下：

策划：田　苗
审稿：全根先
统稿：史建桥
撰稿：

> 史建桥：第二章"汉字的规范""汉字的简化""汉字的魅力"；第七章"文字的传承"；后记

> 宋本蓉：第四章"文字崇拜"；第八章"与文字相关的国家级非遗代表性项目及部分省级非遗代表性项目"

> 刘东亮：第二章"汉字的构成"；第三章"少数民族文字""已消失的少数民族古文字"；第四章"女书习俗"

> 全根先：前言；第二章"汉字的演变""汉字文化圈"；第四章"汉字与国家统一""文字与社会习俗""汉字中的避讳"

> 耿晓迪：第一章"文字：人类伟大的发明"；第四章"年号 谥号 庙号"；第五章"文以字点睛"；第六章"雕木以传文""活木为字"

> 郭比多：第六章"文字的记录""传拓"

> 田艳军：第五章"汉字与书法""汉字与镌刻""汉字与篆刻"

> 韩晔瞳：第五章"汉字的审美"

> 张倩彬：第五章"文字之趣"

> 戴晓晔：第五章"文字与音乐、舞蹈"

插图绘制：宋本蓉、苗妙
图片编辑：耿晓迪

> "我们的文字"专题资源库的建设人员：

> 策划：汤更生、廖永霞、田苗
> 项目负责人：范瑞婷、满鹏辉、戴晓晔、全根先、丁曦

导演：顾亚平、王长江、宋卫红、田艳军、丁曦、孙韵

摄像：陈怀勇、俞海峰、董建、杜泽升、冯晶晶、康炳帅、邱恒、张子梁、赵
　　　绍宏

摄像助理：常凤山、韩建威、孙亚松、田泽民、武之田、许开飞、徐岩、赵盈利

后期制作：赵亮、韩晔瞳、杨毅平、陈怀勇、张晓东、闫飞、徐上、范琦慧、
　　　　　张文帅、高清仪、马晓溪、康志强、赵若辰、杨治宇、许开飞、
　　　　　于茜、胡楷婧

统筹：张宇、杨秋漾、燕蓓

网站建设：韩尉、刘东亮

在资源采集和书稿的编写过程中，文化部非遗司给予了指导和支持，使项目组圆满完成了资源采集任务，该书大量图片便取自这些一手资料。北京第二外国语学院的常耀华教授、中国社会科学院的唐际根研究员、清华大学的赵丽明教授和国家图书馆古籍馆的赵爱学副研究馆员在百忙中审阅书稿，并给予了专业指导；中国民族图书馆馆长吴贵飙研究馆员领衔组成的专家小组，审定了民族文字部分。清华大学出版社的张立红、管嫣红和张晶三位老师为本书的编审出版付出了很多努力。在此一并表达我们由衷的谢意。

国家图书馆中国记忆项目中心

2014年12月